# Contratação Pública Estratégica

O CONTRATO PÚBLICO COMO INSTRUMENTO DE GOVERNO E DE IMPLEMENTAÇÃO DE POLÍTICAS PÚBLICAS

**2020**

Thiago Lima Breus

ALMEDINA

**CONTRATAÇÃO PÚBLICA ESTRATÉGICA**
O CONTRATO PÚBLICO COMO INSTRUMENTO DE GOVERNO E DE IMPLEMENTAÇÃO DE MEDIDAS PÚBLICAS

AUTOR: Thiago Lima breus
DIAGRAMAÇÃO: Almedina
DESIGN DE CAPA: FBA
ISBN: 978-858-49-3600-7

Dados Internacionais de Catalogação na Publicação (CIP)
(Câmara Brasileira do Livro, SP, Brasil)

---

Breus, Tiago Lima
Contratação pública estratégica : o contrato público como instrumento de governo e de implementação de políticas públicas / Thiago Lima Breus. -- São Paulo : Almedina, 2020.

Bibliografia.
ISBN 978-85-8493-600-7

1. Contratos - Brasil 2. Contratos administrativos 3. Políticas públicas I. Título.

19-32304 CDU-342.2

---

Índices para catálogo sistemático:
1. Contratação pública estratégica : Estado : Direito público 342.2
Cibele Maria Dias - Bibliotecária - CRB-8/9427

Este livro segue as regras do novo Acordo Ortográfico da Língua Portuguesa (1990).



Fevereiro, 2020

EDITORA: Almedina Brasil
Rua José Maria Lisboa, 860, Conj.131 e 132, Jardim Paulista | 01423-001 São Paulo | Brasil
editora@almedina.com.br
www.almedina.com.br

*"Se a reta é o caminho mais curto entre dois pontos,*
*a curva é o que faz o concreto buscar o infinito".*

Oscar Niemeyer

Para a Bruna e nossos pequenos Marina e Mathias.

# Prefácio

## A importância de os contratos administrativos serem estudados como realmente são

Há pelo menos 20 anos, os contratos administrativos habitam o nosso cotidiano. Fazem parte das atividades mais comezinhas. Dizem respeito à vida usual, pois vão desde as telecomunicações até os transportes coletivos, passando por energia, água e saneamento. Isso sem se falar de portos, ferrovias, aeroportos e rodovias, a maioria dos quais atualmente são fundamentados e executados por meio de contratos administrativos. Em outras palavras, boa parte do nosso bem-estar decorre da adequada execução desses contratos. Mas, se para cada um de nós tais bens e serviços trazem vantagens individuais, fato é que, numa perspectiva macroscópica, tudo muda de figura. Estamos falando de bem-estar social, de infraestrutura e de desenvolvimento nacional sustentável. Mais especificamente, de planejamento estatal da economia por meio de contratos administrativos.

Porém, tal planejamento estatal não se dá apenas por meio de pactos longevos. Também os contratos de compra e venda, assim como os de empreitada de obras, trazem potenciais equações de políticas públicas. Afinal de contas, do que estamos falando quando tratamos das vantagens concorrenciais outorgadas legislativamente às micro e pequenas empresas? O que a lei intenta ao estabelecer margens de preferência para determinados bens e serviços? Qual é a razão de ser da positivação normativa expressa do princípio do desenvolvimento nacional sustentável?

Bem vistas as coisas, é nítido que os contratos administrativos podem se dirigir à implementação de políticas públicas – seja para fazer funcionar a economia, seja para levar benefícios diretamente às pessoas, seja para, nos contratos tecnicamente mais sofisticados, também promover efetiva distribuição de riqueza (por meio da estruturação tarifária e respectivos subsídios cruzados entre os usuários; por meio do prestígio à micro e pequena e empresa, etc.). De igual modo, podem trazer benefícios às futuras gerações, como apregoa o princípio do desenvolvimento nacional sustentável. Existem duas perspectivas, portanto, para tais políticas públicas contratuais: a de curto e médio prazo (empreitadas, compras, serviços) e a de longo prazo (concessões, permissões, autorizações, parcerias, desenvolvimento sustentável).

Constatação que talvez fique mais nítida em contratos administrativos de longo prazo, que conferem consistência e estabilidade a projetos de interesse público, os quais se tornam imunes a variações eleitorais. Através de um contrato de concessão de serviço público – ou de uma parceria público-privada – pode-se blindar determinada política pública por período de 10, 20, 30 anos ou mais. Pode-se instalar determinadas metas e vantagens de interesse público que serão numericamente quantificadas de acordo com determinado cronograma, para depois serem cobradas pelos usuários e pelo Poder Público (inclusive no que respeita à qualidade do serviço prestado e à durabilidade das obras). A transparência aqui é exemplar, conferindo eficiência ao escopo e facilitando o controle.

Logo, não é preciso muito esforço para se constatar que tais contratos administrativos - de longo e de curto prazo - têm íntima relação com o art. 3º da Constituição brasileira, pois se destinam a "garantir o desenvolvimento nacional" (inc. II); "erradicar a pobreza e a marginalização e reduzir as desigualdades sociais e regionais" (inc. III) e "promover o bem de todos, sem preconceitos de origem, raça, sexo, cor, idade e quaisquer outras formas de discriminação" (inc. IV). A Lei 8.666/1993 (Lei Geral de Licitações); a Lei 8.987/1995 (Lei Geral de Concessões de Serviços Públicos) e a Lei 11.079/2004 (Parcerias Público-Privadas), dentre outros diplomas legislativos, prestam-se a dar aplicabilidade a tais preceitos constitucionais. Este é o presente e o futuro dos contratos administrativos brasileiros, que não podem mais ser compreendidos como se houvessem sido pactuados em um passado distante.

Porém, fato é que razoável parcela da academia e da jurisprudência tem visto os atuais contratos de longo prazo e enxergado outros pactos administrativos, que não correspondem exatamente àqueles que fazem parte das nossas vidas. As concessões, permissões, autorizações e parcerias público-privadas são estudadas como se fossem pactos idênticos à empreitada de obra pública – ou à de serviços. Ou como as concessões de serviços público oitocentistas. As empreitadas permanecem sendo contratos personalíssimos, como se ainda estivesse em vigor o Código Civil de 1916. Tenta-se estudar o novo como se antigo fosse, fazendo com que os dogmas da jurisprudência dos conceitos forcem o intérprete a compreender os contratos administrativos como se ainda vivêssemos na França do século XIX, início do século XX (em que imperava o capitalismo do *laissez-faire*). Salvo valiosas exceções – dentre elas, o já clássico *Teoria das Concessões de Serviço Público*, do nosso mestre Marçal Justen Filho -, fato é que boa parte dos trabalhos doutrinários nacionais ainda não se apercebeu da importância e do colorido especial que os contratos administrativos assumiram neste século XXI.

De igual modo, há quem rejeite a ideia de desenvolvimento sustentável sob a óptica dos custos, perdendo de vista que a Lei 8.666/1993 exige a contratação mais vantajosa, não a mais barata. Essa perspectiva limitadora deixa de apreciar o tema sob a perspectiva do *Best Value for Money* e se esquece das futuras gerações. Isso dentre tantos outros aspectos dos contratos administrativos contemporâneos.

Daí o especial significado deste *Contratação Pública Estratégica*, de autoria do Professor Thiago Lima Breus. Trata-se de obra inovadora, que lanças luzes de suma importância sobre o tema dos contratos administrativos, revelando explicitamente e sistematizando temas que dantes eram tratados subliminarmente. O livro é a adaptação da tese de doutorado que tive a satisfação de orientar, submetida ao exame dos exigentes Professores Doutores Carlos Ari Sundfeld, Bernardo Strobel Guimarães, Angela Cassia Costaldello e Alexandre Ditzel Faraco, tendo sido aprovada com distinção.

Como se pode notar desde o seu título, este livro versa a respeito de tema pouco estudado no Direito brasileiro (Administrativo e Econômico), correlacionando os conceitos de contrato administrativo, governo por contratos, políticas públicas horizontais e justiça contratual distributiva. Mas basta uma só consideração para confirmarmos a importância da leitura desta obra: se antes vislumbrávamos a ideia de descentralização administrativa como o modo pelo qual a Administração Pública criava novas pessoas jurídicas e lhes atribuía específicas funções públicas, por meio deste livro podemos constatar que ao redor de nós existe o *governo por contratos*, uma verdadeira *Administração Pública contratual*. Essa Administração Pública não tem fonte imediatamente legislativa (não é a lei que cria a entidade, mas sim o contrato que transfere o exercício de feixes da função administrativa a uma pessoa de direito privado). Mais: em determinados casos, essa fonte de direitos e obrigações imputa à pessoa privada (o concessionário, permissionário, autorizado ou parceiro) uma gama definida de deveres público-privados, a ser executados sob o regime de direito público ou de direito privado.

Nesse cenário de elevada complexidade, existem as mais variadas modulações a propósito da intensidade da "lógica da função" *versus* a "lógica do contrato", a definir o contratado não só como executor de tarefas minuciosamente predefinidas, mas sim como gestor autônomo de serviços e obras públicas. Alguém que oferece soluções mais vantajosas para a Administração Pública central. Alguém que toma iniciativa, coopera e colabora com a persecução de objetivos de bem-estar social, presentes e futuros. Logo, os contratos administrativos contemporâneos afastam-se da singela execução e passam a ostentar dimensão socioeconômica ímpar, com o intuito de implementar políticas públicas. Existem, portanto, contratos administrativos de primeira, de segunda e de terceira gerações – a dissociar lógica e cronologicamente as dimensões socioeconômicas ocupadas por cada um desses pactos.

Como se pode notar, o assunto deste *Contratação Pública Estratégica* é instigante e desafiador. Apresenta algo de efetivamente novo no Direito Administrativo e no Direito Econômico brasileiros. E dele o Professor Thiago Lima Breus se desincumbiu com maestria, como se constata da leitura da obra. Daí o entusiasmo deste leitor em recomendar o exame atento deste livro, que certamente significa importantíssimo avanço no estudo do contrato administrativo.

**Egon Bockmann Moreira**
Professor da Faculdade de Direito
e do Programa de Pós-Graduação em Direito da UFPR.
Professor visitante da Faculdade de Direito de Lisboa (2011).
Professor-palestrante da FGV/RJ.
Doutor e Mestre em Direito (UFPR)

# Apresentação

O livro parte da constatação fática de que, nos últimos anos, a contratação pública se consolidou como a principal prática administrativa para a implementação de políticas públicas voltadas ao desenvolvimento social e econômico, funcionando como estrutura jurídica e como forma de financiamento dos investimentos mais vultosos em infraestrutura, como aeroportos, portos, rodovias, ferrovias, saneamento, energia elétrica, telecomunicações, oleodutos, gasodutos *etc*, bem como dos planos de urbanização e das políticas de mobilidade urbana.

Nesse contexto de maior emprego da via contratual como forma de ação estatal e, por conseguinte, de otimização do potencial privado para a realização de tarefas públicas, exsurge a possibilidade da utilização *estratégica* da contratação pública para o alcance de finalidades acessórias e suplementares ao objeto imediato do contrato, tais como a inovação; *P&D*, a preservação ambiental; o incremento da produção industrial; a melhoria da saúde pública; a expansão do emprego; a inclusão de grupos sociais desfavorecidos; dentre outros.

Essa possibilidade, denominada de *Contratação Pública Estratégica*, apresenta-se como uma (nova) oportunidade para o Estado desenvolver finalidades públicas que, até então, seriam realizadas por outros meios tradicionais de ação estatal, tais como políticas públicas realizadas pelos próprios agentes estatais veiculadas por meio de atos e não de contratos administrativos.

A partir do momento em que o contrato público (dada a sua proeminência socioeconômica contemporânea) passa a funcionar como instrumento de atendimento de outros deveres estatais, torna-se possível a alusão a uma *re-funcionalização* da contratação pública, vale dizer, os contratos públicos passam a funcionar (isto é, a *ser* e a *estar* funcionalizados) como uma técnica de alcance de uma justiça contratual não exclusivamente comutativa (de equilíbrio e alcance de objetivos entre as partes – efeitos *inter partes*), mas também de caráter distributivo, que espraia seus múltiplos efeitos para além das partes contratantes.

O uso da via contratual para a realização de tarefas públicas, em especial para a efetivação de direitos fundamentais de índole difusa e coletiva, tem o condão de produzir mais resultados do que o esperado inicialmente. Isso porque os resultados alcançados por meio da ampliação dos efeitos da contratação, com a inserção no seu âmbito, das chamadas políticas públicas horizontais, não dizem respeito exclusivamente à Administração ou aos contratados, mas à coletividade (efeitos *erga omnes*). A contratação pública sob esta perspectiva possui uma *eficácia multiplicativa* e uma *função regulatória* (regulação pública por contrato) que não podem ser olvidadas na contemporaneidade.

Na contratação pública estratégica, a inserção de finalidades acessórias, como as políticas públicas horizontais, pretende o aproveitamento e, mais, a própria "internalização", na medida das possibilidades jurídicas, sociais e econômicas, das chamadas *"externalidades positivas"* como escopo do próprio contrato.

Assim, para além de apresentar alguns caracteres que conformam a contratação pública estratégica, o livro pretende demonstrar que, hoje, a *nota de toque* que promove a distinção teórica e prática dos contratos públicos em relação às demais avenças (em especial, aos contratos privados) não pode mais ser exclusivamente atribuída pelos critérios tradicionais, como o subjetivo, orgânico, do serviço público ou da exorbitância.

O livro pretende demonstrar que os contratos públicos passam a ser assim chamados porque se destinam à satisfação de fins *supra* partes e a apresentar múltiplas equações que não se restringem à manutenção econômico-financeira; vale dizer, a contratação pública contemporânea passa a ser assim designada pela integração de múltiplas equações contratuais, voltadas sobretudo à prossecução de políticas horizontais, capazes de elevar a avença administrativa a também atuar como instrumento de satisfação de uma justiça contratual distributiva e, por consequência, atuar de forma redistributiva e contribuir para a elevação dos coeficientes de satisfação dos direitos fundamentais.

*O Autor*

# Agradecimentos

Em uma tarde, na Biblioteca da Faculdade de Direito da UFPR, o estudante de 1º ano do Curso de Direito deparou-se, sobre uma mesa de estudos, com duas obras que lhe chamaram atenção, a despeito de seu desgaste e das anotações nas suas margens. Um tinha uma capa vermelha, outro azulada. O primeiro era *O Controle dos Atos Administrativos pelo Poder Judiciário,* de Miguel Seabra Fagundes. O segundo chamava-se *Direito Administrativo Brasileiro,* de Hely Lopes Meirelles. Ambos possuíam um índice remissivo enorme e tratavam de matérias totalmente ignoradas pelo aluno.

Ao ver a cena, um veterano, quarto-anista, politicamente engajado, não recomendara as leituras; para ele, os textos eram ultrapassados e a matéria, burocrática.

Mesmo assim, naquela tarde, o interesse do estudante pelos dois livros aconteceu de maneira instantânea e surpreendente, a ponto de que é possível se afirmar, tal como no clichê correspondente, que foram aqueles livros que encontraram o leitor, não o leitor que os achou.

Sem ainda saber, aquele estudante dava suas primeiras incursões em temas nos quais posteriormente desenvolveria sua monografia de conclusão de curso, sua dissertação de mestrado, diversos artigos e sua tese de doutorado.

Passados quase 20 anos, aquele momento não sai da memória. E desde aquele dia, há muito a agradecer, em especial à Universidade Federal do Paraná e à toda a sua comunidade acadêmica.

Aos professores, aos servidores e aos colegas estudantes, meu muito obrigado! Em especial, à Angela Cassia Costaldello, a Luiz Edson Fachin e a Egon Bockmann Moreira que, ao longo destes anos, aceitaram o mister da minha orientação acadêmica.

As primeiras ideias desta investigação têm origem logo após a defesa da Dissertação de Mestrado do autor, no já distante 2006, quando o tema das políticas públicas emergiu para o Direito Público brasileiro com uma série de novas e instigantes questões. Foi, todavia, como participante do Curso ministrado em 2011 pelo Prof. Egon Bockmann Moreira intitulado *Contratos Públicos de Longo Prazo: Desafios Jurídico-Políticos*, na Universidade Clássica de Lisboa, que as ideias aqui contidas começaram a tomar forma.

Para o desenvolvimento do texto, a pesquisa realizada na Universidade de Coimbra/Portugal e as referências bibliográficas indicadas pelos Professores Doutores Pedro Costa Gonçalves e António José Avelãs Nunes foram fundamentais. Igualmente essenciais foram as obras produzidas sobre contratação pública pelo CEDIPRE – Centro de Estudos de Direito Público e Regulação da Faculdade de Direito da Universidade de Coimbra e generosamente cedidas pelo Prof. Pedro Costa Gonçalves.

Grande contribuição para o desenvolvimento do tema relativo às contratações públicas estratégicas adveio do Seminário de Contratação Pública realizado em 2014 em Vigo/Espanha sob a orientação da Professora Doutora Patricia Valcárcel Fernández e da pesquisa realizada na Universidade de Bolonha/Itália, em 2015.

O presente trabalho corresponde à parcela da tese de doutoramento do autor, defendida perante o Programa de Pós-graduação em Direito da UFPR, sob a orientação do Professor Doutor Egon Bockmann Moreira (UFPR), tendo sido arguida pelos Professores Doutores Carlos Ari Sundfeld (FGV/SP); Bernardo Strobel Guimarães (PUC/PR); Angela Cassia Costaldello (UFPR) e Alexandre Ditzel Faraco (UFPR).

A todos, a minha mais sincera gratidão.

Anos após o 1º encontro com os livros de capa vermelha e azul, aquele estudante tornou-se docente e passou a indicar aos novos acadêmicos, novos livros, com novas capas azuis e vermelhas.

Aos meus alunos da UFPR, do IFPR e da Escola da Magistratura do Paraná, meu muito obrigado!

Por fim, um agradecimento mais do que especial à Bruna. O mundo do direito nos uniu. No percurso do seu mestrado e do meu doutorado, formamos uma família. É por você, pela Marina e pelo Mathias, que a cada dia busco fazer o meu melhor.

## SUMÁRIO

# Introdução

Nos últimos anos, observa-se a crescente adesão à ideia de *administração por contrato*[1] na qual o contrato público-administrativo assume um papel efetivamente protagonista no exercício da atividade governamental,[2] a ponto de se bem destacar que, "na Administração Pública atual, administrar é, sobretudo, contratar".[3]

De ferramenta e/ou engrenagem destinada prioritariamente ao atendimento imediato das necessidades de custeio e de utilidades para a gestão pública, o contrato público passa a ser também empregado como mecanismo de regulação da colaboração dos particulares com a Administração para a consecução de finalidades públicas,[4] isto é, os contratos deixam de funcionar tão-só como instrumento técnico-jurídico para o exercício

[1] Sobre a atividade de "administrar por contratos" ver as obras de: AUBY, Jean-Bernand. **Comparative aproaches in the rise of contract in the public sphere.** Public Law, Spring, 2007, p. 41.; e FREEDLAND, M. **Government by Contract and public law,** In: Public Law, 1994, p.89.

[2] Cfr.: COOPER, Phillip J., **Governing by contract: challenges and opportunities for public managers.** Washington: CQ Press, 2003, p. 46.

[3] SUNDFELD, Carlos Ari; JURKSAITIS, Guilherme Jardim. **Apresentação.** In: SUNDFELD, Carlos Ari; JURKSAITIS, Guilherme Jardim. (coord.) *Contratos Públicos e Direito Administrativo.* São Paulo: Malheiros, 2015, p. 13.

[4] OLIVEIRA, Rodrigo Esteves. **Autoridade e Consenso no Contrato Administrativo.** Coimbra: Coimbra editora, 2001, p. 01.

de atividades-meio e passam a servir diretamente para a prossecução de atividades-fim.[5]

Neste movimento, também designado de *governo por contrato(s)*, surgem aplicações consideradas "inovadoras"[6] para o contrato na gestão pública, destacando-se o emprego sistemático de formas de externalização de funções públicas (*contracting out, outsourcing*), o recurso à contratação interna (contratação *in house*) entre entidades da Administração Pública,[7] a utilização do contrato como instrumento de regulação pública[8] e como substitutivo de sanções administrativas, tais como os acordos substitutivos nas sanções regulatórias, os termos de ajustamento de conduta, compromissos de cessação de prática na esfera concorrencial, dentre outros.

O reconhecimento da ascensão do contrato como instrumento fundamental de governo impõe ao Direito Administrativo contemporâneo o desafio de se amoldar a essa nova arquitetônica administrativa, na qual a proliferação do contrato demanda uma cultura administrativa apta a compatibilizar tanto o consenso[9] que o instituto contratual reclama, quanto a autoridade da Administração, que a finalidade pública pressupõe.[10]

[5] MARQUES NETO, Floriano de Azevedo. **Do Contrato Administrativo à Administração Contratual.** In: Revista do Advogado. Volume 107, São Paulo, AASP, dezembro de 2009, p.74.

[6] VINCENT-JONES, Peter. **The new public contracting: regulation, responsiveness, relationality.** Oxford: Oxford University Press, 2006, p.03.

[7] No Brasil, a contratação interna pode ser exemplificada nos contratos de gestão. O fenômeno relativo à governança por contratos internos é exaustivamente delineado por DAVIES, Ane. **Accoutability: a public law analysis of government by contract.** Oxford: Oxford University Press, 2001, p. 34 e seguintes.

[8] Cfr.: GONÇALVES, Pedro. **Reflexões sobre o Estado Regulador e o Estado Contratante.** Coimbra: Coimbra editora, 2013, p. 14 e seguintes.

[9] Nesse sentido, destaca Pedro Costa Gonçalves que "(...) o contrato administrativo continua bem actual e, surpreendentemente, a dualidade em que ele sempre se baseou – consenso e autoridade – é até um dos sinais distintivos do direito administrativo do nosso tempo. In: **O Contrato Administrativo: Uma instituição do direito administrativo do nosso tempo.** Coimbra: Almedina, 2002, p. 09 e seguintes.

[10] Nesse passo, aduz Odete Medauar que "(...) no quadro de atenuação do caráter unilateral e impositivo do agir administrativo, no pano de fundo da efetivação da democracia no exercício do poder, na esteira da busca do diálogo, do consenso, da negociação, do acordo, da mediação, emergiram *técnicas contratuais*, também denominadas *consensuais* ou *convencionais ou cooperativas ou colaborativas*, cujas características fogem a vários elementos dos contratos administrativos clássicos. In: MEDAUAR, Odete. **Nota sobre a contratualização na atividade administrativa.** *Revista de Contratos Públicos – RCP*, Belo Horizonte, ano 1, n. 1, mar./ago. 2012.

Se, de um lado, a finalidade pública contratualizada deve ser alcançada, o que funciona como justificativa para uma certa posição jurídica *sobranceira* da Administração em relação ao contratado; de outro, esses poderes podem pôr em causa a evolução da relação contratual tal como inicial e consensualmente idealizada, ensejando a todos danos emergentes, inclusive à própria Administração.[11] Portanto, a adequada conformação entre a "lógica da função" e a "lógica do contrato" nestas relações jurídicas é um imperativo atual, pois a assimetria jurídica entre os contratantes ainda pode ser considerada o "ponto dramático"[12] dos contratos públicos.

O presente estudo pressupõe a necessidade de adequação jurídica entre essas duas "lógicas" no direito contratual público, mas pretende ir além no exame das categorias jurídicas que conformam o movimento do *governo por contrato(s)*.

Nesse itinerário, partindo do direito contratual público, pretende-se desvelar os modelos de repartição de tarefas e do compartilhamento de responsabilidades entre as espacialidades pública e privada que emergem na contemporaneidade. A rigor, eles buscam aproveitar, em máxima medida possível, a capacidade privada para servir a objetivos públicos, a partir do acionamento do "potencial endógeno da sociedade", bem como do patrimônio de conhecimentos, da capacidade criativa e da aptidão dos atores privados para a solução de problemas.[13]

Nesse sentido, a eventual negação – inclusive de caráter ideológico – ao imperativo recente do *governo por contrato(s)* pode conduzir a situações de índole fática e de natureza jurídica nas quais os escopos éticos e funcionais constitucionalmente atribuídos à Administração Pública não sejam atendidos.[14] Isso porque, nos últimos anos, os contratos públicos se tornaram a forma por excelência de implementação de políticas públicas de caráter

[11] JUSTEN FILHO, Marçal; SCHWIND, Rafael Wallbach. **Introdução: Reflexões iniciais a partir dos 10 anos da lei das PPP.** In: *Parcerias Público-Privadas: Reflexões sobre os 10 anos da Lei 11.079/2004.* JUSTEN FILHO, Marçal; SCHWIND, Rafael Wallbach. (coord.). São Paulo: Editora RT, 2015, p. 40.

[12] JUSTEN FILHO, Marçal; SCHWIND, Rafael Wallbach. **Introdução...**, p. 40.

[13] GONÇALVES, Pedro. **Entidades Privadas com Poderes Públicos: O exercício de poderes públicos de autoridade por entidades privadas com funções administrativas.** Coimbra: Almedina, 2008, p. 14.

[14] Nesse sentido: GONÇALVES, Pedro Costa. **A relação jurídica fundada em contrato administrativo.** In: *Cadernos de Justiça Administrativa.* IX Seminário de Justiça Administrativa. nº 64. Jul/ago. 2007, p. 36.

desenvolvimentista e, por conseguinte, passaram a receber uma atenção muito mais intensa por parte da literatura *jus* publicística.

Esse destaque deriva também do fato de que os contratos públicos representam dimensão indiscutível do PIB (Produto Interno Bruto) de todos os países. De acordo com Nuno Cunha Rodrigues, "em países em vias de desenvolvimento e em economias em transição com setores econômicos privados subdesenvolvidos, a proporção dos contratos públicos em relação ao PIB pode ser de 40%".[15] Nos Estados Unidos, os contratos públicos equivalem a cerca de 20% do PIB anual. Em 2009, na União Europeia, a contratação pública correspondeu a 19,4% do PIB de 27 países membros.[16]

No Brasil, excetuados os contratos públicos de parceria, concessão e permissão de serviços públicos, as compras públicas (aquisições de bens e serviços) da União, Estados e Municípios representaram aproximadamente 6,7% do Produto Interno Bruto (PIB) em 2007. Em 2012, as compras da Administração representaram mais de 10% do Produto Interno Bruto (PIB) brasileiro[17]. Incluídos todos os arranjos contratuais dos quais Estado brasileiro participa, alcança-se o índice de 21,5% do PIB de 2012[18], de modo que, nos últimos anos, verifica-se um crescimento vertiginoso da participação da contratação pública em relação ao montante total da riqueza produzida anualmente no país.

A contratação pública tem funcionado, ademais, como base e forma de financiamento de todos os grandes investimentos atuais em infraestrutura, como portos, aeroportos, rodovias, energia elétrica, gasodutos *etc*, assim como nos planos de mobilidade e de urbanização.

Por conseguinte, a verificação de que, no mundo em geral e no Brasil em particular, *"contracting out is in"*[19] é irrefutável. A mera constatação quantitativa do fenômeno, porém, diz pouco. É impositivo que sejam examinados os efeitos e as consequências da ampliação da contratação pública

[15] RODRIGUES, Nuno Cunha. **A Contratação Pública como instrumento de política econômica.** Coimbra: Almedina, 2013, p. 14.

[16] RODRIGUES, Nuno Cunha. **A Contratação...**, p. 193-194.

[17] **Gestão da Execução de Contratos Administrativos pelo Poder Público.** Têmis Limberger (coord.) In: Brasil. Ministério da Justiça. Secretaria de Assuntos Legislativos Mecanismos jurídicos para a modernização e transparência da gestão pública. Ministério da Justiça, Secretaria de Assuntos Legislativos. v. 2.Brasília: Ministério da Justiça, 2013, p.18,

[18] Cfr.: Relatório de Contas Nacionais Trimestrais do IBGE, referência PIB - 2013.

[19] GREVE, C; EJESRBO, Niels. **Contracts as reinvented institutions in the public sector: a cross-cultural comparison.** Westport: Pareger Publishers, 2005, p. 02.

como mecanismo de ação estatal *propriamente dito* e não apenas como atividade instrumental.

Por meio de contratos públicos de concessão, por exemplo, o Estado transfere a responsabilidade direta da prestação do serviço, mas, por igual, retém o controle das variáveis atinentes ao cumprimento do contrato. Nestes contratos incidem elementos políticos, econômicos, jurídicos e sociais nos quais o Estado, inequivocamente, deve se fazer presente, regulando, controlando, assegurando e garantindo os direitos e obrigações dos protagonistas do serviço: tanto os prestadores (e/ou fornecedores), quanto os usuários e cidadãos.

Esses contratos não se limitam a estabelecer o conteúdo das obrigações ou a prestação objeto do contrato. Eles vão muito além, pois determinam, ao mesmo tempo, as condições em que devem se desenvolver as prestações, as metas de qualidade e extensão do serviço a ser prestado, os pagamentos a serem feitos, a modernização e permanente atualização dos meios materiais e técnicos relativos à prestação, as tecnologias a serem empregadas *etc.*[20]

É nesse modelo de Administração Pública que exsurge a figura de um contrato público, no qual, paralelamente ao seu escopo nuclear, são adicionadas finalidades contratuais acessórias ou suplementares, transversais ou horizontais, ao objeto primeiro das prestações contratuais, mas igualmente presente no bojo e no contexto da sua celebração.[21]

A contratação pública se converte, nessa conjuntura, como uma (nova) oportunidade para o Estado desenvolver finalidades públicas que, até então, seriam realizadas por outros meios tradicionais de ação estatal, tais como políticas públicas realizadas pelos próprios agentes estatais.

Sob o *governo por contrato(s)* e no contexto da *contratação pública estratégica*, a Administração pode pretender a adjudicação de um objeto primário, como uma obra pública, a obtenção de um bem, a prestação de um serviço público ou a exploração de um empreendimento e, simultaneamente, a promoção também de fins paralelos ao do contrato, tais como, a inovação, a preservação ambiental, o desenvolvimento da produção indus-

[20] DROMI, Roberto. **Ecuaciones de los contratos públicos.** 2ª. edição. Buenos Aires – Madrid – Mexico: Hispania libros, 2008. p. 87.

[21] GONÇALVES, Pedro. **A regulação do mercado da contratação pública.** *Revista de Contratos Públicos – RCP*, Belo Horizonte, ano 3, n. 3, p. 201-208, mar./ago. 2013.

trial, a melhoria do emprego, da saúde pública, das condições sociais e, em especial, a inclusão de grupos hipossuficientes.[22]

A inserção de finalidades paralelas à pretensão original não tem o condão de desnaturar a avença celebrada. Ao contrário, a partir delas é possível a reafirmação da "lógica da função" pública, também na esfera do instrumento contratual.

Desde as suas raízes privadas, tem-se que um contrato deve atender um equilíbrio entre as partes, isto é, deve ser balanceado, equitativo, no sentido de satisfazer fins de uma *justiça comutativa*. Essa perspectiva ainda é central no direito dos contratos, sejam eles de natureza privada ou público-administrativa; vide, por exemplo, a permanente preocupação teórica e prática acerca da necessidade da intangibilidade do equilíbrio econômico-financeiro dos contratos. Contudo, os contratos públicos que emergem do movimento do *governo por contrato(s)*, não podem se bastar na garantia de uma justiça exclusivamente de cariz comutativo. Em virtude do papel protagonista assumido por eles na gestão pública contemporânea, passam esses contratos atuam também como técnica de alcance de uma justiça também de caráter distributivo.

Nesse sentido, a tessitura jurídica contemporânea do Estado e também do contrato público impõe a este último, como instrumento e afazer substancial estatal, a obrigação de realizar uma justiça distributiva que deveria ser ínsita a qualquer tarefa estatal, mas que, até pouco tempo atrás, estava fora do escopo da conformação (ou de visualização) do contrato público.

A justiça contratual mencionada não pode ser entendida apenas como resultado do equilíbrio entre as partes. Na sua vertente distributiva, ela contempla a satisfação de fins *supra* partes, uma vez que as relações jurídicas contidas na contratação pública contemporânea podem ser consideradas multilaterais e/ou poligonais e o equilíbrio de múltiplas equações formadas pelas diversas partes contidas no contrato não se restringe à manutenção do equilíbrio econômico-financeiro. Como se pretende demonstrar na presente investigação, a nota distintiva dos contratos públicos na contemporaneidade se dá a partir do reconhecimento de que eles atuam como instrumento de satisfação de uma justiça de índole distributiva.

Embora pareça atrativa na teoria e aplicável na prática, sobretudo em virtude da sua consonância com a pauta axiológica da Constituição Federal

[22] RODRIGUES, Nuno Cunha. **A Contratação...**, p. 19.

de 1988, a utilização da contratação pública para fins de políticas públicas consideradas alheias ao objetivo imediato da celebração do contrato pode se apresentar, em certa medida, de maneira problemática. Isso porque podem surgir dificuldades desde o processo de seleção do contratado, em virtude da eleição de preferências impróprias entre propostas, até consistir em um possível excesso de intervenção das entidades públicas contratantes na gestão interna dos contratados, como nas políticas salariais ou nos métodos de produção, no caso de políticas públicas sociais.[23]

Há outras críticas plausíveis que devem ser analisadas. Em última análise, a introdução de objetivos de política secundária nos contratos públicos pode resultar no aumento de preços pela repercussão do custo do cumprimento destas medidas pelos agentes econômicos, de forma a demonstrar certo grau de ineficácia destas políticas levadas a efeito no contexto da contratação pública.[24]

É claro que essas finalidades subsidiárias, mediatas e/ou horizontais não podem prejudicar os fins imediatos do contrato, relativos à obtenção das utilidades necessárias e em condições adequadas para a Administração, com igual respeito ao direito do contratado e dos usuários, nos termos da normatização aplicável. Além disso, a insistência excessiva em objetivos de política acessória e/ou secundária pode, por exemplo, contribuir para o desequilíbrio financeiro do setor contratante.

Pode-se aludir, ademais, que a contratação desprovida da prossecução de objetivos de política horizontal ou secundária, *primo occuli,* parece ser mais eficiente, uma vez que a adição de outros objetivos mediatos poderia conduzir a uma mitigação da ideia do *best value for money,* se este for tomado a partir de uma perspectiva econômica estrita.

Como se pretende demonstrar no curso do trabalho, a possibilidade de mitigação do *value for money* não significa que tais políticas acessórias devam ser evitadas.[25] Ao contrário. Explica-se: a eficiência econômica voltada a seu objetivo principal, em princípio, pode ser *cega* do ponto de vista dos ideais de justiça.[26] No Estado contemporâneo, com objetivos funda-

[23] Cfr.: RAIMUNDO, Miguel Assis. **A Formação dos Contratos Públicos: Uma concorrência ajustada ao interesse público.** Lisboa: AAFDL, 2013, p. 401.

[24] RAIMUNDO, Miguel Assis. **A Formação...**, p. 401.

[25] RODRIGUES, Nuno Cunha. **A Contratação...**, p. 19.

[26] Para a satisfação da eficiência econômica, bastaria *per se,* o alcance ótimo da finalidade. Cfr.: POSNER, Richard A. **A Economia da Justiça.** São Paulo: Martins Fontes, 2010, p. 108

mentais expressos e estabelecidos constitucionalmente, *v.g.*, no Brasil, no artigo 3º da CF/88, esta forma de *cegueira* quanto à justiça da realização, contudo, não pode ser permitida.[27]

Cabe, portanto, a cada comunidade política procurar, à luz da sua axiologia constitucional, o ponto de equilíbrio entre os deveres e as preocupações de eficiência administrativa e as inquietações a propósito dos ideais de justiça que deverão ser alcançados.[28]

Por definição, as políticas públicas horizontais constituem uma proposta de *compromisso* de sustentabilidade e de equilíbrio de cada comunidade e, como tais, representam opções (políticas) para cada governo. Soluções de *compromisso*, como as contidas nas políticas públicas inseridas na contratação pública contemporânea, impõem o dever de ponderação entre os sacrifícios em matéria de eficiência e os objetivos de políticas públicas a serem concretizados.[29]

Vislumbra-se que o objetivo estabelecido nesse estudo, para além de confrontar e buscar compor as tradicionais dicotomias público e privado, poder e contrato, autoridade e consenso, função e autonomia, políticas centrais e políticas secundárias, pretende compatibilizar a ideia de uma igualdade e/ou justiça puramente comutativa, *a priori* ou "*a partida*", com uma ideia de igualdade e/ou justiça distributiva, efetiva, *a posteriori* ou "à chegada", que passou a ser intrínseca à contratação pública contemporânea e que pode, atualmente, servir como modo que qualificação de uma avença pública como tal.

Eis o cerne do presente trabalho. Parte-se do movimento atual, intenso e progressivo de incorporação do discurso e da prática contratual no agir

e seguintes. Contudo, como destacam Alexandre Ditzel Faraco e Fernando Muniz Santos, não se pode "(...) advogar a substituição de valores plasmados em dispositivos constitucionais e legais por um critério de eficiência, lido à luz da escola econômica neoclássica, especialmente a de Chicago. Já foi demonstrado que tal viés não contribui para a solução de dilemas relevantes da sociedade brasileira, seja por seu neutralismo ético em face das disparidades de renda entre os distintos atores sociais, seja pelo simplismo de determinadas presunções que sustentam seu edifício teórico". FARACO, Alexandre Ditzel; SANTOS, Fernando Muniz. **Análise Econômica do Direito e Possibilidades Aplicativas no Brasil.** In: *Revista de Direito Público da Economia – RDPE*. Belo Horizonte, ano 03, nº 9, jan. / mar. 2005, p. 68.

[27] RAIMUNDO, Miguel Assis. **A Formação...**, p. 401.

[28] RAIMUNDO, Miguel Assis. **A Formação...**, p. 401.

[29] TREPTE, Peter. **Procurement in the EU – A Practitioner's guide.** 2ª ed., Oxford: Oxford University Press, 2007, p. 390.

administrativo, para visualizar que o emprego da via contratual tem o condão de produzir mais resultados do que o esperado inicialmente. Os resultados alcançados por meio da ampliação da contratação não dizem respeito exclusivamente à Administração ou aos contratados, mas à toda a coletividade. A contratação pública sob esta perspectiva possui uma *eficácia multiplicativa*, não encontrada em todos os meios de ação estatal o que, *per se*, justifica uma investigação mais detalhada sob este prisma.

Na primeira parte, denominada de *A Ambiência de Desenvolvimento e Consolidação do Contrato Público*, o desenvolvimento da tese contempla inicialmente a demonstração de que a ideia de *governo por contrato(s)* é difundida em todos os sistemas de Administração Pública na contemporaneidade, não cabendo mais questionamentos sobre a sua existência.

Demonstra-se, nesse sentido, que não parece mais ser útil *per se* o exame das vantagens ou desvantagens da contratualização governamental, já que ela ocupa um lugar central no Direito Público contemporâneo. Antes disso, sugere-se que, ao invés de se arguir se ela é boa ou má, útil ou inútil, deve-se buscar o desenvolvimento do direito dos contratos públicos para o aprimoramento, a facilitação e o *accountability* das atividades governamentais nessa área.[30]

Para tanto, no capítulo I, são analisados alguns elementos que conduzem à crescente adesão à ideia de *governo por contrato(s), bem como alguns efeitos decorrentes do emprego mais intenso dos contratos na gestão pública atual, tais como:* (i) o acionamento do potencial privado para a realização de tarefas públicas; (ii) a maior flexibilidade do contrato na composição de relações jurídicas; (iii) o alargamento do rol de efeitos jurídicos produzidos com base no contrato; (iv) o deslocamento da norma da lei para o contrato; (v) a maior margem de consensualidade, inclusive com cláusulas contratuais estabelecidas no âmbito de uma fase pré-contratual de negociação; (iv) a introdução de contratos atípicos com a multiplicidade de objetos; (vii) a possibilidade do uso de contratos por desempenho, em que o contratado se vincula a metas de desempenho; (viii) a maior flexibilidade na alocação de riscos, com a estipulação da repartição de ganhos de eficiência para o Estado; (ix) a possibilidade de flexibilização do regime de equilíbrio econômico e financeiro; e (x) a multiplicação de contratos de cooperação.[31]

[30] DAVIES, Anne. **The Public Law of government contracts.** Oxford: Oxford University Press, 2008. p. 331.

[31] MARQUES NETO, Floriano de Azevedo. **Do Contrato Administrativo...**, p.79-80.

Ao final desse capítulo, analisa-se a possibilidade de implementação de políticas públicas por meio da contratação pública de longa duração.

Ainda nessa parte, mas no capítulo II, examina-se a atual configuração de alguns aspectos centrais do Direito brasileiro dos contratos públicos; em especial, a questão relacionada à nomenclatura dos contratos, assim como questões atinentes ao grau de autonomia pública contratual, ao dilema oriundo da divisão entre a "lógica da função" e a "lógica do contrato" presentes nas relações jurídicas estatais de consenso e aos elementos e atributos que definem os contratos públicos e, especialmente, em que medida as teorias *jusprivatistas* de liberdade contratual e autonomia se aplicariam às avenças públicas.

Encerra-se esse capítulo, com alusão à plurissignificação contemporânea dos contratos públicos, na medida em que eles passam a assumir no contexto do *governo por contrato(s)* em grau semelhante, os significados de ferramenta de gestão, de expressão de interesses públicos, de causa de obrigações, de fonte de direito, de técnica de desenvolvimento, de forma de resolução de conflitos, de princípio de seleção do contratado e de cenário das justiças comutativa e distributiva.

Na segunda parte do trabalho, designada *As Transformações do Contrato Público a Partir do seu Emprego como Instrumento de Governo*, são examinadas as modificações ocorridas nos contratos públicos a partir do seu emprego como atividade finalística da Administração.[32] Em especial, como pode ocorrer a prossecução de políticas públicas secundárias, acessórias e/ou horizontais por meio dos contratos públicos.

No terceiro capítulo, argumenta-se que, a partir da busca de fins *extra-contratuais*, o contrato público deixa de ser considerado exclusivamente *objeto* de regulação (caso em que a regulação ocorreria por agência) e passa a funcionar, *per se*, como *agente* e/ou mecanismo de regulação pública (caso em que a regulação ocorre por meio do próprio contrato público).[33]

Nessa perspectiva, fundamenta-se que a inserção de finalidades acessórias no âmbito da contratação pública pretende o aproveitamento e, mais, a própria "internalização", na medida das possibilidades jurídicas,

[32] MOREIRA, Egon Bockmann. **O Contrato Administrativo como Instrumento de Governo.** In: Pedro Gonçalves (Coord.) *Estudos de Contratação Pública.* Vol. IV. Coimbra: Coimbra editora, 2010, p. 12 e seguintes.

[33] GONÇALVES, Pedro Costa. **Regulação Administrativa e Contrato.** In: Revista de Direito Público da Economia. Ano 9, nº 35, jul-set.2011, p. 124 e seguintes.

sociais e econômicas, das chamadas "*externalidades positivas*" (*spillover effects*) como escopo do próprio contrato[34] e, dessa forma, "o contrato tenderá a fixar relações 'preços-quantidades' que tendem a se aproximar do ótimo social".[35]

Como a possibilidade de se lançar mão de políticas secundárias no âmbito da contratação pública pressupõe a submissão a alguns critérios, entre os quais o coeficiente do vínculo entre a política secundária em relação ao objeto central, o postulado da proporcionalidade e a justificação da política secundária em motivos de interesse coletivo, eles serão analisados para fins de verificação da pertinência entre a prossecução da política pública horizontal e a finalidade primeira (e o objetivo imediato) do contrato celebrado.

No quarto capítulo, tomando-se por premissa a utilização do contrato como instrumento de governo e da inserção, no seu escopo, de políticas horizontais, passa-se a aludir ao critério da sujeição à distributividade (e aos ideários de uma justiça contratual distributiva) como proposta para a qualificação de uma avença estatal como contrato público, a título de complementação dos critérios tradicionais de definição destes módulos convencionais.

Ao final, são apresentadas algumas aplicações de políticas públicas horizontais, as quais corroboram o papel dos contratos públicos como instrumento de realização de ideais de justiça distributiva. As políticas públicas apresentadas, inseridas no bojo das avenças, de forma explícita ou implícita, representam também, de certa forma, algumas equações dos contratos públicos, os quais, na contemporaneidade, não se bastam na garantia da intangibilidade da equação econômico-financeira – que se mantém mais hígida do que nunca – mas devem por igual, satisfazer outros fins para que se adequem às exigências contemporâneas, ainda que previstas desde 1988, a partir da promulgação da Constituição Federal.

Cumpre destacar, ainda, que a presente investigação não tem por objetivo promover uma revisão integral da bibliografia nacional e estrangeira atinente aos contratos públicos e o seu emprego contemporâneo, o que, nos seus estreitos contornos temporais e demarcações físicas seria impos-

[34] Cfr.: CAMPOS, Diogo Duarte de. **A Admissibilidade de políticas secundárias na contratação pública: a consideração de fatores ambientais e sociais.** In: Estudos de Direito Público. Coimbra: Coimbra Editora, 2011, p. 127 e seguintes.

[35] ARAÚJO, Fernando. **Introdução à Economia.** 3ª ed., Coimbra: Almedina, 2006, p. 553.

sível. Chamou para si, no entanto, o dever acadêmico de sistematizar as fontes e as mediações mais relevantes para delinear um fio-condutor hábil a demonstrar um retrato plausível dos contratos públicos contemporâneos e a possibilidade do seu emprego para a realização de uma justiça de cariz distributivo.

# Parte I – O Ambiente de Desenvolvimento e de Consolidação do Contrato Público

> *"[Que] adoráveis propósitos aqueles dos juristas que nos dizem: 'O Estado é isso, a Nação, aquilo'. Lá vão eles com a fita métrica na mão: 'Cintura, tanto... Ombros, tanto...!' Acabada a roupa, grito de triunfo: 'Como cai bem!' Ora, o que é, no entanto, que cai?"*[36]

> *"Os contratos públicos não são distintos dos contratos privados. As obrigações que cada um suporta são tuteladas pelo Direito e os contratos públicos são governados pelos mesmos cânones de interpretação aplicados aos contratos entre pessoas naturais".*[37]

Nesta primeira parte, busca-se evidenciar o ambiente social, político e, sobretudo, jurídico no qual os contratos públicos emergem como instrumento por excelência de ação administrativa.

Para tanto, são examinadas algumas das múltiplas circunstâncias que propiciam a adesão ao movimento contemporâneo de *governo por contrato(s)*

[36] FEBVRE, Lucien. **Honra e Pátria**. Rio de Janeiro: Civilização Brasileira, 1998, p. 28.
[37] DONNELLY, James. **A Treatise on the Law of Public Contracts.** Boston: Litlle Brown, 1988, p. 273.

e os efeitos dele decorrentes nos mais diversos modelos de Administração Pública, como, *v.g.*, a possibilidade de contratualização das políticas públicas para além do período constitucionalmente estabelecido para o mandatos dos agentes políticos, em especial dos chefes do Poder Executivo de todas as esferas da Federação.

Constitui ainda objeto da primeira parte da investigação a análise da atual feição dos contratos públicos no Brasil, com destaque às questões atinentes à sua natureza, margem de liberdade, grau de autonomia (pública) contratual e consequente nomenclatura, atualizada.

Ademais, argumenta-se que, em última análise, a permanente busca doutrinária pela *autonomização* dos contratos públicos em relação aos contratos privados levou a que, atualmente, o direito público brasileiro dos contratos não *dialogue abertamente* com o direito contemporâneo dos contratos privados – distinto sobremaneira da matriz contratual clássica, do qual o contrato público historicamente quis se libertar.

No afã de se definir em bases próprias, a doutrina do contrato administrativo permanece, pois, dialogando com um modelo de contrato privado próprio do século XIX, que já morreu. Com isso, perde-se a possibilidade do emprego de (novos) elementos e categorias importantes já trabalhados no âmbito da contratação civilista, empresarial e do consumidor para o bom desenvolvimento das relações contratuais realizadas pela Administração, tais como novas metodologias interpretativas dos contratos de adesão e de cláusulas contratuais, de mutação em matéria interpretativa, de inovações no regime de invalidação de cláusulas com a manutenção das avenças etc.

Propugna-se, por conseguinte, pelo reestabelecimento deste diálogo, nos termos delineados a seguir, no capítulo II.

# Capítulo 1 – O Governo por Contrato(s): a Arquitetônica de uma Administração Contratual

*"(...) em tempo algum foi possível conduzir o governo civil ou as guerras internas ou externas deste reino sem recurso à aquisição e bens e serviços a cidadãos privados".*[38]

*"(...) porque se o direito é a locomotiva que dá impulso às políticas públicas, não deixa também de ser o conjunto dos carris por onde estas devem circular".*[39]

O objetivo deste capítulo é demonstrar que a contratação pública assumiu um papel de relevância inquestionável na Administração contemporânea em substituição (ou, ao menos, complementação) às tradicionais formas unilaterais de ação administrativa, de modo que, nos últimos anos e nas diferentes nações – a despeito das diferenças entre os sistemas jurídicos e as organizações administrativas – tornou-se corriqueira a referência à ideia do exercício da atividade governamental por meio dos contratos.[40]

[38] TURPIN, Colin. **Government Contracts**. Harmondsworth: Penguim, 1978, p. 37.

[39] GARCIA, Maria da Glória Ferreira Pinto Dias. **Direito das Políticas Públicas**. Coimbra: Almedina, 2009, p. 58.

[40] Argumentam, nesse sentido, Pedro Costa Gonçalves e Egon Bockmann Moreira que "(...) o peso do setor público na procura de bens e serviços em nenhum momento da história terá sido tão significativo como na nossa contemporaneidade. Para isto concorrem circunstâncias de várias ordens: por um lado, a apologia do "recuo" do Estado, de migração para um modelo de Estado menos intervencionista, que consagrou a ideia de que "é melhor comprar do que produzir"; depois, uma certa glorificação da eficiência e da perícia do setor privado que explicou a conveniência na ativação do potencial privado para servir o interesse público; além disso, as restrições e condicionantes de natureza financeira, que incentivaram os modelos de entrega a pessoas privadas da responsabilidade pela realização de investimentos de grande porte em bens públicos; a "descoberta" de que as compras públicas podem ser também um instrumento de regulação pública da economia, fazendo emergir o que se designa por utilização estratégica da contratação pública, por exemplo para fomentar de certas produções em detrimento de outras (vejam-se as *compras ecológicas*). Estes são apenas alguns dentre múltiplos fatores que explicam e justificam a alusão ao Estado do nosso tempo como um *Contracting*

Consoante afirma Carlos Ari Sundfeld, "o mundo das contratações públicas está em ebulição", e representa um *locus* das grandes inovações do direito público contemporâneo, tendo se transformado em verdadeira "vedete" do direito administrativo.[41] Assim torna-se impositivo o seu exame mais detalhado, a começar pela visualização de que o agir estatal bilateral, tal como regularmente apresentado na ação contratual, encontra-se no cerne do contratualismo moderno que alicerça o *modus vivendi* contemporâneo. Na sequência, examinam-se algumas causas para a implementação do *governo por contrato(s)* e alguns os efeitos dele decorrentes.

## 1.1. Do Contrato Social ao *Governo por Contrato(s)*: A Base Bilateral da Ideia de Governo

*Governo* é um substantivo. Dificilmente, em uma frase, o signo *governo* está desacompanhado de um ou mais adjetivos. Tal como o substantivo *estado*, atualmente, a ideia de *governo* demanda um complemento,[42] sob pena de parecer desprovido de sentido *per se* em determinada frase ou texto.

*State*. O "Estado contratante" suscita problemas jurídicos com novos contornos, que, em geral, reclamam soluções inovadoras e ponderadas dos legisladores e que, paradoxalmente, comportam novas exigências para o Estado: eis o que ocorre nos planos da garantia da ética e da integridade das licitações ou do combate à corrupção e aos casos de conflitos de interesses, ou com a garantia da igualdade de acesso e de condições de concorrência entre os operadores econômicos, ou, em plano já diferente, com a proteção do interesse público financeiro (*best value for Money*) ou, o que é o mesmo, dos interesses dos contribuintes. Mas os novos problemas suscitados não se limitam às licitações: quanto mais contrata, mais o Estado fica dependente dos contratantes; ora, isto impõe uma cautela redobrada com o desenho de uma reforçada "responsabilidade pública de gestão de contratos", posto que, em larga medida, a função do "Estado contratante" se cifra em acompanhar e vigiar o que, em execução do contrato, vão fazendo os contratantes privados. In: **Editorial.** Revista de Contratos Públicos – RCP. Belo Horizonte, ano 1. nº 1, mar./ago. 2012.

[41] SUNDFELD, Carlos Ari. **Apresentação.** In: *Contratações Públicas e seu Controle*. Carlos Ari Sundfeld (Org.) São Paulo: Malheiros, 2013, p. 04.

[42] Conforme José Joaquim Gomes Canotilho "(...) um Estado carecedor de adjectivos indica um claro mal-estar do próprio Estado. Parece não ter substância. Apela a algumas qualidades. É tudo ou nada. É uma fórmula *passe-partout*. Não tem ADN. Precisa de impressões. Já não é o grito de batalha. É um argumento. De categoria política passa a topos argumentativo. Será assim? Ousemos fazer uma provocação: diz-me o adjectivo do Estado e eu dir-te-ei que Estado tens ou queres". CANOTILHO, José Joaquim Gomes. **Estado Adjectivado e Teoria da**

De certa forma, é possível se afirmar que o mal-estar cotidianamente externado a propósito da imagem de *governo* pode ser explicado na medida em que as práticas governamentais contemporâneas não têm sido perfeitamente adequadas à tábua axiológica constitucional[43] correspondente (i) à plena organização e alocação adequada dos meios públicos, (ii) à realização de direção e à execução da Administração Pública no sentido de dotá-la de maior eficiência e (iii) à coordenação e ao planejamento estratégico da ação coletiva, em diversos níveis e abrangências, tomada em um prazo vasto o suficiente para a realização dos seus objetivos e efetivada em um horizonte temporal breve para a manutenção da credibilidade no processo.[44]

Nos últimos anos, sem embargo dos inequívocos avanços institucionais ocorridos; em especial, no Brasil, onde as eleições regulares, as agendas políticas progressivamente mais responsivas e o controle judicial tem sido muito mais atuante, há a percepção coletiva de que o desenvolvimento social decorre muito mais da libertação de forças sociais e econômicas latentes do que de ações e medidas coordenadas e planejadas de natureza governamental.[45]

Uma nova atribuição de sentido ou a substantivação da ideia de *governo* pode perpassar pela compreensão de seu papel contemporâneo, na forma colocada por Maria Paula Dallari Bucci, que compreende o funcionamento do governo "enquanto disparador e condutor de processos de transformação, com o emprego de meios próprios do Estado ou postos à sua disposição, ou seja, os modos pelos quais se dá a conversão do *impulso político* em *ação governamental*, exposta à participação e ao contraditório social e à incidência das normas e controles de maneira geral".[46]

A atribuição de novos sentidos à ideia de governo, em especial, levando a cabo suas funções através de diferentes arranjos, por meios próprios ou postos à sua disposição, para a *prossecução direta* de direitos ou a organização de formas econômicas e sociais aptas a realizá-los (*prossecução indireta*),

**Constituição.** In: *Revista da Academia Brasileira de Direito Constitucional.* Volume 03. Curitiba: Academia Brasileira de Direito Constitucional, 2003, p. 456.

[43] BUCCI, Maria Paula Dallari. **Fundamentos para uma Teoria Jurídica das Políticas Públicas.** São Paulo: Saraiva, 2013, p. 33.

[44] BUCCI, Maria Paula Dallari. **Fundamentos...**, p. 33.

[45] BUCCI, Maria Paula Dallari. **Fundamentos...**, p. 33.

[46] BUCCI, Maria Paula Dallari. **Fundamentos...**, p. 33.

demanda a análise prévia – ainda que breve – da compreensão clássica e/ou tradicional da atividade governamental.

Na esfera da ciência política, a rigor, governar significa titularizar uma posição de comando, a partir da qual é possível a tomada de decisões associadas ao exercício de poder.[47]

No caderno federalista nº 51, James Madison questiona "(...) o que é o governo em si próprio senão a maior de todas as reflexões sobre a natureza humana?"[48] A pergunta a propósito de qual seria a melhor configuração de um governo ou a mais adequada gestão das coisas comuns ou dos bens públicos sempre esteve no imaginário popular, razão pela qual, desde as sociedades clássicas, incalculáveis formas de governo, vale dizer, de exercício do *poder de decidir* em nome e em (des)favor alheio, foram levadas a efeito.

Na atualidade, porém, ao ser questionado acerca de qual seria a melhor forma de governo, invariavelmente o interlocutor lançaria mão de alguma tese com sentido ou fundamento *contratualista*, com fundamento histórico e filosófico na modernidade. Vale dizer, a concepção que em geral se exprime, é o de *base bilateral* para o exercício do poder político estatal.

A busca de superação do *estado de natureza*, a partir do processo de *desencantamento e racionalização* do mundo, levou a que o ideal moderno de emancipação, no sentido de conquistar a natureza e subordiná-la às necessidades humanas, ocorresse a partir da regulação (disciplina) estatal. Da guerra de *todos-contra-todos* passou-se à pretensão de uma coexistência baseada na *previsibilidade* e na *calculabilidade* que a ciência seria capaz de atestar e o Estado capaz de garantir. Com a população se deslocando do campo para as cidades, a percepção da prevalência da lei do mais forte gradativamente passa a ser suplantada, ao menos no campo do imaginário, pelos sentimentos de *segurança*, de *certeza* e de *garantia*,[49] obtidos pelo império da lei e sua aplicação irrestrita a todos.

[47] De acordo com Jean Jacques Rousseau, o governo se constitui de (...) um corpo intermediário estabelecido entre súditos e o soberano, para permitir sua mútua correspondência, encarregado da execução das leis e da manutenção da liberdade, tanto civil, como política". In: ROUSSEAU, Jean Jacques. **O Contrato Social.** São Paulo: Martins Fontes, 2003, p. 72.

[48] MADISON, James; HAMILTON, Alexander; JAY, John. **O Federalista.** In: *Os Clássicos da Política*. Francisco Weffort (org.). 5ª ed., São Paulo: Ática, 1995, p. 46.

[49] No idioma germânico, as pessoas passaram a viver em sociedade em busca do sentimento de *Sicherheit*, que em sua tradução ao idioma português significa tanto *segurança*, quanto *certeza* e *garantia*. Para Sigmund Freud, em linhas bastante gerais, a concepção de mal-estar da civilização decorre da opção majoritária pela repressão da felicidade que seria inerente a um

A noção do contrato social, de inspiração predominantemente *rousseauniana*, apresenta-se no sentido de que os indivíduos abririam mão de sua *liberdade individual* e passariam estar submetidos à guarida estatal, a partir da sua adesão à *vontade geral*.[50]

É claro que não se pode *absolutizar* as idealizações acima, como sendo o *leitmotiv* exclusivo dos atuais quadros políticos-jurídicos, mas, ao lado da ascensão da burguesia na sua luta contra as formas absolutistas de governo, própria do século das luzes, foi essa ordem de ideias que contribuiu para a consolidação das formas jurídicas, políticas e sociais a partir das quais foram forjadas as aparelhagens estatais contemporâneas.[51]

A submissão à ideia de uma vontade geral sob a contrapartida da proteção circunscrita por lei conforma um padrão civilizatório que molda a forma de *ser* e *conviver* contemporânea. Não é difícil se denotar neste contexto que a regulação social estruturada nos pilares da modernidade é sempre bilateral:[52] (i) na *esfera pública*, há a obrigação política vertical entre o cidadão e o estado; (ii) no *mercado*, existe a obrigação horizontal individual e antagônica entre os contratantes; (iii) na *comunidade*, há a obrigação política horizontal solidária entre membros da comunidade e associações.

As bilateralidades acima ratificam o papel relevante do chamado *teorema do consenso*, *pacto* ou *contrato* na compreensão do Estado Democrático e da ordem jurídica dele derivada, na medida em que o Estado e a sua ordem jurídica se reconduzem à "reunião das vontades particulares".[53] Isso significa afirmar que qualquer autoridade no exercício de atividade estatal estaria, em princípio, vinculada a decidir tal como se as suas decisões fossem obra da vontade reunida de todo o povo e, de outro lado, o cidadão deva se considerar *kantianamente* como se ele próprio tivesse participado

certo *Estado de natureza*, em favor do sentimento de *Sicherheit*. Cfr.: FREUD, Sigmund. **Mal-estar da Civilização.** São Paulo: Companhia das Letras, 2008, p. 64 e BAUMAN, Zygmunt. **Em Busca da Política.** Rio de Janeiro: Jorge Zahar, 2000, p. 26.

50 ROUSSEAU, Jean Jacques. **O Contrato...**, p. 29.

51 SOARES, Rogério Guilherme Ehrhardt. **Direito Público e Sociedade Técnica.** Coimbra: Atlântida editora, 1969, p. 39.

52 SANTOS, Boaventura Sousa. **A Crítica da Razão Indolente: Contra o desperdício da Experiência. Para um novo senso comum: A ciência, o direito e a política na transição paradigmática.** Volume 1. 3ª ed., São Paulo: Cortez, 2001, p. 50.

53 BARBOSA DE MELO, António Moreira. **A Ideia de contrato no centro do universo jurídico-político.** In: *Estudos de Contratação Pública*. Vol. I. Coord.: Pedro Gonçalves. Coimbra: Coimbra editora, 2008, p. 07.

na elaboração delas, na forma da máxima *volenti non fit iniuria* (a quem consente não se faz injustiça).

Os governos nos Estados Constitucionais[54] exprimem a sua legitimidade por meio da fórmula "todo o poder emana do povo e em seu nome será exercido". A partir dela, como o poder soberano decorre do povo, impõe-se aos governos, ao menos, (i) prescrever e ordenar condutas por meio de seus órgãos; (ii) restringir e adequar os comportamentos desviantes por meio de seu aparato coativo instituído para tornar o monopólio da força a expressão de sua soberania; e (iii) assegurar os direitos fundamentais, que deixam de significar apenas atributos transindividuais e passam a *razão de ser* estatal.[55]

Nos governos dos Estados Constitucionais, a concretização das atividades acima, em especial, aqueles relacionados à prossecução de direitos fundamentais, demanda um agir governamental baseado em ações, de índole positiva e negativa, que é chamado de *government by policies* — governo por políticas ou diretrizes, que se contrapõe à forma de atuação designado por *government by law* — governo por leis,[56] cujo alcance circunscrito na via

[54] A noção de Estado Constitucional pode ser tomada, como se explicita no presente trabalho, como similar a do Estado Democrático de Direito, submetido à uma Carta Constitucional rígida, que garante a supremacia dos Direitos Fundamentais. Nesse sentido, argumenta Paulo Otero que "o moderno Estado pluralista, enquanto expressão de um modelo oposto ao Estado totalitário, afirmando ser um Estado de Direito democrático ou democrático de Direito, é, por definição, um 'Estado de Direitos fundamentais': trata-se de um Estado baseado no respeito pela dignidade da pessoa humana e ao serviço da garantia da inviolabilidade dessa mesma dignidade inerente a cada pessoa individual e concreta". In: OTERO, Paulo. **A Crise do "Estado de Direitos Fundamentais"** In: Lições de Direito Constitucional em Homenagem ao Jurista Celso Bastos. Ives Gandra da Silva Martins, Gilmar Ferreira Mendes, André Ramos Tavares. (orgs.) São Paulo: Saraiva, 2005, p. 179. Na mesma linha, tomada como diretriz para o presente trabalho, argumenta José Joaquim Gomes Canotilho que "qualquer que seja o conceito e a justificação do Estado – e existem vários conceitos e várias justificações – o Estado só se concebe hoje como Estado Constitucional". Para o autor, as duas grandes qualidades do Estado Constitucional são o Estado de Direito e Estado Democrático. In: CANOTILHO, José Joaquim Gomes. **Direito Constitucional e Teoria da Constituição.** 5ª ed., Coimbra: Livraria Almedina, 1999, p. 89.

[55] ACKERMANN, Bruce. **A Nova Separação de Poderes.** Rio de Janeiro: *Lumen Juris*, 2009, p. 11 e seguintes.

[56] COMPARATO. **Ensaio sobre o juízo de constitucionalidade das políticas públicas.** In: BANDEIRA DE MELLO, Celso Antônio (Org.). *Estudos em homenagem a Geraldo Ataliba: direito administrativo e constitucional*, p. 351.

normativa, mostra-se insuficiente na efetivação dos fins que legitimam e validam o próprio governo.

Nesse sentido, o *government by policies,* próprio do *arquetípico estatal contemporâneo,* demanda o recurso a todos os meios de ação capazes da prossecução das políticas a ele cominadas. O contrato público, nesse influxo, passa a ser um deles. Não um instrumento meramente adicional, acessório, suplementar, posto à disposição da Administração, mas, possivelmente, como adiante restará demonstrado, o principal instrumento de concretização de políticas estatais, seja, *v.g.*, em virtude da crescente demanda de salvaguarda e implementação de direitos fundamentais pela população, sejam em razão da posição de permanente crise fiscal estatal.

Na atualidade, o emprego dos contratos públicos acentuou-se de tal modo que passou a ser banal a alusão tanto à ideia de *"governo por contrato(s)"*[57], quanto de "Administração pactuada"[58] ou ainda de "Administração por acordos".[59] A expansão de tais figuras foi de tal monta que, de acordo com Odete Medauar, além da expressão *governar por contrato, administrar por pactos* ou *acordos,* nasceram outras, como: *direito administrativo cooperativo, contratualização das políticas públicas,* administração consensualizada, dentre outras.[60]

Se, de acordo com Fábio Konder Comparato, a implementação do Estado Constitucional e a realização de seus objetivos de salvaguarda de direitos fundamentais, impôs a superação do paradigma do *government by law (governo por leis)* pelo *government by policies (governo por políticas, ações e/ou diretrizes),* é possível se referir hoje à complementação desta última forma de ação estatal pelo *government by contract (governo por contratos).*

A Administração contratualizada e/ou pactuada, nesse passo, opõe-se ao modelo tradicional de gestão administrativa, centralizado e burocrático, na medida em que a estrutura organizacional *weberiana* não se apresenta atualmente mais capaz *per se* de *estabelecer estruturas de diálogo* que permi-

[57] COOPER, Phillip J., **Governing by contract: challenges and opportunities for public managers.** Washington: CQ Press, 2003, p. 46.

[58] OLIVEIRA, Rodrigo Esteves. **Autoridade e Consenso no Contrato Administrativo.** Coimbra: Coimbra editora, 2001, p. 01

[59] GIANNINI, Massimo Severo. **Diritto amministrativo.** 2ª ed. Milano: Giuffrè, 1988, p. 215.

[60] MEDAUAR, Odete. **Nota sobre a contratualização na atividade administrativa.** *Revista de Contratos Públicos – RCP,* Belo Horizonte, ano 1, n. 1, mar./ago. 2012, p. 11.

tam à Administração compor os interesses antagônicos e divergentes entre grupos e entidades sociais e sanar os conflitos que caberia a ela arbitrar.

Nesse sentido, em consonância com Rogério Eberhardt Soares, na sociedade técnica, complexa, a boa administração não comporta a arrogância e autossuficiência tradicionais, próprias do paradigma *weberiano*, como também, não admite a desconfiança e a passividade de um cidadão que se conforme em ser, como lhe atribuem, a condição de um mero administrado.[61]

Nesse quadro, é que passou a ganhar aplicação a ideia de administração concertada nos anos oitenta do século passado, buscando a troca de pontos de vista e de negociação entre a Administração e os interessados, com o objetivo de se encontrar uma linha de conduta apropriada à solução dos problemas que surgem em cada um dos âmbitos, público e privado e que acaba, na atualidade, juntamente com outros elementos, desembocando na denominada Administração contratual ou *governo por contrato(s)*.

Nessa linha, uma cultura administrativa do diálogo ganha prestígio, no sentido de que o Estado passa a conduzir suas ações de modo a favorecer a visualização de que o modelo de ação bipolar Estado-cidadão cede lugar ao padrão multipolar, sob o qual "os interesses privados coincidentes com interesses públicos comunitários estão em conflito com outros interesses públicos, de natureza nacional. Não há distinção ou oposição público-privado, assim como não há uma superioridade do momento público sobre o privado".[62]

Jody Freeman e Martha Minow argumentam que o Estado atual é, inequivocamente, um "*contracting state*", uma vez que ele interiorizou a "cultura do contrato" como forma de realização de seus fins institucionais.[63] A contratação pública assumiu, nesse influxo, um papel decisivo na "(...) reconfiguração do papel do Estado e no estabelecimento de pontes de cooperação com as entidades privadas".[64] Vale dizer, é por meio da con-

[61] SOARES, Rogério Guilherme Ehrhardt. **Direito Público e Sociedade Técnica.** Coimbra: Atlântida editora, 1969, p. 39.

[62] CASSESE, Sabino. **La arena publica: nuevos paradigmas para el Estado.** In: CASSESE, Sabino. *Las crisis del Estado*. Buenos Aires: Abeledo Perrot, 2003, p. 159.

[63] FREEMAN, Jody; MINOW, Martha. **Reframing the outsourcing debates.** In: FREEMAN, Jody; MINOW, Martha. *Outsourcing and American Democracy*. Cambridge and London: Harvard University Press, 2009, p. 16.

[64] GONÇALVES, Pedro Costa. **Entidades Privadas com Poderes Públicos: O exercício de poderes públicos de autoridade por entidades privadas com funções administrativas.** Coimbra: Almedina, 2008, p. 330.

tratação pública e, por conseguinte, lançando mão dos esforços e potenciais privados, que o Estado passa a ter condições, de fato, de alcançar os fins delineados a ele pela Constituição.

Há, nessa perspectiva, o fortalecimento da negociação na esfera da Administração, por meio de mecanismos convencionais. De acordo com Sabino Cassese, assume no Estado contemporâneo a negociação em lugar do procedimento, a liberdade das formas em lugar da tipicidade, a permuta em lugar da ponderação.[65] Eis o que adiante se buscará demonstrar.

## 1.2. A Aplicação da Ideia do *Governo por Contrato(s)* e o *Outsourcing* da Gestão Pública Norte-Americana

Em *Nevasca*[66], obra publicada originalmente em 1992, Neal Stephenson narra a cidade de Los Angeles no ano de 2010 desprovida de qualquer ação de caráter de estatal. Os bairros são privados e as comunidades administradas por organizações-franquia, os "franchulados" (franquias-consulados), de natureza empresarial privada.

No ano 2028, a cidade norte-americana de Detroit celebra um contrato com o conglomerado multinacional OmniCorp com o objetivo de que a companhia, em áreas degradadas, promova a urbanização e a edificação de uma cidade utópica, a "Delta City", que por ela (OminiCorp) será gerida. Em contrapartida, a empresa passa a deter o controle de forças militares e se utilizará de um *ciborgue* privado, Robocop, que irá atuar na área da segurança pública. O Robocop é programado para seguir três diretivas: (i) servir ao interesse público; (ii) proteger os inocentes; (iii) cumprir a lei.

Se há na ficção norte-americana a difusão da ideia de uma gestão privada dos bens coletivos, é porque tal ordem de ideias possui (algum) respaldo na realidade. Ao tratar do tema, a ficção literária e cinematográfica ilustra uma realidade futura. Contudo, consoante aludem Jody Freeman e Martha Minow, o exercício privado de poderes de autoridade públicos constitui uma realidade presente.[67]

*Vivemos em uma era de quase irrestrita delegação e/ou de terceirização de atividades governamentais*, denominada de *governo por contrato(s)*. A partir desta

65 CASSESE, Sabino. **La arena publica...**, p. 157.

66 STEPHENSON, Neal. **Nevasca.** São Paulo: Editora Aleph, 2002.

67 FREEMAN, Jody; MINOW, Martha. **Outsourcing and American Democracy.** Cambridge and London: Harvard University Press, 2009.

impressionante constatação, Jody Freeman e Martha Minow, abrem obra na qual buscam enquadrar a configuração contemporânea da gestão pública estadunidense; nela, uma grande gama de serviços essenciais e de administração – consideradas inerentes ao âmbito estatal – como a regulação e o planejamento de políticas, passaram, nos últimos anos, a ser desempenhadas por entidades privadas.[68]

Nos Estados Unidos da América, a literatura destaca a existência do fenômeno de gestão pública por meio de terceirização de mão-de-obra desde o pós-guerra. A partir de 11 de setembro de 2001, contudo, é que o chamado *governo por contrato(s)* passou a ser uma forma de gestão administrativa estrutural e não meramente conjuntural na Administração federal e local.

Em princípio, os modelos de gestão por contratos convergiram no sentido de se reservar as funções *"core" (centrais)* como o poder regulamentar, para as entidades públicas, deixando as funções não essenciais e/ou periféricas – ainda que consideradas estatais propriamente ditas – a serem exercidas por agentes privados. Este paradigma de gestão em que há delegação de atividades-meio a particulares é aceito com certo consenso, inclusive entre os críticos da terceirização.

A rigor, nos EUA, as funções *"core"* não poderiam ser delegadas a entidades privadas. Este entendimento prevaleceu durante muito tempo por determinação da Suprema Corte, que alicerçava seu entendimento expresso nos julgados em uma declaração de Franklin Delano Roosevelt – ainda que voltada ao contexto do direito concorrencial – para quem "(...) a liberdade de uma democracia não é segura se as pessoas tolerarem o crescimento do poder privado para um ponto em que ele se tornar mais forte do que o próprio estado democrático (...)".[69]

Contudo, tem-se verificado atualmente naquele país, sob o signo da Administração por contratos, muito mais do isso. Funções e atividades estatais até então consideradas propriamente sensíveis, porque submetidas

[68] FREEMAN, Jody; MINOW, Martha. **Reframing the outsourcing debates**. In: FREEMAN, Jody; MINOW, Martha. *Outsourcing and American Democracy*. Cambridge and London: Harvard University Press, 2009, p. 01.

[69] ROOSEVELT, Franklin D., **Recommendations to the Congress to Curb Monopolies and the Concentration of Economic Power** (Apr. 29, 1938). In: *Public Papers of The Presidents of the United States*. Washington: Samuel I. Rosenman ed., 1990.

ao crivo democrático,[70] estão atualmente sob exercício privado, como a seleção de alvos militares, interrogatórios de detidos, controle de fronteiras,[71] elaboração de sistemas de vigilância, gestão de operações de inteligência, controle de acesso a dados militares e informações públicas confidenciais,[72] além de expressiva participação de civis contratados para atuar em zona de batalha, inclusive como combatentes.[73]

Nos últimos anos, o fenômeno acima cresceu de modo tão exponencial que se menciona inclusive a ocorrência de um *outsourcing* (delegação e/ou terceirização) da própria soberania daquele país.[74] Se, incontáveis são os exemplos de delegação de funções estatais às pessoas privadas, ganha ênfase a gestão privada integral da cidade de *Sandy Springs*,[75] na Geórgia, EUA, abaixo ilustrada.

Na cidade de cerca de noventa e três mil habitantes, por determinação da Constituição da Geórgia, os policiais e bombeiros são obrigatoriamente "trabalhadores públicos". E, em razão da ausência de previsão normativa sobre o regime jurídico dos demais empregados, nenhuma outra categoria de agentes é *propriamente estatal*.

Exceto os trabalhadores das corporações acima, todas as demais atividades públicas são realizadas por agentes privados e por empresas contratadas por apenas outros 7 (sete) empregados públicos na área administrativa, que exercem a sua atividade de natureza governamental em tempo integral. Na cidade, inclusive a Corte de Justiça é privada, na forma de uma câmara de arbitragem, sendo que os magistrados, independentes do Poder Público (Poder Executivo), são eleitos e remunerados por uma taxa honorária fixa.[76]

[70] RAHALL, Karena. **The Siren is Calling: Economic and Ideological Trends Toward Privatization of Public Police Forces.** In: University of Miami Law Review. Vol. 633. Mai/2014. p. 636.

[71] BLOCHER, Joseph. **Selling State Borders.** In: University of Pennsylvania Law Review. Vol. 162, Jan/2014, p. 241.

[72] BROWN, Kimberly N. **Government by Contract and the Structural Constitution.** In: University of Baltimore Legal Studies Research Paper. nº. 12, 2012, p. 493.

[73] GUTTMAN, Dan. **Government By Contract: The White House Needs Capacity to Review and Revise the Legacy of 20th Century Reform.** In: *Presidential Management Capacity to Respond to 21st Century Challenges*, p. 05.

[74] Este é o contexto da obra de Paul Verkuil, que descreve que o corpo de pessoas privadas contratas pela Administração constitui hoje um efetivo "quarto poder estatal". VERKUIL, Paul. **Outsourcing Sovereignty.** New York: Cambridge University Press, 2007.

[75] http://www.sandyspringsga.org/. Acesso em 15 de outubro de 2014.

[76] http://www.economist.com/node/21559633. Acesso em 15 de outubro de 2014.

A ordenação territorial, a concessão de licenças para edificação, a gestão de águas, a coleta de lixo e todos os demais serviços locais são prestadas por empresas privadas, algumas com sede em outros estados norte-americanos, inclusive. A própria fiscalização da prestação destes serviços é levada a efeito por outras empresas privadas contratadas por *Sandy Springs*.

A terceirização radical de *Sandy Springs* se iniciou em 5 de dezembro de 2005, a partir da sua independência do Condado de *Fulton County*. Há um folclore entre os habitantes locais, os quais afirmam que, naquela data, a cidade não proclamou a sua independência como seria de praxe; ela assinou um contrato. Há que se destacar, todavia, que o seu modelo radical deriva essencialmente do fato de que a região na qual *Sandy Springs* se estabeleceu era formada por um subúrbio rico de *Fulton County*, com uma base de arrecadação fiscal territorial ampla, no qual poucos moradores eram dependentes de apoio ou de serviços sociais, de forma que o seu exemplo acaba não podendo ser ampliado, mesmo nos EUA, no qual, como visto, o paradigma de *governo por contrato(s)* mais se desenvolveu.

No Brasil, tal modelo de gestão, quase que totalmente terceirizado, não poderia ser aplicado, a toda evidência. O sistema constitucional pátrio assegura que, em regra, a investidura nos cargos, empregos e funções públicas depende de aprovação prévia em concurso público[77] e estabelece, ademais, um regime jurídico próprio para os membros de Poder, os detentores de mandato eletivo, os Ministros de Estado e os Secretários Estaduais e Municipais, inclusive no que concerne à sua remuneração, fixada por meio do

[77] O artigo 37 da Constituição Federal de 1988 assim estabelece: "A administração pública direta e indireta de qualquer dos Poderes da União, dos Estados, do Distrito Federal e dos Municípios obedecerá aos princípios de legalidade, impessoalidade, moralidade, publicidade e eficiência e, também, ao seguinte: I - os cargos, empregos e funções públicas são acessíveis aos brasileiros que preencham os requisitos estabelecidos em lei, assim como aos estrangeiros, na forma da lei; II - a investidura em cargo ou emprego público depende de aprovação prévia em concurso público de provas ou de provas e títulos, de acordo com a natureza e a complexidade do cargo ou emprego, na forma prevista em lei, ressalvadas as nomeações para cargo em comissão declarado em lei de livre nomeação e exoneração". Por sua vez, o artigo 39, determina: A União, os Estados, o Distrito Federal e os Municípios instituirão, no âmbito de sua competência, regime jurídico único e planos de carreira para os servidores da administração pública direta, das autarquias e das fundações públicas. § 4º O membro de Poder, o detentor de mandato eletivo, os Ministros de Estado e os Secretários Estaduais e Municipais serão remunerados exclusivamente por subsídio fixado em parcela única, vedado o acréscimo de qualquer gratificação, adicional, abono, prêmio, verba de representação ou outra espécie remuneratória, obedecido, em qualquer caso, o disposto no art. 37, X e XI.

subsídio. Vale dizer, as atividades inerentes às funções fins dos poderes (ou funções) são indelegáveis.

Sem embargo do regime constitucional brasileiro fixar limites à delegação das atividades estatais, ainda que não se trate de fenômeno recente, o atual escopo e a escala de delegação de atividades públicas para pessoas privadas não encontra precedentes históricos, o que reclama novos instrumentos que se mostrem hábeis a adequar o exercício destes poderes públicos exercidos por entidades privadas aos valores sociais e constitucionais de cada nação.

### 1.3. O *Governo por Contrato(s)* faz Surgir uma Nova Tarefa Administrativa: a Gestão de Contratos

A onipresença de contratados privados no cerne da gestão pública demanda das entidades públicas instrumentos que propiciem o adequado acompanhamento dos contratos, a implementação de sistemas de transparência e o *accountability* intrínseco a esta forma de gestão. Tornam-se centrais no governo contemporâneo o aprimoramento dos processos de pré-contratação e de negociação contratual, os ferramentais de rescisão contratual, passando pelo instrumental jurídico de gerenciamento da execução da atividade delegada e de responsabilização.[78]

Nesse contexto, é que emerge uma nova tarefa para a Administração: a gestão de contratos.[79] É preciso, de acordo com Pedro Costa Gonçalves que, tanto no nível operativo quanto no âmbito administrativo, os entes contratantes formem uma cultura administrativa adequada à composição dos interesses e conflitos inerentes ao relacionamento entre as espacialidades pública e privada.[80]

Consoante destaca André Luís Vieira, surgem como atividade ínsita à gestão de contratos, o planejamento, as medidas preventivas e corretivas, o acompanhamento e a fiscalização, tanto da execução, quanto da regular

[78] FREEMAN, Jody; MINOW, Martha. **Reframing the outsourcing debates.** In: FREEMAN, Jody; MINOW, Martha. *Outsourcing and American Democracy.* Cambridge and London: Harvard University Press, 2009, *p. 07.*

[79] Cfr.: GONÇALVES, Pedro Costa. **Gestão de Contratos Públicos em Tempos de Crise.** In: Pedro Gonçalves (Coord.) Estudos de Contratação Pública. Vol. III. Coimbra: Coimbra editora, 2010, p. 05 e seguintes.

[80] GONÇALVES, Pedro Costa. **Gestão...**, p. 07.

extinção do contrato. Assim, resta inequívoco que a atividade de gerenciamento contratual relaciona-se a todos os aspectos inerentes à elaboração dos contratos públicos, em especial quanto à definição do objeto a ser contratado; à prestação de sua garantia; à observância da vigência; às eventuais possibilidades ou necessidades de alterações contratuais; às possibilidades materiais e formais de revisão, ao reajuste, à repactuação e ao reequilíbrio econômico e financeiro; à execução contratual propriamente dita; ao recebimento do objeto; à rescisão e à eventualidade da aplicação de sanções.[81]

Na sistemática brasileira de execução dos contratos público-administrativos (que conforma o exercício da gestão contratual pública), a performance do contrato é acompanhada e fiscalizada por um representante da Administração especialmente designado, sendo inclusive permitida, nos termos do artigo 67, da Lei 8.666/93, a contratação de terceiros para o desempenho desta atividade, com o objetivo de assistir e subsidiar o fiscal do contrato de informações pertinentes a essa atribuição.

Destarte, sob o paradigma do *governo por contrato(s)*, a gestão contratual compreendida como tarefa administrativa destaca o exercício fundamental de duas figuras indispensáveis: a do *fiscal de execução do contrato*, que garante a fidelidade ao que fora projetado e a do *gestor do contrato*, responsável por zelar para que "a execução, além de ser fiel (eficiência), produza os resultados públicos planejados (eficácia)". O gestor do contrato passa a funcionar, em síntese, como curador da eficiência na atividade contratual da Administração Pública.[82]

Sob esse enfoque, o contrato (e a sua gestão) passam a ser vistos, portanto, como uma forma "consensual e parceira de administrar e de melhorar as relações com os cidadãos e entre as pessoas públicas".[83] Destacam os

[81] VIEIRA, André Luís. **Gestão de contratos administrativos.** Revista de Contratos Públicos – RCP, Belo Horizonte, ano 3, n. 5, mar./ago. 2014, p. 21.

[82] PEREIRA JUNIOR, Jessé Torres; DOTTI, Marinês Restelatto. **Da responsabilidade de agentes públicos e privados nos processos administrativos de licitação e contratação.** São Paulo: Ed. NDJ, 2012, p. 262.

[83] De acordo com Jacqueline Morand-Deviller: "As relações são consentidas mais que prescritas. Elas se tecem em rede mais do que de modo piramidal. É um enfoque pluralista e consensual da ação pública que se manifesta pela externalização, regulação e negociação". In: Morand-Deviller, Jacqueline. **Droit administratif.** 12ª ed. Paris, 2011. p. 384.

autores que, nessa perspectiva, a terceirização não diminui a carga governamental, ela o altera e pode, excepcionalmente, até aumentá-la.[84]

Assim, com a ampliação do aparato administrativo para o exercício adequado da gestão e fiscalização dos contratos que celebra, é possível se denotar que a ideia de *governo por contrato(s)* não se trata de uma sistemática apenas conjuntural de administração.

Se nos EUA, pode restar alguma dúvida sobre a consolidação plena da gestão ou do *governo por contrato(s)*, ela encaminha-se, a passadas largas, para se tornar a sistemática estrutural de gestão pública, uma vez que, de um lado, as demandas por serviços públicos se apresentam cada vez mais intensas e, de outro, o governo não pode pretender realizar tudo o que seus cidadãos ambicionam que ele faça, sem se transformar em um gigante que os cidadãos, em sua maioria, recusar-se-iam a apoiar.[85]

A partir do acima exposto, pode-se sustentar que, na literatura europeia[86] e nos estudos estadunidenses de direito público, a ideia contida na expressão *governo por contrato(s)*[87] é reconhecida por apresentar uma *ampla gama de sentidos*. Em geral, é tida como um conjunto de arranjos institucionais[88] que (i) podem ocorrer entre entidades públicas exclusivamente, permitindo, *v.g.*, a descentralização e/ou delegação interna de funções e/ou tarefas estatais e (ii) podem articular mecanismos de cooperação entre pessoas públicas e privadas, seja por meio de contratos tradicionais de fornecimento de bens e de contratação de mão de obra, seja através de sistemas complexos de prestação de serviços públicos por pessoas privadas, como as múltiplas formas de concessão de serviços e/ou obras públicas e permissões.

[84] FREEMAN, Jody; MINOW, Martha. **Reframing the outsourcing debates.** In: FREEMAN, Jody; MINOW, Martha. *Outsourcing and American Democracy.* Cambridge and London: Harvard University Press, 2009, *p. 07.*

[85] FREEMAN, Jody; MINOW, Martha. **Reframing...**, *p. 15.*

[86] Nos países europeus, usualmente, a noção tem sido empregada nos últimos anos em conjunto com a noção de "*nova contratação pública*", na medida em que ambas designariam, dentro das suas múltiplas acepções, a assunção por particulares do desempenho de um amplo leque de atribuições e incumbências públicas que outrora eram de incumbência exclusivamente pública, como atividades de certificação.

[87] Na literatura norte-americana, para além da ideia de *outsourcing* (terceirização) trata-se de fenômeno mais abrangente, chamado de *government by contract; contract administration* e *contract management.*

[88] VINCENT-JONES, Peter. **The new public contracting: regulation, responsiveness, relationality.** Oxford & New York: Oxford University Press, 2006, p.03.

Não resta dúvida, portanto, que o exame do movimento do *governo por contrato(s)* e suas repercussões tanto no âmbito público quanto na esfera privada apresenta-se de maneira essencial, em especial, dos seus elementos causais e de suas consequências, consoante abaixo expendido.

## 1.4. Algumas Razões para a Crescente Adesão à Ideia de *Governo por Contrato(s)*

Ao lado das vias tradicionais de conexão entre os arranjos institucionais *público-público* e *público-privado*, com o objetivo de satisfação das finalidades estatais, a adesão à um *governo por contrato(s)* ou à *administração pública por contratos*, com a consequente ampliação da contratualização na esfera pública, tem auferido grande proeminência, não como efeito de uma única causa, mas como decorrência de múltiplos elementos. O exame dos elementos reputados mais atuantes para o vasto emprego do contrato como instrumento de governo[89] será levado a efeito a seguir.

### 1.4.1. Variações Históricas nos Instrumentos de Ação Administrativa e o Recurso à Contratualização em Substituição aos Tradicionais atos Unilaterais de Autoridade

Na virada do século XX e principalmente por força das consequências da 1ª grande guerra, eclodiram na Europa movimentos políticos de matriz *socialdemocrata* ou laboral em resposta à intensa pobreza em que viviam as massas proletárias oriundas do movimento de industrialização e que preconizavam uma intervenção estatal alargada em domínios que até então não pertenciam à esfera pública.[90]

Alude Hartmut Maurer, nesse sentido, que "a industrialização e a evolução tecnológica, a concentração de um grande número de pessoas num espaço reduzido dentro das grandes cidades, a pobreza de boa parte da população impuseram ao Estado uma intervenção cotidiana em matéria

[89] Cfr.: MOREIRA, Egon Bockmann. **O Contrato Administrativo como Instrumento de Governo.** In: Pedro Gonçalves (Coord.) Estudos de Contratação Pública. Vol. IV. Coimbra: Coimbra editora, 2010, p. 12.

[90] KIRKBY, Mark Bobela-Mota. **Contratos sobre o exercício de poderes públicos: O exercício contratualizado do poder administrativo de decisão unilateral.** Coimbra: Coimbra, 2011, p. 22 e seguintes.

social e a prestação aos cidadãos de bens e serviços diversos nos domínios econômico, social e cultural".[91]

As matrizes do Estado de Direito e do Direito Administrativo, projetadas a partir do quadro político institucional do século XIX, tinham por principal objetivo a limitação do Poder do Estado em face da sociedade, ou seja, a ausência de intervenção estatal nos assuntos privados. Essa finalidade instrumental atribuída aos aparatos estatais tinha por substrato axiológico a ideia liberal de um certo primado do privado sob o público, o qual, como esfera residual ao privado, tinha por função exclusiva garantir a intangibilidade do âmbito privado, que era reduzido à propriedade ou, formalmente, à possibilidade de apropriação de bens.[92]

Contudo, com o advento do que, após o primeiro quarto do século XX, foi denominado de Estado Social, as fronteiras da dicotomia público *versus* privado foram gradativamente se esmaecendo, porquanto, de um lado, ampliou-se sobremaneira a intervenção direta do Estado na esfera privada — mais especificamente, na economia — e, de outro, houve uma ampliação da intervenção legislativa nas relações entre os particulares, com o escopo de, visando à tutela das situações jurídicas em que a igualdade formal não

[91] MAURER, Hartmut. **Droit Administratif Allemand.** Paris: L.G.D.J., 1994, p. 24.

[92] Argumenta Carlos Eduardo Pianovski Ruzyk que na Modernidade "evidenciam-se, pois, claramente, duas espacialidades bem definidas: de um lado, o amplo lugar de liberdade individual, conservado do Estado de natureza, regido pelas leis naturais, e de outro, residualmente, o espaço do Estado, que tem como principal finalidade assegurar a plenitude dessa liberdade natural, fazendo valerem as leis e evitando o Estado de guerra. Portanto, se o Estado intervier no espaço reservado ao indivíduo, estará contrariando a própria razão de sua existência. Seus limites são, pois, bem definidos e se colocam na exterioridade do espaço de liberdade individual. Situa-se, aí, o gérmen do pensamento fundante do Estado liberal, ao identificar duas esferas bem delineadas: a do indivíduo, como um amplo e intangível espaço de liberdade, e a do Estado, restrito à necessidade assecuratória daquelas mesmas liberdades. Daí a origem da racionalidade que informa a dicotomia entre público e privado, que se coloca na Modernidade. Não parece temerário dizer, nessa esteira, que o Estado para Locke existe em uma dimensão residual em relação ao privado. O Estado existe em função do privado, como elemento assecuratório das liberdades do indivíduo, centradas na ideia de propriedade como direito natural por excelência". In: RUZYK, Carlos Eduardo Pianovski. Locke e a formação da racionalidade do Estado Moderno: o individualismo proprietário entre o público e o privado. In: FONSECA, Ricardo Marcelo (Org.). **Repensando a Teoria do Estado.** Belo Horizonte: Fórum, 2004, p. 70.

se apresentava de modo suficiente para atender às demandas sociais, promover a igualdade substancial entre os indivíduos.[93]

É nesse quadro social, cujo marco temporal é coincidente nos países de desenvolvimento tardio como o Brasil apenas após o término da Segunda Guerra Mundial, que se afirma que a ação de governo do Estado teria passado a não ser mais apenas a gerência de fatos conjunturais, mas também e, sobretudo, a busca pelo planejamento do futuro, com o estabelecimento de políticas de médio e longo prazo. Por conseguinte, as formas clássicas da Teoria do Estado e do Direito Administrativo, moldadas à luz dos valores político-institucionais do século XIX, tornaram-se insuficientes para as necessidades prestacionais do Estado Social, cujos caracteres relativos à implementação positiva de certas condições materiais essenciais à manutenção de uma vida digna constituem deveres fundamentais.

Assim, a necessidade de superação do quadro de inércia social anterior, próprio do *État Gendarme*, associado às demandas decorrentes da marcha da industrialização, o impacto do crescimento demográfico e o agravamento das disparidades sociais, conforme explicitam Gilmar Ferreira Mendes e Paulo Gustavo Gonet Branco, produziu uma série novas reivindicações, impondo ao Estado um papel mais ativo na realização de uma justiça social. O ideal absenteísta do Estado liberal não respondia mais, satisfatoriamente, às exigências daquele momento. Uma nova compreensão do relacionamento Estado/sociedade levou os poderes públicos a assumir o dever de operar para que a sociedade lograsse superar as suas angústias estruturais. Daí o progressivo estabelecimento pelos Estados de seguros sociais variados, importando intervenção intensa na vida econômica e a orientação das ações estatais por objetivos de justiça social.[94]

Essa alteração a propósito das atribuições da Administração suscita inevitável exame relativo aos seus instrumentos e modos de atuação, notadamente a partir de dois planos.

O primeiro diz respeito à alteração das funções e da própria estrutura do ato administrativo, que passa a poder ser utilizado de modo menos imperativo. Nesse contexto, surge o conceito de *ato favorável*, que é insus-

[93] Sob esse prisma, pode-se referir à Constitucionalização do Direito Civil, que representou, nas palavras de Luiz Edson Fachin, uma verdadeira virada de Copérnico, colocando a pessoa no centro do sistema jurídico.

[94] MENDES, Gilmar Ferreira. BRANCO, Paulo Gustavo Gonet. **Curso de direito constitucional.** São Paulo: Saraiva, 6ª ed., São Paulo: Saraiva, 2011, p. 223.

cetível de execução coativa, como por exemplo, os auxílios, as subvenções, os subsídios etc.

O segundo reflete-se no desenvolvimento do *processo administrativo*,[95] uma vez que o ato deixa de ser compreendido como oriundo de uma vontade individual da Administração e passa a manifestar o resultado de um processo de *concertação* e harmonização de múltiplos interesses que interagem na situação concreta.

Essas transformações na estrutura do instrumento de ação administrativa por excelência decorrem do fato de que a realização das vastíssimas tarefas incumbidas à Administração não poderia ser obtida sem a colaboração espontânea dos particulares. Nesse sentido, Eduardo Garcia de Enterría e Tomás Ramon Fernández destacam que "o ato unilateral assegura eficazmente a submissão, mas é incapaz de suscitar o entusiasmo e o desejo de colaboração".[96]

Ademais, a partir do momento em que se passa a exigir da Administração resultados concretos, torna-se inviável a permanente *conflituosidade* com a esfera privada, própria do período anterior, de cariz liberal, com sua ação impositiva, unilateral e autoritária. A Administração passa aí a elaborar mecanismos que lhe permitam obter dos administrados a aceitação antecipada das soluções que preconiza, em vistas da criação de consensos e a redução da litigiosidade.[97]

Vê-se, portanto, que a Administração passa a ser encarregada de gerir e fornecer um amplo espectro de serviços essenciais e de assegurar o desenvolvimento de múltiplas políticas públicas, de forma que passa a ocorrer um aumento da contratualização administrativa para o fornecimento de bens e serviços a ela. O ato administrativo, pois, não se coadunaria mais com as necessidades de flexibilidade e eficácia que se impõem sobre a Administração encarregada de realizar um leque amplo de direitos, interesses e necessidades públicas, que se amoldam a um modelo de estado social.

[95] Sobre o tema, por todos, MOREIRA, Egon Bockmann. **Processo Administrativo (Princípios Constitucionais e a Lei 9.784/1999)**. 4ª. ed., São Paulo: Malheiros, 2010.

[96] Garcia de Enterría, Eduardo; Ramon Fernández, Tomás. **Curso de Derecho Administrativo**. Vol. I., 8ª. Ed., Madrid: Civitas, 1997, p. 623.

[97] KIRKBY, Mark Bobela-Mota. **Contratos sobre o exercício de poderes públicos: O exercício contratualizado do poder administrativo de decisão unilateral.** Coimbra: Coimbra, 2011, p. 25.

Nesse sentido, é possível afirmar que a natureza autoritária do ato administrativo passa a ter uma conotação estigmatizante[98], da qual a Administração procura se libertar, haja vista que ela passa a estar sujeita à avaliação da população que influencia a aceitação social de quem exerce o poder.

Ademais, interessante é o destaque de que foi "a necessidade, a conveniência ou a debilidade, mais do que proposições éticas, jurídica ou políticas – que propiciaram que, em inúmeras ocasiões, o poder acordasse decisões com aqueles obrigados a acatá-las".[99] Isso porque o ato administrativo, essencialmente típico, não oferece respostas aptas às situações atípicas e complexas próprias das sociedades plurais contemporâneas.

Todos esses fatores concorrem para a afirmação gradual da Administração concertada ou contratualizada, que se caracteriza, essencialmente, pelo recurso sistemático às formas de atuação que privilegiam a via consensual, em detrimento a outras de caráter unilateral.

Ressalta-se, no entanto, que consoante afirma Bernardo Strobel Guimarães, a Administração não "perde" sua natureza jurídica ao atuar por vias consensuais.[100] Isso porque "a aplicação de regras de ordem privada não significa que a Administração tenha se libertado dos seus constrangimentos constitucionais. Nestes casos continua a haver uma atuação funcionalizada, amplamente controlada por mecanismos de natureza pública".[101]

### 1.4.2. O Recurso ao Contrato por "Razão de Princípio": Dever de Satisfação dos Objetivos Fundamentais da República, Direta ou Indiretamente

Na atualidade, são impostas cada vez mais restrições e limites para a contratação de pessoal próprio pelos entes administrativos,[102] assim como con-

[98] KIRKBY, Mark Bobela-Mota. **Contratos...**, p. 25.

[99] BUSTILLO BOLADO, Roberto O.; CUERNO LLATA, José Ramón. **Los convenios urbanísticos entre las administraciones locales y los particulares.** 3ª ed., Navarra: Aranzadi, 2001, p. 25.

[100] GUIMARÃES, Bernardo Strobel. **O Exercício da Função Administrativa e o Direito Privado.** Tese de doutoramento defendida perante a Universidade de São Paulo (USP) sob a orientação da Profa. Dra. Maria Sylvia Zanella Di Pietro. Mimeografada. São Paulo, 2010, p. 201.

[101] GUIMARÃES, Bernardo Strobel. **O Exercício...**, p. 201.

[102] Nos EUA, a tendência para se permitir um maior envolvimento privado no exercício de poderes públicos decorre da pressão política para se manter em níveis adequados o número de agentes públicos.

dicionantes financeiras e restrições legais para o financiamento de obras de grande porte via realização de despesa pública.

Ao lado disso, há a crescente demanda social por serviços e bens, além da possibilidade de colocação da potencialidade privada para a satisfação destas demandas e necessidades de incumbência estatal acarretada pelas contratações públicas. Ou seja, ainda que a maior parte dos estudos justifique a crescente contratualização da Administração em fundamentos econômicos; há sólidos fundamentos políticos, jurídicos e sociais que igualmente lhe dão alicerce. Portanto, a justificação unidimensional de cariz exclusivamente econômico para a ampliação do *governar por contratos(s)* é insuficiente. Antes de tudo, a ampla contratualização se impõe por razões de princípio.[103]

É possível afirmar que essa imposição de ordem principiológica, nos países em desenvolvimento como o Brasil, emerge como resposta aos anseios pela implementação de direitos fundamentais, dos valores constitucionais e da necessidade inadiável de implementação de infraestruturas públicas de mobilidade e acessibilidade, extremamente precárias.[104]

Ainda que importante, o "*quem prestará*" passa a ser substituído pelo "*quando será prestado*", em especial nestes países, como o Brasil, cujo *déficit* de implementação e salvaguarda de direitos fundamentais ainda é manifesto. No país, a tradicional expressão de Norberto Bobbio, para quem, "(...) direitos nós já temos, o que precisamos é implementá-los"[105] permanece absolutamente atual.

No Brasil, é possível se acenar sobre a existência de novas demandas internas e pressões externas às quais o Estado de Direito, burocrático e legalista, não dá mais conta e o novo Estado Constitucional, voltado à concretização dos valores constitucionais e à realização plena dos Direitos

103 DEBASCH, Charles; COLIN, Frédéric. **Droit Administratif.** 8ª ed., Paris: Economica, 2007, p. 467.

104 Sobre o tema Alexandre Ditzel Faraco, Caio Mário da Silva Pereira Neto e Diogo Rosenthal Coutinho aludem que "(...) é notório que, em condições de subdesenvolvimento, há agravada escassez de recursos para a implementação de políticas sociais em vista de crises fiscais e financeiras e, muito frequentemente, graus elevados de concentração de riqueza". FARACO, Alexandre Ditzel; PEREIRA NETO, Caio Mário da SILVA; COUTINHO, Diogo Rosenthal. **Universalização das Telecomunicações nos Brasil.** In: Revista de Direito Público da Economia – RDPE. Ano 1, nº 1, jan. /fev. /mar. 2003. Belo Horizonte: Fórum, 2003, p. 11.

105 BOBBIO, Norberto. **A era dos direitos.** 11ª. ed. Trad. De Carlos Nelson Coutinho. São Paulo: Campus, 1993, p. 23.

Fundamentais, não conseguiu deixar de ser, ainda, um projeto.[106] A realidade social brasileira é farta na revelação de exemplos de como o Estado Constitucional ainda permanece como um projeto: em todas as regiões metropolitanas do país é saliente a existência de áreas em que há absoluta miséria, sem se mencionar as localidades afastadas em que não se tem notícia ainda nem mesmo do exercício dos direitos liberais clássicos consagrados pelo Estado de Direito.

A premência na realização de direitos e na prossecução de infraestruturas mínimas impõem-se aos governos, que precisam se desincumbir de maneira inadiável destes deveres. Nesse sentido, a alusão de que "(...) a concepção de um Estado que faz diretamente já não é hoje rigorosa, porque o Estado faz, mas cada vez mais deixa fazer (...)".[107] Dito de outro modo, seja por autolegitimação, seja pela possibilidade fática, econômica e jurídica, os governos demandam o imediato exercício de determinadas funções públicas por agentes privados. E o elemento hábil a formalizar essa relação público-privada é a contratação pública.

O recurso ao contrato, assim, tem crescido exponencialmente, o que comporta que alguns autores o nomeiem como o *primeiro mecanismo de ação administrativa*,[108] envolvendo uma transformação profunda dos mecanismos de funcionamento da administração. De prestadora, ela passa a contratante de prestadores de serviços e gestora destes contratos.[109] Assim, o contrato público passa a ser "transformado no *modus agendi* do Estado social".[110]

Nesse passo, "(...) administrar constitui, em larga medida, uma atividade consistente em gerir redes de contratos e em assegurar que os parceiros privados cumpram as obrigações assumidas (responsabilidade de

[106] BARROSO, Luis Roberto. **O Estado contemporâneo, os direitos fundamentais e a redefinição da supremacia do interesse público.** In: SARMENTO, Daniel (Org). *Interesses Públicos versus interesses privados*: desconstruindo o princípio de supremacia do interesse público. Rio de Janeiro: Lumen Juris, 2005, p. XVIII.

[107] RAIMUNDO, Miguel Assis. **A Formação dos Contratos Públicos: Uma concorrência ajustada ao interesse público.** Lisboa: AAFDL, 2013, p. 27.

[108] SUNDFELD, Carlos Ari; JURKSAITIS, Guilherme Jardim. **Apresentação.** In: SUNDFELD, Carlos Ari; JURKSAITIS, Guilherme Jardim. (coord.) *Contratos Públicos e Direito Administrativo*. São Paulo: Malheiros, 2015, p. 13.

[109] GONÇALVES, Pedro Costa. **Gestão de contratos em tempos de crise.** In: Pedro Gonçalves (Coord.) *Estudos de Contratação Pública*. Vol. III. Coimbra: Coimbra editora, 2010, p. 21.

[110] NABAIS, José Cassalta. **Contratos Fiscais**. Coimbra: Coimbra editora, 1994, p. 16.

garantia)".[111] Essa atividade, a gestão de contratos, passa a se constituir em missão ou tarefa estatal de grande envergadura, a ponto de que o substantivo Estado, sempre adjetivado, pode passar a receber novos complementos, tais como Estado comprador,[112] Estado contratual,[113] Estado distribuidor de utilidades pelos particulares,[114] Estado garantia, dentre outros.

### 1.4.3. Da Prestação à Garantia: Revisão do Modo de Realização dos Afazeres Estatais a Partir da Ampliação da Contratação Pública.

A ideia de governo por contratos traz em si, também, a caracterização do Estado como garantia.[115] Isto é, a ausência da prestação direta de bens e serviços públicos pelo aparato público, típica do Estado prestador, não enseja, por evidente, a sua irresponsabilidade no plano jurídico, pois cabe a ele o indeclinável dever de "assegurar" ou de "garantir" a realização de certos fins, como a implementação de direitos, a promoção do bem-estar, a redução das desigualdades sociais *etc*, ainda que por particulares.[116]

De acordo com Pedro Costa Gonçalves, o surgimento do Estado garantia só se tornou plausível quando se denotou que a ausência da prestação direta de certos serviços públicos pelo Estado não corresponderia ao declínio da responsabilidade jurídico-constitucional pela realização dos fins e interesses compromissados constitucionalmente.[117]

111 GONÇALVES, Pedro Costa. **Gestão de contratos...**, p. 26.

112 FIORENTINO, Luigi. **Lo Stato Compratore: L'acquisto di beni e servizi nelle pubbliche amministrazioni**. Bologna: Il Mulino, 2007.

113 AUBY, Jean-Bernand. **Comparative Aprproaches th the Rise of Contract in the Public Sphere.** Public Law, Spring, 2007, p. 41.

114 VINTI, Stefano. **I procedimenti amministrativi di valutazione comparativa concorrenziale.** Padova: Cedam, 2002, p. 07.

115 GONÇALVES, Pedro Costa. **Entidades Privadas com Poderes Públicos: O exercício de poderes públicos de autoridade por entidades privadas com funções administrativas**. Coimbra: Almedina, 2008, p. 159

116 Crítica contundente ao modelo de Estado designado por garantia foi levada a efeito por António José Avelãs Nunes. Para o autor, o Estado garantia, em última análise, "tem o dever de garantir ao capital privado as condições para que ele possa produzir os serviços públicos sem solução de continuidade, isto é, à margem das incertezas da vida econômica". AVELÃS NUNES, António José. **Do estado regulador ao estado garantidor**. In: *Revista de Direito Público da Economia – RDPE*. Ano 9, nº 34, abr. / jun. 2011. Belo Horizonte: Fórum, 2011, p. 80.

117 GONÇALVES, Pedro Costa. **Entidades Privadas...**, p. 159.

No Brasil, nos termos do artigo 175, da Constituição Federal de 1988, a responsabilidade estatal neste particular formaliza-se na medida que a titularidade dos serviços públicos corresponde à sua incumbência indelegável. A prestação da atividade, do serviço é que poderá ser direta ou indireta, por meio de concessão ou permissão, mas o dever, a missão, o encargo é sempre estatal.[118]

Sobre a delegação de serviços públicos e, mais especificamente, sobre as concessões, argumenta Gaspar Ariño Ortiz que "a tensão entre a urgência de satisfazer as novas necessidades públicas – exigências de uma sociedade progressivamente urbana e industrial – e as concepções ideológicas imperantes de signo liberal será resolvida mediante um mecanismo genial: a concessão administrativa. Na concessão o Estado encontrará uma fórmula que lhe permitirá tornar compatíveis uma e outra postura; de uma parte, se entenderá que o Estado é o titular de ditas atividades; o dominus dos serviços públicos. De outra, se entenderá que o Estado não deve gerir tais serviços diretamente e utilizará a concessão como fórmula-ponte que permitirá dirigir sem geri-los diretamente".[119]

Nesse sentido é que se pode afirmar sobre o Estado garantia que "(...) a transferência de tarefas para os sujeitos privados não significou um abandono da responsabilidade estatal perante os compromissos com o interesse público inerente à realização do princípio da socialidade e de outros fins constitucionais do Estado".[120]

Em última análise, o dever estatal de garantia corresponderia à salvaguarda e implementação dos direitos fundamentais.

A execução de tarefas públicas por pessoas privadas, a partir do recurso ao contrato, exige do Estado um papel tanto mais intenso quanto maior for o risco de não satisfação dos direitos fundamentais e dos objetivos estatais. Sob o modelo do Estado de garantia, novas tarefas públicas despon-

[118] Floriano de Azevedo Marques Neto aduz que "(...) o instituto da concessão se presta a que o Poder Público cometa aos particulares o desempenho de uma atribuição sua, sem que abdique da correspondente responsabilidade. MARQUES NETO, Floriano Peixoto. **Concessões.** Belo Horizonte: Editora Fórum, 2015, p. 160.

[119] ORTIZ, Gaspar Ariño. **Princípios de Derecho Público Económico.** Granada: Comares, 2001, p. 491.

[120] CANOTILHO, José Joaquim Gomes. **Direito Constitucional e Teoria da Constituição.** 5ª ed., Coimbra: Livraria Almedina, 1999, p. 353.

tam para o Estado, como a regulação e a supervisão das atuações privadas no âmbito dos serviços públicos.

Investido o Estado em uma posição de garante, sob a qual ele induz, orienta, fiscaliza e sanciona, os agentes privados passam a assumir uma posição de atores relevantes na realização dos direitos, interesses e necessidades públicas, pois a partir da concessão estatal, eles se veem investidos em um papel executivo relevante na concretização destes interesses, na produção de bens e na realização de fins que o Estado tem o dever constitucional de garantir.[121]

Assim, público e privado não podem ser considerados inimigos e/ou opostos. São, nos termos de Vitor Rhein Schirato, parceiros para o alcance de finalidades comuns; ambos concorrem para a realização do interesse público, considerando-se suas mais diversas vertentes.[122]

Neste cenário, a doutrina tem aludido à uma profusão semântica a propósito desta partilha, parceria e/ou "divisão de trabalho" entre Estado e atores privados. Nesta gramática, ganha destaque a ideia de partilha otimizada de tarefas entre Estado e Sociedade.

[121] GONÇALVES, Pedro Costa. **Entidades Privadas com Poderes Públicos: O exercício de poderes públicos de autoridade por entidades privadas com funções administrativas**. Coimbra: Almedina, 2008, p. 160.

[122] SCHIRATO, Vitor Rhein. **Concessões de Serviços Públicos e Investimentos em Infraestrutura no Brasil: Espetáculo ou Realidade**. In: *Contratos Públicos e Direito Administrativo*. Carlos Ari Sundfeld; Guilherme jardim Jurksaitis (organizadores). São Paulo: Malheiros, 2015, p. 144.

## 1.5. *Private Opportunity* ou *Public Benefit?* *O Governo por Contrato(s)* e a "Partilha Otimizada" de Tarefas entre Estado e Sociedade sob Responsabilidade Estatal com o Objetivo da Realização dos Direitos, Interesses e Necessidades Públicas

A adesão à ideia de um *governo por contrato(s)* pretende uma maior interação e partilha de tarefas entre Estado e Sociedade Civil, sob responsabilidade estatal. Ela recusa, destarte, uma racionalidade excludente entre as duas esferas, pois intenta preservar a racionalidade própria e inerente de cada um deles, aproveitando as respectivas vantagens. O contrato funciona, neste sentido, como instrumento de colaboração entre Estado e particulares para a prossecução de finalidades públicas, o que significa que, com a sua utilização, procura-se captar o interesse e a dinâmica privada para a prossecução de tarefas públicas, mas tendo o cuidado de evitar que as entidades privadas contratadas se transformem em *free riders* dos contribuintes.[123]

Ao contrário do que em um primeiro momento pode parecer, no sentido da diminuição do papel estatal, sob o signo do *governo por contrato(s)*, a Administração pretende protagonizar um envolvimento mais ambicioso no espaço social, assumindo um dever institucional de assegurar ou de garantir determinados resultados e certas finalidades coletivas e sociais, mesmo quando a produção das utilidades que os realizem estejam sob o intento e/ou nas mãos de particulares.[124]

Em última análise, o contrato público emerge como um processo de regulamentação de relações de colaboração entre a Administração Pública e entidades privadas, funcionando como um instrumento de grande significado para também garantir resultados e não só em produzir diretamente resultados.[125]

Entretanto, se a contratualização se apresenta como um modo de prestação dos serviços públicos, ela traz em si uma série de dificuldades. Veja-se

[123] TAVARES DA SILVA, Suzana. **Um novo direito administrativo?** Coimbra: Imprensa da Universidade de Coimbra, 2010, p. 63.

[124] Cfr.: DONNELLY, C. M. **The response of english public law to private actors in public governnce.** In: RUFFERT, M. *The public-private law divide: potential for transformation?* London: British Institute of International and Comparative Law, 2009. p.169.

[125] GONÇALVES, Pedro Costa. **Reflexões sobre o Estado Regulador e o Estado Contratante.** Coimbra: Coimbra editora, 2013, p. 126 e seguintes, p. 89.

que, como destaca Pedro Costa Gonçalves, as ferramentas, os instrumentos necessários para a prestação de serviços públicos não são os mesmos que precisam ser empregados para administrar os contratos com quem irá prestar esses serviços,[126] no caso, o agente privado delegatário.

A Administração precisa, por conseguinte, desenvolver uma competente administração dos contratos que subscreve, sob pena de que, na fase de execução ocorra a mitigação dos benefícios, assim como de toda a *public value*[127]que um bom contrato público propiciaria. Por conseguinte, o fenômeno do *governo por contrato(s)* retrata a necessidade de se dar relevância à execução e ao cumprimento dos objetivos do contrato público, isto é, trata-se de análise do desenvolvimento da relação jurídica derivada do contrato.

Não resta dúvida, pois, de que o crescente desenvolvimento dos mecanismos jurídicos de contratação pública "faz-se acompanhado de uma semântica *jus-administrativa* renovada, com a compreensão de fórmulas e conceitos-chave como os de 'parceria público-privada', de 'partilha de responsabilidades' ou de 'Administração mista' etc".[128]

Estes conceitos-chave demonstram a convergência dos sistemas administrativos no sentido do incremento, cada vez maior, da participação de entidades privadas na prossecução dos interesses da coletividade. A atuação sistemática dos particulares em uma lógica de atuação concertada, de cooperação com as entidades públicas, por meio de processos de integração, osmose e até interpenetração caracterizam um relacionamento simbiótico entre Estado e Sociedade civil.[129]

Vê-se, assim, que a ideia de *governo por contrato(s)* implica na superação de uma visão dicotômica entre Estado e Sociedade, estruturada em uma lógica de *confronto, adversidade* e de *recíproca suspeição.* Sobrepuja-se, portanto, a tradicional visão que opõe, de um lado, o Estado detentor do monopólio do espaço público e sua atuação de interesse público e, de outro, a sociedade civil, pautada pelo direito privado, na qual os cidadãos titulares de seus interesses individuais e egoísticos não poderiam atuar na prossecução de interesses coletivos.

126 GONÇALVES, Pedro Costa. **Reflexões...**, p. 89.

127 GONÇALVES, Pedro Costa. **Reflexões...**, p. 89.

128 GONÇALVES, Pedro. **Entidades Privadas com Poderes Públicos: O exercício de poderes públicos de autoridade por entidades privadas com funções administrativas.** Coimbra: Almedina, 2008, p. 139.

129 GONÇALVES, Pedro. **Entidades...**, p.142.

Essa perspectiva chegou a ser designada até mesmo como *feminina*,[130] isto é, relacionada a uma Administração que ultrapassou a necessidade de se afirmar autoritariamente, diversificando as formas do agir administrativo, com o recurso à *contratualização*, ao pacto como alternativa à *estatuição*, ao concerto em superação à cominação.

Essa dinâmica, hábil a reordenar as funções estaduais e sociais, apresenta-se como a possibilidade de um aproveitamento, de mobilização e canalização dos recursos e das capacidades das ferramentas, dos meios, dos *skills* dos particulares para a realização dos objetivos públicos, sob a supervisão e garantia estatais.

Como acima já aludido, o recurso à sociedade para a satisfação de fins públicos não significa um *descomprometimento* estatal, um esvaziamento do seu âmbito. Muito ao contrário, ele atesta e reafirma a permanência e a continuidade das responsabilidades públicas na prossecução dos direitos, necessidades e interesses públicos.

Do ponto de vista histórico, é possível se aludir que a separação entre as espacialidades pública e privada encontram alicerce nas teorizações do Estado liberal clássico, sob as quais todas as ações do titular do poder político seriam reputadas legítimas e estariam infensas a qualquer controle desde que fundamentadas sob a rubrica do *interesse público*, genérico e abstrato. Nesta perspectiva, a espacialidade pública era circunscrita ao Estado e, de outro lado, a especialidade privada, relacionada aos particulares e ao mercado, possuía poucas áreas de comunicação com a pública.

Essa dicotomia entre o público e o privado, com a crescente atribuição de tarefas públicas aos agentes privados se esmaece, porquanto precisam Estado e Sociedade Civil atuar em conjunto para a efetiva concretização das finalidades cogentes estabelecidas pela Constituição.

Sob um modelo de Estado adjetivado de Constitucional, no qual há a fundamental interação público-privado acima mencionada, não há como se apartar, de maneira estanque e definitiva, os espaços público e privado. Por isso, os ramos jurídicos voltados à disciplina das questões pertinentes ao Estado e à *Sociedade Civil* também não podem mais ser destacados entre si, pois possuem zonas de intercomunicação perenes, com o objetivo de se complementar de modo permanente para a busca dos fins comuns.

[130] PEREIRA, Pedro Miguel Matias. **Os poderes do contraente público no código dos contratos públicos.** Coimbra: Coimbra editora, 2011, p. 09.

Com relação à função, ao escopo ou à finalidade da Administração, é importante ressaltar, conforme José Manuel Sérvulo Correia no sentido de que a expressão "fins de imediata finalidade pública" parece preferível à de "fins de interesse público", ainda que não haja contradição entre elas[131]. Isso porque todas as finalidades buscadas pela administração – mesmo as respeitantes a tarefas ou necessidades de organização interna – são por definição de interesse público, mas com a expressão "imediata finalidade pública", pretende-se delimitar a aptidão para satisfazer necessidades coletivas, isto é, necessidades sentidas desde logo e sempre pela população. Afastam-se assim os chamados negócios auxiliares, que se destinam apenas a satisfazer requisitos materiais de funcionamento dos serviços administrativos sem reflexo direto na específica prossecução de qualquer das atribuições da entidade a que pertencem.[132]

Nesse sentido, decorrente da aproximação entre o Direito Público e o Direito Privado, a noção de *interesse público*, sob a orientação da Constituição brasileira que delineia o Estado Constitucional, também possui a sua essência sobremaneira alterada, embora seja ainda empregada em profusão, tanto na teoria, quanto na prática.

Sob o paradigma do Estado Constitucional, não se pode visualizar a realização do chamado *interesse público* desvinculada da concretização igual de interesses privados, uma vez que são vedados interesses públicos transcendentais, isto é, que não guardem vinculação direta com a satisfação de direitos e interesses tanto individuais, quanto coletivos e/ou sociais. Além disso, face à multiplicidade de fins do Estado constitucional não parece mais adequado aludir-se apenas ao *interesse público*,[133] senão nos interesses públicos, e, mais ainda, aos direitos, interesses e necessidades públicas, que representam os múltiplos objetivos a serem perseguidos (e/ou garantidos) pelo aparato estatal.

Outra mutação provocada no contexto da aplicação da ideia de *interesse público* diz respeito ao seu próprio conteúdo mínimo. À época do Estado liberal, era comum a menção ao *interesse público* como aquele que se iden-

131 SÉRVULO CORREIA, José Manuel. **Legalidade...**, p. 379.

132 LAUBADÈRE, A; VENEZIA, J.C.; GAUDEMET, Y. **Traité des Contracts Administratifs,** 9ª ed., Paris, 1984, p. 191.

133 Cfr.: MARQUES NETO, Floriano Peixoto Azevedo. **Regulação estatal e interesses públicos.** São Paulo: Malheiros, 2003, p. 192 e seguintes.

tificava tão-só com o interesse do Estado, ou como o interesse da maioria da população.

Concepções dessa ordem, todavia, não podem mais ser aceitas. Em função da carga axiológica dos fins constitucionais, relacionados à dignidade da pessoa humana e aos Direitos Fundamentais, a noção de *interesse público*, que inequivocamente as representa, também assume uma conotação ético-valorativa, que não se satisfaz apenas por um critério de quantidade.[134] Nesse passo, torna-se possível mencionar que um interesse se torna público, não por representar múltiplos interesses privados, mas por veicular, em seu bojo, os valores fundamentais estabelecidos pela Constituição. Desse modo, um interesse tido como público não pode ser objeto de transigência, pois a sua realização (e/ou garantia) pelo Estado torna-se imperativa. Situação diversa ocorre com os interesses privados, cuja realização está subsumida à esfera da autonomia privada de seu titular.

Com efeito, um interesse pode ser qualificado como público quando a sua não-realização gerar prejuízo a qualquer particular, isto porque as demandas efetivadas por imposição do *interesse público* veiculam valores que são intrinsecamente relacionados a princípios e Direitos Fundamentais, com especial destaque à dignidade da pessoa humana. A não realização de um interesse individual, que quase sempre veicula um interesse egoístico, referente tão-só à pessoa que o pratica e, caso seja deixado de ser realizado, não gera prejuízo a valor ou Direito Fundamental, pois inclusive é submetido a princípios como o da autonomia da vontade, ao passo que um *interesse público* jamais pode deixar de ser realizado, haja vista o fato de que, caso não seja efetivado, promove ofensa a valores fundamentais e à dignidade da pessoa humana.[135]

Alusivo ainda aos princípios decorrentes do *interesse público*, verifica-se que, nos últimos anos, o *princípio* da supremacia do *interesse público* sobre o privado tem sido alvo de frequentes e pertinentes críticas.[136] E isso por-

[134] BREUS, Thiago Lima. **Interesse Público: Um Instrumento Necessário à Concretização da Dignidade da Pessoa Humana.** In: Revista da Academia Nacional de Direito Constitucional. Volume 5. Curitiba, 2004, p. 619.

[135] JUSTEN FILHO, Marçal. **Conceito de interesse público e a personalização do direito administrativo.** In: *Revista Trimestral de Direito Público*, São Paulo, n. 26, 1999, p. 116.

[136] Argumenta Alexandre Santos Aragão que "não há um interesse público abstratamente considerado que deva prevalecer sobre os interesses particulares eventualmente envolvidos". ARAGÃO. Alexandre Santos. **A supremacia do interesse público no advento do estado de direito e na hermenêutica do direito público contemporâneo.** In: SARMENTO, Daniel

que, no regime jurídico do Estado Constitucional adotado pela Constituição de 1988, nenhum Direito Fundamental é absoluto, de modo que o *interesse público* também não pode ser e, portanto, não pode preponderar, *prima facie*, sobre os interesses privados.

Aduz Floriano Peixoto de Azevedo Marques Neto que "(...) a Administração Pública, hoje, é muito menos uma adjudicadora de direitos previstos na lei e muito mais um árbitro de interesses públicos legítimos colidentes em cada situação concreta". Nesse sentido, "(...) a questão que se põe é como, nesse contexto, conviver ou evitar que esta margem de arbitramento entre esses interesses colidentes seja a porta de entrada dos interesses particularísticos, de prevalência de interesses menores em detrimento dos interesses da coletividade".[137]

Nessa perspectiva, para que a Administração Pública realize um *interesse público*, ela deve justificar a sua execução a partir de um juízo de ponderação entre todos os interesses e direitos envolvidos. Tal exame ponderativo tem por fim explicitar as razões pelas quais um interesse deve, realmente, ser efetivado. Em geral, essa motivação irá invariavelmente indicar os Direitos Fundamentais que serão promovidos ou protegidos.

Essa indicação dos direitos fundamentais que serão realizados não deve substituir por completo, contudo, a noção de *interesse público* nos fins do Estado delineados para a Administração Pública. Essa noção, bastante tradicional no Direito Público, sem embargo da sua problemática e abstração, possui uma índole inegavelmente universal, relacionada à coletividade, ao bem de todos, ao passo que os Direitos Fundamentais possuem uma estirpe que os aproxima antes da tutela particularizada dos direitos dos indivíduos, do que à sua realização coletiva.

Nesse passo, a permuta da expressão *interesse público* pela de direitos fundamentais, ou mesmo pela dignidade da pessoa humana como fins da atividade administrativa estatal, das suas tarefas e dos seus contratados pode significar, em alguma medida, um retrocesso, caso não seja indicado, em concreto, quais direitos fundamentais se estará, efetivamente, a realizar. Em outras palavras, se não for nomeado o Direito Fundamental a ser realizado, pode-se estar limitando os fins do Estado à satisfação res-

(Org.). *Interesses públicos versus interesses privados*: desconstruindo o princípio de supremacia do interesse público, Rio de Janeiro: Lumen Juris, 2005. p. 04

[137] MARQUES NETO, Floriano Peixoto de Azevedo. **Regulação estatal e interesses públicos.** São Paulo: Malheiros, 2003, p.194.

trita e exclusiva dos direitos políticos e individuais, ao passo que a noção de *interesse público*, edificada ao longo dos anos, a despeito das suas inúmeras críticas no âmbito do direito nacional, contempla uma dimensão mais universalizante, que, inequivocamente, congrega também os direitos individuais, coletivos e sociais.[138]

Não remanesce dúvida, nesse passo, acerca da possibilidade de prossecução, por agentes privados, de finalidades consideradas de interesse público. O aprimoramento da colaboração público-privada, inclusive por meio da definição dos objetivos comuns, portanto, contribui para o crescimento da importância do contrato na vida administrativa, que atuará como instrumento dessa colaboração e alcance do objetivo final.

O contrato, como instrumento de regulamentação de relações entre entidades públicas e entidades privadas surge, assim, como meio de garantia da prestação estatal e de institucionalização da Administração, que passa a celebrá-los para o fim de dar conta de suas finalidades institucionais e regular a atuação do contratado, assegurando que ele cumpra as obrigações assumidas, necessárias para a própria legitimação social estatal.

## 1.6. A Experiência Brasileira do *Governo por Contrato(s)* e a Introdução Legislativa de Novas Formas de Consensualização e Contratualização Administrativas

Na doutrina brasileira, a expressão *governo por contrato(s)* ainda não ganhou o relevo encontrado na literatura estrangeira.[139] Contudo, não há dúvida

[138] Cfr.: BREUS, Thiago Lima. **Políticas Públicas...**, p. 270.

[139] Vide: AUBY, Jean-Bernand. **Comparative aproaches in the rise of contract in the public sphere.** Public Law, Spring, 2007. BLOCHER, Joseph. **Selling State Borders.** In: University of Pennsylvania Law Review. Vol. 162, Jan/2014. BROWN, Kimberly N. **Government by Contract and the Structural Constitution.** In: University of Baltimore Legal Studies Research Paper. nº. 12, 2012. FREEDLAND, M. **Government by Contract and public law,** In: Public Law, 1994. FREEMAN, Jody; MINOW, Martha. **Outsourcing and American Democracy.** Cambridge and London: Harvard University Press, 2009. GONÇALVES, Pedro Costa. **Entidades Privadas com Poderes Públicos: O exercício de poderes públicos de autoridade por entidades privadas com funções administrativas.** Coimbra: Almedina, 2008. GUTTMAN, Dan. **Government By Contract: The White House Needs Capacity to Review and Revise the Legacy of 20th Century Reform.** In: *Presidential Management Capacity to Respond to 21st Century Challenges.* RAHALL, Karena. **The Siren Is Calling: Economic and Ideological Trends Toward Privatization of Public Police Forces.** In: University of Miami Law Review.

de que a ideia e os instrumentos de relacionamento contratual contidos no contexto de aplicação do *governo por contrato(s)* envolvem circunstâncias há muito previstas no ordenamento jurídico pátrio. Em virtude de que a atividade administrativa brasileira ocorre essencialmente de maneira *infra* legal, o recurso à contratualização na esfera pública demanda prévio estabelecimento por lei. Por conseguinte, o exame das introduções legislativas nessa matéria se mostra relevante.

A partir da Constituição Federal de 1988, operaram-se múltiplas e simultâneas transformações no direito administrativo brasileiro. Na década de 90 do século passado, as leis federais nº 8.666/93 e nº 8.987/94, respectivamente, a Lei Geral de Licitações e Contratos Administrativos e a Lei de Concessões de Serviços Públicos alteraram profundamente o direito das contratações públicas, pois significaram o marco legal – em conformidade com a Constituição Federal – para o desenvolvimento de relações contratuais na esfera da Administração Pública.

A partir da Emenda Constitucional nº 19/98, a dinâmica das relações *inter administrativas* e das contratações entre entes públicos e privados, notadamente os do terceiro setor, desenvolveram-se exponencialmente. Nesse contexto, emergiram dois movimentos relevantes: (i) o relativo à consensualização e (ii) o que propugna pela contratualização da gestão pública,[140] hábeis a conformar a presença do movimento do *governo por contrato(s)* no país.

De acordo com Thiago Marrara, o movimento pela consensualização e pela contratualização brasileira constituem fenômenos distintos. Para o autor, a consensualização, como a própria expressão explicita, designa o emprego crescente de formas de busca de consenso nos processos decisórios estatais.[141] Assim sendo, a consensualização é levada a efeito a partir de instrumentos processuais, estabelecidos previamente por lei, tais como audiências e consultas públicas, assim como conselhos compostos por representantes do Estado e da sociedade, bem como os contratos, incluindo

Vol. 633. Mai/2014. p. 636. VERKUIL, Paul. **Outsourcing Sovereignty.** New York: Cambridge University Press, 2007. VINCENT-JONES, Peter. **The new public contracting: regulation, responsiveness, relationality.** Oxford & New York: Oxford University Press, 2006.

140 MARRARA, Thiago. **As cláusulas exorbitantes diante da contratualização administrativa.** *Revista de Contratos Públicos – RCP*, Belo Horizonte, ano 3, n. 3, mar./ago. 2013, p. 238 e seguintes.

141 MARRARA, Thiago. **As cláusulas...**, p. 239.

desde as espécies clássicas de avenças administrativas até os novos acordos no exercício da atividade regulatória.

Vislumbra-se, de plano, que a gestão consensual é mais ampla que a gestão contratual, que acaba figurando como parte integrante da primeira, mas detém dinâmica própria. Não há dúvida de que se testemunha hoje a uma multiplicação de módulos convencionais no exercício das atividades administrativas brasileiras. O movimento atinge a gestão de serviços administrativos, nos acordos entre entidades públicas e no exercício da atividade de polícia, mas, sobretudo, na prestação de serviços públicos e na exploração de atividades econômicas.

Não se pode refutar, nesse passo, que a distribuição interna de competências por contrato entre os entes estatais se encontra sob o manto da expressão *governo por contratos(s)*. O uso dos *contratos de gestão*[142] empregados a partir do Plano de Reforma do Aparelho Estatal entre a Administração Direta e Autarquias e Fundações constituem exemplos inequívocos. Essa forma, porém, pode ser considerada como uma forma menos usual de *governo por contrato(s)*.

No Brasil, a gama de instrumentos públicos contratuais, na última década, vem crescendo, ainda que a partir da modelagem clássica da lei federal nº 8.666/93, que tomou por base para todos os demais arranjos convencionais, o contrato de empreitada de obra pública.

A título de exemplo, a lei federal nº 11.079/04 instituiu a *parceria público-privada* e criou, para tanto, dois novos tipos de concessão: a *concessão patrocinada* e a *concessão administrativa*, contratos estes que se diferenciam da caracterização clássica da concessão de serviço público regulada pela lei federal nº 8.987/95.

Ademais, a lei federal nº 11.107/05 estabeleceu a disciplina jurídica dos *consórcios públicos* e disciplinou, dentre outras matérias, o regime de avenças entre entes federativos. Os consórcios públicos, no Brasil, envolvem a realização de atividades de interesse comum de dois ou mais entes federativos, de forma a inexistir, no âmbito desta relação jurídica, interesses contrapostos; eles expressam uma *parceria público-público* na gestão associada de serviços públicos de interesse comum. Reitere-se que a referida lei atribui natureza contratual aos consórcios, vide o exemplo do cha-

[142] Sobre o tema, por todos, ver: OLIVEIRA, Gustavo Justino. **Contrato de Gestão.** São Paulo: Editora Revista dos Tribunais, 2008.

mado *contrato de rateio*, por meio do qual os entes federativos consorciados alocam recursos ao consórcio que integram.

Além das anteriores, a lei federal nº 12.462/11 instituiu o Regime Diferenciado de Contratações Públicas (RDC) destinado às licitações e contratos necessários à realização, no Brasil, dos grandes eventos esportivos internacionais de 2013 (Copa das Confederações), 2014 (Copa do Mundo) e 2016 (Jogos Olímpicos): o *contrato de eficiência* e/ou o *contrato de remuneração variável*. Nos termos do artigo 23, §§1º e 3º, da referida lei, o *contrato de eficiência* tem por objeto a prestação de serviços, podendo abranger a realização de obras e fornecimento de bens, visando a proporcionar economia à Administração, na forma de redução das despesas correntes. Nele, o agente privado é remunerado com base em percentual da economia obtida e o julgamento se efetua pelo maior retorno econômico. Em caso de não ocorrência da economia prevista, o particular contratado poderá ter desconto na sua remuneração, aplicação de multa por inexecução, dentre outras medidas.

Tratam-se de figuras e ferramentas legislativas recentes que inequivocamente estão subsumidas ao ideário de *governo por contratos(s)* e que reafirmam a sua incidência em escala, no Brasil.

Prosseguindo-se no exame das recentes alterações legislativas, merece menção a lei federal nº 13.089/15 que instituiu o Estatuto das Metrópoles e estabeleceu diretrizes para o planejamento, a gestão e a execução de políticas públicas em regiões metropolitanas e aglomerações urbanas instituídas pelos Estados. A norma regula múltiplos aspectos de governança *inter federativa*, com o objetivo de integrar e compartilhar responsabilidades entre entes da federação no planejamento e na execução de ações para o cumprimento de funções públicas, e institui instrumentos para a gestão compartilhada, incluindo a elaboração de planos de desenvolvimento urbano integrado, a criação de consórcios públicos, de convênios de cooperação, de parcerias *público-público* e de compensação *inter federativa* por serviços ambientais de competência comum.

Não se pode descurar que a contratualização *público-público* também se integra na noção de *governo por contrato(s)*. Contudo, a construção de pontes entre Estado e Sociedade Civil, de forma a propiciar a cooperação sistemática entre atores públicos e privados no desenvolvimento de finalidades comuns pode ser tomada como a vertente forte e, assim, mais utilizada para a expressão *governo por contrato(s)*.

No Brasil, como acima demonstrado, essa vertente passou a ser mais empregada a partir da edição da lei de concessões de serviço público (8.987/95) e da lei que previu as parcerias público-privadas (11.079/04), ambas responsáveis pelo estabelecimento de mecanismos de contratação pública de longa duração, adequadas, *v.g.*, à amortização dos investimentos levados a efeito na concessão de serviços públicos a atores privados.

## 1.7. Efeitos da Implantação Gradual do *Governo por Contrato(s)*

A ampliação da contratualização da gestão pública, de um lado, é um fenômeno que decorre de *múltiplas causas*, algumas acima registradas. De outro, há uma *série de efeitos* que emanam do recurso ao contrato como instrumento de governo que merecem exame apartado, pois são capazes de influir na própria arquitetônica da gestão pública e do relacionamento *público-privado* contemporâneo.

Merece destaque que os efeitos abaixo sumariados são relacionados entre si, a partir da sua matriz, que é a necessidade posta à Administração contemporânea de se utilizar da via contratual para dar conta do atendimento de suas inumeráveis finalidades públicas. A seguir, serão examinadas determinadas implicações que se apresentam mais relevantes.

### 1.7.1. A Ativação do Potencial Privado para a Realização de Tarefas Públicas

Não resta dúvida de que o exercício do *governo por contrato(s)* demonstra o interesse (e a necessidade) estatal de aproveitar a capacidade dos atores privados para a prossecução de fins públicos e de "despertar o potencial endógeno da Sociedade" para realizar seus objetivos.[143]

A rigor, trata-se de um apelo às capacidades privadas, por meio de estímulos, *v.g.*, *soft law*, ou por meio da imposição de execução de atividades relacionadas com a salvaguarda e a implementação de direitos fundamentais, como, *v.g.*, a proteção do meio ambiente, o auxílio a idosos e a pessoas portadoras de necessidade especiais etc.

[143] Nesta perspectiva, a ideia de *governo por contrato(s)* se aproxima à noção de direito administrativo dos negócios e se distancia do direito administrativo dos clips. SUNDFELD, Carlos Ari. **O direito administrativo entre os clips e os negócios.** In: *Revista de Direito Público da Economia – RDPE*. Belo Horizonte, ano 05, nº 18, abr. / jun. 2007, p. 33 e seguintes.

No Brasil, a possibilidade do emprego dos recursos e dos meios privados para a realização de finalidades estatais se apresenta, pois, com escala a ser considerada, a partir da década de 90 do século passado. Com o surgimento das Organizações Sociais (O.S.)[144] e das Organizações da Sociedade Civil de Interesse Público (O.S.C.I.P)[145], respectivamente, em 1998 e 1999, houve um apelo à que a sociedade civil se mobilizasse para a realização de finalidades públicas de modo complementar aos entes estatais. O surgimento destas entidades se deu em um momento histórico em que se propugnava por uma redução do espectro de atuação estatal, contudo, não pode deixar de exemplificá-las como forma de ativação do potencial privado para a realização de finalidades públicas.

Antes disso, como atestam tanto o Sistema "Brás" de empresas estatais levado a efeito durante a "Era Vargas"[146] quanto a ação exclusivamente estatal durante a ditadura militar, não se lançava mão da potencialidade privada para a realização de finalidades públicas, porque, de um lado, não havia instrumental jurídico apto e, de outro, porque não haviam empresas e conglomerados privados que pudessem, à época, apresentar condições econômicas e financeiras que lhes habilitassem a desenvolver no país tais atividades, restando ao Estado a sua implementação.

Esse "aproveitamento" da capacidade privada, no sentido de que os privados podem se destinar à realização dos interesses públicos, não guarda

[144] Lei Federal nº 9.637/1998.

[145] As Organizações da Sociedade Civil de Interesse Público podem ser instituídas nos termos da Lei Federal nº 9.790/99 para o atendimento das seguintes finalidades, complementares e/ou suplementares à atuação estatal: promoção da assistência social; promoção da cultura, defesa e conservação do patrimônio histórico e artístico; promoção gratuita da educação; promoção gratuita da saúde; promoção da segurança alimentar e nutricional; defesa, preservação e conservação do meio ambiente e promoção do desenvolvimento sustentável; promoção do voluntariado; promoção do desenvolvimento econômico e social e combate à pobreza; experimentação, não lucrativa, de novos modelos sócio produtivos e de sistemas alternativos de produção, comércio, emprego e crédito; promoção de direitos estabelecidos, construção de novos direitos e assessoria jurídica gratuita de interesse suplementar; promoção da ética, da paz, da cidadania, dos direitos humanos, da democracia e de outros valores universais; estudos e pesquisas, desenvolvimento de tecnologias alternativas, produção e divulgação de informações e conhecimentos técnicos e científicos.

[146] Sobre o período, ver: MARQUES NETO, Floriano de Azevedo. **Concessões.** Belo Horizonte: Editora Fórum, 2015, p. 94 e seguintes e MOREIRA, Egon Bockmann. **Anotações sobre a História do Direito Econômico Brasileiro (Parte I: 1930-1956)**. In: *Revista de Direito Público da Economia – RDPE*. Belo Horizonte, ano 02, nº 6, abr. / jun. 2004, p. 69 e seguintes.

correspondência somente com o deslocamento da prestação de tarefas públicas por pessoas privadas. Ele pode ser decorrente também de uma espécie de reforço de uma responsabilidade inerente ao âmbito de atuação dos próprios agentes privados. Destaca Pedro Costa Gonçalves que a instituição de deveres de autoproteção, como, *v.g.*, a contratação de auditores, as atividades de *compliance* e a adesão a sistemas de garantia de qualidade representam iniciativas que estão no âmbito privado e que destinam à defesa de seus direitos e interesses, mas também à proteção de interesses da coletividade.[147]

Estas últimas representam atividades cuja prossecução pelos agentes privados não substitui a ação estatal, embora a ativação do potencial privado neste âmbito tenha como resultado o alargamento das tarefas de proteção aos interesses públicos. A saúde[148] e a educação[149] no Brasil representam bons exemplos. Para além da prestação direta pelo Estado por decorrência constitucional, há a complementariedade da prestação por meio de agentes privados. Por conseguinte, o exercício da prestação por privados não significa, de modo algum, o abandono desta atividade pelo Estado.

A ativação das responsabilidades privadas no âmbito público pode resultar, também, em situações denominadas de "privatização implícita ou de

[147] GONÇALVES, Pedro. **Entidades Privadas com Poderes Públicos: O exercício de poderes públicos de autoridade por entidades privadas com funções administrativas.** Coimbra: Almedina, 2008, p.162.

[148] Sobre o direito fundamental à saúde e a sua e a complementação privada da sua prestação, dispõe a Constituição Federal, no artigo 196, que " A saúde é direito de todos e dever do Estado, garantido mediante políticas sociais e econômicas que visem à redução do risco de doença e de outros agravos e ao acesso universal e igualitário às ações e serviços para sua promoção, proteção e recuperação". Por sua vez, o artigo 197 estabelece que são de relevância pública as ações e serviços de saúde, cabendo ao Poder Público dispor, nos termos da lei, sobre sua regulamentação, fiscalização e controle, devendo sua execução ser feita diretamente ou através de terceiros e, também, por pessoa física ou jurídica de direito privado. E, ainda, o artigo 199 assegura que a assistência à saúde é livre à iniciativa privada e que as instituições privadas poderão participar de forma complementar do sistema único de saúde, segundo diretrizes deste, mediante contrato de direito público ou convênio, tendo preferência as entidades filantrópicas e as sem fins lucrativos.

[149] O artigo 205, da Constituição Federal estabelece que a educação, direito de todos e dever do Estado e da família, será promovida e incentivada com a colaboração da sociedade. O artigo 209, a seu turno, assegura que o ensino é livre à iniciativa privada, atendidas as condições de cumprimento das normas gerais da educação nacional e de autorização e avaliação de qualidade pelo Poder Público.

fato".[150] A título de ilustração, pode-se aludir que, em decorrência da má-prestação de serviços e/ou ações estatais ou mesmo da inércia pública, podem emergir novos mercados, nos quais se comercializam serviços que seriam tradicionalmente levados a efeitos exclusivamente pelo Estado. Nesse âmbito, por exemplo, destacam-se os serviços de segurança privada amplamente difundidos no país.

### 1.7.2. Maior Flexibilidade do Contrato na Composição de Relações Jurídicas: Ampliação de Efeitos Jurídicos Produzidos com Base na Avença

Em relação ao ato administrativo, tomado como mecanismo até então por excelência de atuação da Administração Pública, o contrato, por sua natureza e estrutura jurídica, apresenta maior flexibilidade, o que lhe propicia uma maior eficácia na regulação do leque de situações que a Administração Pública é chamada a intervir, inclusive com a possibilidade de alargamento dos efeitos jurídicos que podem ou se desejam ver produzidos.[151]

O ato administrativo, por sua configuração unilateral e sua tipicidade, impõe maior rigidez na configuração jurídica pela Administração de situações em que ela é chamada a atuar. A cooperação do agente privado e a formalização de um consenso entre ele e o ente público oferecem maiores possibilidades de desenvolvimento, realização e otimização dos fins da Administração do que as que se verificariam no caso de uma atuação unilateral autoritária.[152]

De outro lado, sempre que, por opção legislativa, entenda-se cabível o contrato como forma de atuação administrativa, o ideal é se buscar a potencialização das suas virtudes, enquanto instrumento de criação normativa derivado do princípio da autonomia. Isso importa reconhecer, no caso dos contratos administrativos, que um único regime jurídico geral, previsto na lei, baseado na versão tradicional consolidada da teoria do contrato admi-

[150] GONÇALVES, Pedro. **Entidades...**, p.166.

[151] KIRKBY, Mark Bobela-Mota. **Contratos sobre o exercício de poderes públicos: O exercício contratualizado do poder administrativo de decisão unilateral.** Coimbra: Coimbra, 2011, p. 40.

[152] KIRKBY, Mark Bobela-Mota. **Contratos...**, p. 41.

nistrativo, não mais é hábil a resolver a complexidade dos fenômenos contratuais com os quais a Administração se depara.[153]

E, além da diversidade na previsão de regimes legais, há que se garantir maior flexibilidade ao administrador para acordar as prerrogativas da Administração no caso concreto de cada contratação, levando em conta a natureza do objeto contratual, sem que se abra mão da legalidade e do controle do exercício dessa discricionariedade.

Em um exemplo, imagine-se que foi submetida à Administração a realização de licenciamento de determinada atividade comercial. Sob a forma de atuação unilateral, a atuação do ente público seria binária: conceder-se-ia ou não a licença, o que talvez não ensejasse o atendimento integral ao interesse da coletividade. Já sob a forma contratual, pode o ente público estabelecer condicionamentos ao agente privado, impondo, *v.g.*, ao particular prestações contratuais como contrapartida ao licenciamento, tais como infraestruturas de acessibilidade, de saneamento etc.

Em cenários como o acima ilustrado, o contrato se revela inequivocamente como um "dúctil, flexível e eficiente instrumento"[154] de ação estatal, ao possibilitar a definição de uma disciplina integrada e coerente em cenários de complexidade, de modo a favorecer a racionalização da atuação administrativa e permitir uma maior aderência da realidade à finalidade pública. Além disso, ele propicia uma inegável economia de esforços dos particulares em vista de se adequar aos constrangimentos jurídicos postos à sua atuação.

A via contratual, nesse sentido, apresenta vantagens inegáveis; além de se afastar do estigma normalmente associado à via autoritária e unilateral, ela tem a virtude de tutelar, de forma segura, o interesse positivo que a Administração possa ter na prestação do administrado.[155]

Não resta dúvida, portanto, que o contrato pode permitir o alargamento do leque de efeitos jurídicos produzidos, em virtude da sua maior flexibilidade em relação ao ato administrativo. Na segunda parte desta inves-

[153] ALMEIDA, Fernando Dias Menezes de. **Contrato administrativo no Brasil: aspectos críticos da teoria e da prática**. *Revista de Contratos Públicos – RCP*, Belo Horizonte, ano 1, n. 1, p. 125-139, mar./ago. 2012

[154] KIRKBY, Mark Bobela-Mota. **Contratos...**, p. 42.

[155] PAREJO AFONSO, Luciano. **La terminación convencional del procedimento administrativo como forma alternativa de desarollo de la atividade unilateral de la Administración**. In: AAVV: Eficacia y Administración – Tres Estudios. Madrid: Marcial Pons, 1996, p. 29.

tigação, buscar-se-á demonstrar que a flexibilidade do contrato é um dos componentes que propicia a realização da chamada contratação pública estratégia, na qual os efeitos do contrato transcendem as partes contratantes e alcançam terceiros não envolvidos na avença, propiciando ganhos inerentes aos ideais de uma justiça de matriz distributiva.

### 1.7.3. Delegação da Normatização Concreta de cada Negócio Jurídico da Lei para o Contrato

Como adiante será explicitado, o contrato público apresenta uma ambivalência, pois possui em seu próprio âmbito, duas lógicas paralelas: a "lógica da função" atinente ao dever estatal inescusável de satisfação de sua finalidade pública e a "lógica do contrato" relacionada à esfera negocial, que permite às partes, com fundamento na autonomia, estabelecer a próprio normatização concreta de cada negócio jurídico.

A "lógica da função" deriva do próprio modo de ser estatal, *funcionalizado*. Por sua vez, o âmbito negocial do contrato público representa a grande virtude com contrato como técnica de produção normativa,[156] isto é, com a majoração da complexidade das demandas estatais, a disciplina jurídica do exercício de funções públicas por privados, por exemplo, precisa ser detalhada individualmente, levando em conta as circunstâncias, os detalhes, do caso concreto.

A normatização legal, caracterizada pela generalidade, abstração e impessoalidade, própria da sua natureza, não tem o condão de dar conta das especificidades de cada demanda de interesse público a ser buscado por intermédio do contrato que, em consonância com a legislação aplicável, poderá melhor disciplinar a relação jurídica entabulada entre o ente público e o contratado privado ou entre entidades públicas.

[156] ALMEIDA, Fernando Dias Menezes de. **Contrato administrativo no Brasil: aspectos críticos da teoria e da prática.** *Revista de Contratos Públicos – RCP*, Belo Horizonte, ano 1, n. 1, mar./ago. 2012, p. 127.

### 1.7.4. Ampliação da Margem de Consensualidade, com Estipulação de Cláusulas na fase Pré-contratual

Apresenta-se, neste ponto, mais um efeito relevante da ampliação do emprego dos contratos públicos como técnica administrativa por excelência, de modo a demonstrar que a boa-fé[157] e a confiança recíproca, como pressupostos para a ampliação da margem de consensualidade e a estipulação de cláusulas na fase pré-contratual são ingredientes fundamentais nas relações público-privadas.

De acordo com Egon Bockmann Moreira, "(...) a negociação pré-contratual, aqui entendida como aquela que pode se desenvolver entre a Administração Pública e o licitante vencedor no momento posterior à proclamação da proposta vencedora, mas anterior à celebração do contrato"[158] é um dos itens mais relevantes para a eficiência das licitações e, por consequência, das contratações públicas.

O mútuo entrosamento entre ente público e contratado, no sentido de se aperfeiçoar a proposta proclamada vencedora, desde que entabulado sob uma perspectiva transparente e republicana, pode ensejar um benefício do tipo *ganha-ganha*: tanto a Administração é beneficiada, quanto o contratado, pois se poderá amoldar o contrato em vista do aperfeiçoamento das condições de sua prestação, com a possível inibição de desequilíbrios econômico-financeiros, que suscitam, invariavelmente, perdas para todos.

Sem embargo, prevalece ainda no Brasil o ideário de que deveria haver a exclusão e a confrontação entre os interesses públicos e os interesses privados, pois a aproximação e, mais, a negociação público-privada poderia ensejar desvios de conduta e corrupção. No âmbito da contratação pública brasileira, "(...) autoridade, formalidade, hierarquia e intervenção persistem a ser algumas das palavras mais comuns — ao invés de igualdade, eficiência, colaboração e consenso",[159] que representam a sinergia necessária para o resultado a ser satisfeito pela contratação pública.

157 Sobre o tema, ver: COSTALDELLO, Angela Cassia. **A invalidade dos atos administrativos: uma construção teórica frente ao princípio da estrita legalidade e da boa-fé.** Tese (Doutorado em Direito) – Universidade Federal do Paraná, Curitiba, 1998.

158 MOREIRA, Egon Bockmann. **Licitação Pública e a negociação pré-contratual: a necessidade do diálogo público-privado.** *Revista de Contratos Públicos – RCP*, Belo Horizonte, ano 2, n. 2, p. 61-74, set. 2012/fev. 2013.

159 MOREIRA, Egon Bockmann. **Licitação...**, p. 62.

Por evidente que a negociação pré-contratação, mas pós-licitação, não pode significar a imposição unilateral de "vantagens" somente para a Administração; as quais, exigidas após a seleção da proposta vencedora, teriam o condão de, ou violar regra da concorrência ou possivelmente apenas obstar a regular execução do contrato.

De outro lado, as condições negociadas não podem se destinar a salvaguardar somente os objetivos do contratado, de forma a representar inequívoca "captura" da Administração pelo licitante vencedor, o qual, pela natural assimetria de informações, seria indevidamente beneficiado.

Denota-se, portanto, que a negociação pré-contratual se desenvolve em um ambiente que não é mais competitivo, mas colaborativo. O que leva a um ideal de ganho recíproco e colaborativo. Para tanto, o setor público e o contratado devem ser transparentes ao máximo na divulgação dos seus interesses, limites e prioridades (condições ideais para que ambas as partes ganhem com a negociação)[160] e sejam alcançados a contento e à luz dos interesses públicos, os escopos da contratação.

Por conseguinte, a negociação pré-contratação, porém, pós-licitação, pode significar um incremento importante no sentido de se adequar as obrigações contratuais para o melhor alcance das finalidades públicas da relação jurídica entabulada.

### 1.7.5. Introdução de Contratos Atípicos com Diversidade de Objetos

Como o movimento do *governo por contrato(s)* demonstra, a amplitude do uso dos contratos como instrumento de ação administrativa decorre, dentre outros fatores, pela *dinâmica crescente* que os interesses e as necessidades públicas de incumbência dos entes públicos apresentam. Da atuação estatal no campo da segurança nacional, passando pela indução à pesquisa e ao desenvolvimento tecnológico, pela proteção ambiental e pelo fomento à cultura, as atividades estatais, a cada dia, crescem em abrangência e intensidade. Esse engrandecimento torna absolutamente superados os modelos contratuais tradicionais.[161]

[160] MOREIRA, Egon Bockmann. **Licitação Pública e a negociação pré-contratual: a necessidade do diálogo público-privado.** *Revista de Contratos Públicos – RCP*, Belo Horizonte, ano 2, n. 2, p. 61-74, set. 2012/fev. 2013.

[161] MARQUES NETO. Floriano de Azevedo. **Do Contrato...**, p. 79-80.

A busca por novas soluções de financiamento das utilidades públicas visando à prossecução de direitos fundamentais com o menor impacto fiscal possível conduz à procura de arranjos e relacionamentos contratuais que, ao mesmo tempo, sejam (i) adaptáveis às vicissitudes estatais; (ii) flexíveis quanto à permanente mutabilidade dos interesses envolvidos e (iii) assegurem o alcance das suas finalidades.

Não é mais plausível defender que a Administração só possa celebrar contratos de fornecimento de bens e serviços, de empreitada, de concessão tradicional e de parceria público-privada para o alcance de suas finalidades, até mesmo porque esse leque de alternativas contratuais disponibilizados tradicionalmente não dão conta mais de todos os desígnios postos à Administração, o que torna premente a busca por outras alternativas, muitas delas advindas, porque não, do direito privado.[162]

De acordo com Marçal Justen Filho, "(...) a Administração não está jungida a pactuar apenas contratos típicos (nominados). Entendimento contrário conduziria a inviabilizar a atividade contratual da Administração Pública".[163]

Mesmo que a Administração esteja sempre jungida à legalidade, não se pode argumentar que os modelos (tipos) de contratação pública necessariamente precisam ser definidos em lei. Nesse sentido, "(...) a lei concede autorização para o Estado contratar, mas não fornece parâmetros exaustivos dos modelos de contratação".[164]

Esse entendimento é derivado do fato de que a própria legislação brasileira não disciplinou estritamente a tipicidade contratual. De acordo com Floriano de Azevedo Marques Neto e Carlos Eduardo Bergamini Cunha,

[162] Nesse sentido, argumenta Bernardo Strobel Guimarães que a Administração, ao desfrutar de uma capacidade geral de agir segundo modelos de Direito Privado (como pessoa jurídica de direito público interno ela é capaz de atos de ordem privada, outorgada por lei nacional), ela pode se utilizar de instrumentos atípicos para se inter-relacionar com as demais pessoas jurídicas. De acordo com o autor, "isso é especialmente importante no âmbito dos contratos administrativos, onde, a partir dessa capacidade de ordem geral, a administração pode vir a substituir a regulação da lei pela regulação do instrumento que entabular". GUIMARÃES, Bernardo Strobel. **O Exercício da Função Administrativa e o Direito Privado.** Tese de doutoramento defendida perante a Universidade de São Paulo (USP) sob a orientação da Profa. Dra. Maria Sylvia Zanella Di Pietro. Mimeografada. São Paulo, 2010, p. 2000.

[163] JUSTEN FILHO. Marçal. **Comentários à lei de licitações e contratos administrativos.** 13ª ed. São Paulo: Dialética, 2009. p. 677-678.

[164] JUSTEN FILHO. Marçal. **Comentários...**, p. 677-678.

ainda que seja detalhista e minuciosa, a lei federal nº 8.666 restringiu-se a disciplinar gêneros contratuais. Ela trata, basicamente, de "obras", "serviços", "compras" e "alienações".[165]

A questão da atipicidade diz respeito também ao fato de que inexiste também um regime uniforme dos contratos públicos. Isso porque, consoante destaca Carlos Ari Sundfeld, "o direito brasileiro está longe de ser homogêneo em relação ao tratamento dos contratos públicos. A lei nº 8.666/93, pretensamente geral, não constitui o único diploma legal sobre a matéria. Quando o contato envolve setores regulados, é necessário compreender o funcionamento de suas normas particulares para aí, estabelecer o regime jurídico aplicável".[166]

Conforme alude Marçal Justen Filho, "(...) a Lei não se preocupa, de modo específico, com o contrato de 'transporte', o que não significa vedação à sua utilização: trata-se de uma modalidade de prestação de serviços. Não há impedimento algum a que a Administração produza distintas espécies de 'contratos de prestação de serviços', cada qual com característicos próprios.[167]

A adoção, portanto, de modelos contratuais atípicos que se mostram, no caso concreto, a solução mais adequada à prossecução da finalidade pública deve ser defendida. Neste sentido, importante é o entendimento exarado por Celso Antônio Bandeira de Mello já em 1993, no sentido de que "(...) não há óbice constitucional algum a que o Poder Público, em regime de livre iniciativa, como é o nosso, se relacione com particulares empreendedores e acerte as fórmulas jurídicas idôneas para obter-lhes a colaboração mediante contrapartida econômica conveniente de parte a parte".[168]

Portanto, à luz do exposto e conforme o entendimento de Floriano de Azevedo Marques Neto e de Carlos Eduardo Bergamini Cunha, a existência de modelos contratuais legislativamente endereçados na condição de

[165] MARQUES NETO, Floriano de Azevedo; CUNHA, Carlos Eduardo Bergamini. **Locação de ativos.** *Revista de Contratos Públicos – RCP*, Belo Horizonte, ano 3, n. 3, p. 99-129, mar./ago. 2013.

[166] SUNDFELD, Carlos Ari; CÂMARA, Jacintho Arruda. **Uma crítica à tendência de uniformizar com princípios o regime dos contratos públicos.** In: In: *Revista de Direito Público da Economia – RDPE*. Ano 11, nº 41, jan. / mar. 2013. Belo Horizonte: Fórum, 2013, p. 71.

[167] JUSTEN FILHO. **Comentários...**, p. 677-678

[168] BANDEIRA DE MELLO. Celso Antônio. **Obra pública a custo zero: instrumentos jurídicos para realização de obras públicas a custo financeiro zero.** *Revista Trimestral de Direito Público – RTDP*. São Paulo, n. 3, p. 32-41, mar. 1993.p. 34.

contratos administrativos não tem o condão de vedar o emprego de formas contratuais atípicas[169], a serem arranjadas em consonância com a legalidade e a finalidade pública a ser realizada.

### 1.7.6. Uso de Contratos por Desempenho, nos quais o Contratado se Vincula a Metas de Desempenho, com a Possibilidade de Remuneração Variável

Como decorrência, igualmente, da possibilidade do emprego de contratos como instrumento de gestão pública contemporânea, destaca-se, a partir da Edição do Regime Diferenciado de Contratação Pública (instituído pela Lei Federal nº 12.462/2011) a possibilidade do estabelecimento de contratos remunerados consoante o desempenho verificado, nos quais o contratado não se vincula a objetos previamente estipulados, mas a metas.

Consoante estabelece o artigo 10º, da lei federal nº 12.462/2011, os contratos públicos que tiverem por objeto a edificação de obras e a prestação de serviços, inclusive de engenharia, poderão instituir que a remuneração do contratado seja variável, em conformidade com o seu desempenho e segundo metas e padrões de qualidade, disponibilidade e critérios de sustentabilidade ambiental, anteriormente fixados.[170]

Egon Bockmann Moreira e Fernando Vernalha Guimarães destacam que, historicamente, no âmbito da contratação pública brasileira ainda "(...) são raras as configurações que envolvam variáveis de remuneração baseadas no desempenho do prestador".[171] Isso decorre do fato de que, tradicionalmente, as concessões brasileiras prestigiaram técnicas repressivas (*v.g.*, multas e sanções administrativas) de ajustamento da conduta do contratado, no caso, do concessionário que não atingisse o desempenho suficiente, ao invés de estabelecer metas de qualidade pelo cumprimento de níveis de disponibilidade e de qualidade esperados.

[169] MARQUES NETO, Floriano de Azevedo; CUNHA, Carlos Eduardo Bergamini. **Locação de ativos.** *Revista de Contratos Públicos – RCP*, Belo Horizonte, ano 3, n. 3, p. 99-129, mar./ago. 2013.

[170] SCHWIND, Rafael Wallbach. **Remuneração variável e contratos de eficiência no Regime Diferenciado de Contratações Públicas.** *In*: JUSTEN FILHO, Marçal; PEREIRA, Cesar A. Guimarães (Coord.). *O Regime Diferenciado de Contratações Públicas*: comentários à Lei nº 12.462 e ao Decreto nº 7.581. Belo Horizonte: Fórum, 2012, p. 169 e seguintes.

[171] MOREIRA, Egon Bockmann; GUIMARÃES, Fernando Vernalha. **Regime Diferenciado de Contratações: alguns apontamentos.** Revista de Contratos Públicos – RCP, Belo Horizonte, ano 1, n. 1, mar./ago. 2012, p. 123.

Contudo, muito recentemente, a partir do Regime Diferenciado de Contratação, passou-se a prestigiar um modelo dinâmico de contratação, no qual a remuneração do contratado é baseada no alcance de determinados índices de produtividade e metas de eficiência (disponibilidade e qualidade). Assim, os estímulos (*soft law* contratual) deixam de ser exclusivamente repressivos e passam a ser também positivos.

Opera-se aqui o uso da lógica de incentivos nos diplomas normativos, que passa a se constituir em um mecanismo adequado para se buscar a *implementação de políticas públicas sustentáveis* no âmbito governamental. Esses incentivos podem se dar de diferentes formas, mas sempre objetivando reconhecer e valorizar os gestores e particulares contratados que tomarem iniciativa no sentido de promover a sustentabilidade, especialmente quando relacionado às compras públicas.

Nesse sentido, simultaneamente, passa a ser possível, em caso de mal desempenho, a aplicação de sanção ao contratado, mas, em caso de ampliação da sua eficiência, o incremento da sua remuneração, por meio da atribuição de um *plus* remuneratório, o que pode servir de instrumento de maximização da eficiência contratual.[172]

### 1.7.7. Flexibilidade na Alocação de Riscos com Estipulação da Repartição de Ganhos de Eficiência para o Estado

A contratualização contemporânea do exercício da função administrativa permite também, nos contratos de longo prazo, a possibilidade de repartição dos riscos entre os contratantes. Vale dizer, considerando-se o *risco* como a possibilidade de ocorrências futuras que podem repercutir na execução do contrato, a partir de introdução legislativa expressa,[173] passou a ser possível no Brasil a introdução de um sistema pré-estabelecido de responsabilidades no instrumento contratual.

Flávio Amaral Garcia destaca que, até pouco tempo atrás, a teoria das *áleas* era suficiente para explicar e justificar as incertezas, os riscos e as imprevisibilidades que poderiam advir durante a execução do contra-

172 Cfr.: MOREIRA, Egon Bockmann; GUIMARÃES, Fernando Vernalha. **Regime...**, p. 123.

173 Dispõe o artigo 5º, inciso III, da Lei Federal nº 11.079/2004 que as cláusulas dos contratos de parceria público-privada deverão prever, dentre outros, a repartição de riscos entre as partes, inclusive os referentes a caso fortuito, força maior, fato do príncipe e álea econômica extraordinária.

to.[174] Segundo o autor supracitado, em síntese, a *álea ordinária* era atribuída ao contratado, eis que ela estaria vinculada aos riscos próprios da atividade empresarial. Já a *álea extraordinária*, seja administrativa, decorrente de uma ação estatal, como é o caso da alteração unilateral, fato da administração ou fato do príncipe, seja econômica, oriunda de circunstâncias exógenas ao contrato e a própria vontade das partes, ensejariam o reequilíbrio econômico-financeiro do contrato, recaindo sobre o contratante o dever de promover os ajustes necessários para reposicionar o equilíbrio entre as prestações inicialmente estabelecidas entre as partes.[175]

As concepções acima, contudo, passam a ser superadas na medida em que a legislação aplicável aos contratos de longa duração passaram a estabelecer uma *partilha de riscos* definida objetivamente no instrumento contratual.

Nesses contratos contemporâneos, a partilha dos riscos pode gerar economia considerável em favor da própria entidade pública contratante, uma vez que a divisão de riscos contratual permite que sejam estabilizadas, inclusive, algumas das incertezas que cercam (ou podem vir a atingir) determinadas contratações.[176]

Consoante sustenta Fernando Vernalha Guimarães, "o regime jurídico dos contratos tutela a alocação *ex ante* dos riscos, impondo limites a que as partes disponham sobre a assunção de certos riscos, assim como a sua definição *ex post*, delimitando, por exemplo, a responsabilidade das partes ante a materialização de riscos extracontratuais".[177]

A possibilidade de alocação dos riscos entre contratante e contratado é possível de ser levada a efeito nos contratos públicos, em especial, nos que veiculam Parcerias Público-Privadas. Não há, em relação à repartição de riscos, vedação constitucional. Isso porque a previsão do artigo 5º, inciso III, da Lei Federal nº 11.079/2004 que dispõe sobre a possibilidade

174 GARCIA, Flávio Amaral. **A mutabilidade e incompletude na regulação por contrato e a função integrativa das Agências.** Revista de Contratos Públicos – RCP, Belo Horizonte, ano 3, n. 5, mar./ago. 2014, p. 67.

175 GARCIA, Flávio Amaral. **A mutabilidade...**, p. 67.

176 SILVA, Fabiane Tessari Lima da. **Alocação de riscos em contratos de concessão comum e de PPPs: do Rebus Sic Stantibus ao Pacta Sunt Servanda?** Revista de Contratos Públicos – RCP, Belo Horizonte, ano 3, n. 5, mar./ago. 2014, p. 34.

177 GUIMARÃES, Fernando Vernalha. **Alocação de Riscos na PPP.** In: Parcerias Público-Privadas: Reflexões sobre os 10 anos da Lei 11.079/2004. JUSTEN FILHO, Marçal; SCHWIND, Rafael Wallbach. (coord.). São Paulo: Editora RT, 2015, p. 234.

de repartição de riscos entre os contratantes é compatível com o disposto no artigo 37, inciso XXI, da Constituição Federal, porquanto a intangibilidade da equação econômico-financeira, regra constitucional, não impede a livre disposição das partes em distribuir os riscos do contrato, pois ela protege o conteúdo econômico da proposta e veda as interferências arbitrárias *ex post*.

A rigor, o objetivo da *(re)alocação de riscos* é garantir uma maior eficiência ao contrato, diminuindo os custos de financiamento, razão pela qual não parecem mais se sustentar as objeções à sua realização e os argumentos de inconstitucionalidade dos dispositivos legais que a disciplinam.

### 1.7.8. Multiplicação de *Acordos de Cooperação*

Os *acordos de cooperação* são também designados na literatura em idioma anglicano por *Gentlemen's agreements* e representam os contratos firmados entre entidades integrantes da própria Administração.[178]

No Brasil, esses acordos de cooperação recebem uma denominação muito variada, desde convênios administrativos, passando por contratos *intra-administrativos* e por contratos *interadministrativos*. Tal fato, relativo à designação das figuras, embaraça, de certo modo, a compreensão da natureza de cada negócio jurídico, acarretando posicionamentos controvertidos sobre algumas espécies desses ajustes. Ademais, não é incomum, por exemplo, no Brasil, os órgãos de controles constatarem contrato administrativo com roupagem e natureza de convênio administrativo.

Consoante sustenta Fernando Dias Menezes de Almeida constituem exemplos de acordos de cooperação: o convênio, o consórcio administrativo, o contrato de repasse, o convênio de cooperação, o contrato de gestão, o termo de parceria, o consórcio público e o contrato de programa.[179]

A despeito da ausência de sistematização legislativa sobre as figuras acima, que muitas vezes se sobrepõem, o elemento que permite o seu agrupamento sob a noção de módulos convencionais de cooperação é "(...) a

[178] SÉRVULO CORREIA, José Manuel. **Legalidade e Autonomia Contratual nos Contratos Administrativos.** Reimpressão. Coimbra: Almedina, 2013, p. 408.

[179] MENEZES DE ALMEIDA, Fernando Dias. **Contrato Administrativo.** São Paulo: Quartier Latin, 2012, p. 240.

identidade de fins a que visam os parceiros, de modo a não se identificar situação de prestações contrapostas".[180]

A maximização do emprego dos acordos de cooperação é sem dúvida coincidente com o movimento de *governo por contrato(s)*. Eles partem da premissa da atuação conjugada e da comunhão de esforços entre entes públicos ou entre entes públicos e entidades privadas para o alcance de finalidade comuns. Nesse sentido, esses acordos devem ser compreendidos como instrumentos jurídicos hábeis a contribuir para o fomento e o desenvolvimento social.[181]

## 1.8. Algumas Objeções quanto ao Emprego Ampliado dos Contratos como Instrumento de Governo

Ao lado dos múltiplos argumentos favoráveis ao emprego mais vasto dos contratos como instrumentos de gestão pública, bem como dos efeitos (externalidades positivas deles decorrentes) exsurgem argumentos contrários; em especial, os que se fundamentam no receio de redução do espaço da atuação pública a partir do uso demasiado dos contratos no exercício da função pública.

### 1.8.1. O *Soi-disant* Problema da Mitigação e/ou "Alienação" do Poder Administrativo

O problema contido neste tópico diz respeito à ideia de que, ao se vincular contratualmente, em princípio, a Administração *alienaria* seus poderes e prerrogativas de autoridade, mitigando a possibilidade de exercício de adequação da contratação às leituras dos direitos, necessidades e interesses públicos presentes.

Trata-se de uma objeção clássica (e bem conhecida) posta ao próprio surgimento do contrato público-administrativo, no sentido de que o exercício do poder público por meio de um contrato limitaria a capacidade do Estado de cumprir adequadamente as suas funções públicas, pois estaria

[180] MENEZES DE ALMEIDA, Fernando Dias. **Contrato...**, p. 241.

[181] REIS, Luciano Elias. **Convênio Administrativo: Instrumento Jurídico Eficiente para o Fomento e Desenvolvimento do Estado.** Curitiba: Juruá, 2013, p. 282.

sob uma teia de vinculações contratuais das quais dificilmente poderia se libertar, com a consequente perda e disponibilidade de seu poder.[182]

Evidentemente que, com a superação dos entendimentos exarados pelas escolas contrárias à possibilidade da celebração de contratos pela Administração, o problema acima restou superado. Em síntese, é preciso estabelecer a distinção entre a disposição de poder e a cessão do seu exercício em dado caso concreto. Ora, nos contratos públicos, a Administração não dispõe, nem cede a terceiros os seus poderes sobranceiros, nem os renuncia definitivamente, mas se vincula a um caso concreto, não havendo, por conseguinte, cessão ou alienação de poder administrativo, que habilite crítica consistente ao movimento do *governo por contrato(s)*.

### 1.8.2. A Chamada "Barganha" de Poderes (e/ou Funções) Administrativas

Outro "receio" apresentado pela doutrina em relação à ampliação da contratualização pública diz respeito à possibilidade de a Administração encontrar uma "porta aberta", a que seus agentes possam coagir o particular, exigindo contraprestações, muitas vezes de caráter ilícito, em troca da concessão da possibilidade do exercício de poderes públicos ao privado.

A rigor, trata-se de um problema similar ao encontrado nas outras formas de atuação unilaterais da Administração, como o próprio ato administrativo.

Contudo, de partida, no caso dos contratos, a sua grande vantagem reside do fato de que o ente contratante pode se utilizar do acordo para obter resultados que não obteria por meio de um procedimento unilateral. Ou seja, a consensualidade, como nota distintiva dos contratos em relação aos atos unilaterais, permite, na medida em que propicia o estabelecimento individualizado de direitos e deveres, um grau de satisfação mais elevada dos direitos e interesses, tanto da Administração, quanto dos contratados, o que corrobora o uso dos contratos como mecanismo por excelência da função pública e afasta essa crítica.

Por conseguinte, não é a contratação pública *per se* a causa da chamada "barganha" de poderes e/ou funções administrativas. A possibilidade de

[182] KIRKBY, Mark Bobela-Mota. **Contratos sobre o exercício de poderes públicos: O exercício contratualizado do poder administrativo de decisão unilateral.** Coimbra: Coimbra, 2011, p. 53.

ocorrência de atos ilícitos envolvendo a Administração pode ocorrer, em mesma medida, em qualquer dos âmbitos de atuação administrativa.

## 1.9. O Contrato Público e a Política Pública como Mecanismos de Ação da Administração Contemporânea

A adesão à ideia de *governo por contrato(s)* permite a visualização do contrato público para além do seu emprego como instrumento técnico-administrativo a partir do qual há o desembolso de recursos públicos em contrapartida ao recebimento de bens e/ou de serviços prestados ou ofertados pelo contratado.

Com a possibilidade de formalização de contratos de longo prazo, passou-se a autorizar que tanto o planejamento estatal, quanto a implementação de políticas públicas fossem concretizados também no bojo de contratos públicos.[183]

Nos contratos públicos de concessão de serviços públicos e de parcerias público-privadas torna-se possível o planejamento e a concretização de políticas públicas de longo prazo, as quais funcionam hoje como alicerce para o desenvolvimento social e econômico. Isso corresponde tanto à verdade que a própria Comissão Europeia reconhece que "(...) os contratos públicos são considerados um motor fundamental das políticas públicas",[184] em especial, em períodos de crise econômica e em locais desprovidos de infraestruturas essenciais para o pleno desenvolvimento social.

Ao estabelecer metas para o alcance de determinadas prioridades; ao fixar modos de integração e ao fixar critérios que podem implicar distribuição de riqueza, o contrato pode funcionar, de acordo com Egon Bockmann Moreira, como instrumento de governo e se destinar à implementação de políticas públicas.[185]

[183] MOREIRA, Egon Bockmann. **O Contrato Administrativo como Instrumento de Governo.** In: Pedro Gonçalves (Coord.) Estudos de Contratação Pública. Vol. IV. Coimbra: Coimbra editora, 2010, p. 12.

[184] Cfr. Resumo da avaliação de Impacto que acompanha a Proposta de Regulamento do Parlamento Europeu e do Conselho, COM (2012) 124, final, Bruxelas, 21.03.2012, p.2, in: http//:www.europa.eu. Acesso em 18 de dezembro de 2014.

[185] MOREIRA, Egon Bockmann. **O Contrato Administrativo...**, p. 12.

Quanto à noção jurídica de *política pública*, no entanto, importa destacar que, por sua abrangência, ela ainda carece de maior precisão técnica".[186] O que podem ser consideradas, enfim, *políticas públicas*?[187] Qual é também o seu âmbito de manifestação?

De partida, pode-se argumentar que a política pública deve ser considerada como um dos mecanismos centrais e mais abrangentes de atuação da Administração com vistas à efetivação dos Direitos Fundamentais, sobretudo, dos direitos sociais, econômicos e culturais.

Como essa espécie de atuação estatal, ao longo do tempo, não se apresentou como um tema ontologicamente jurídico[188], ela acabou não recebendo uma disciplina jurídica mais intensa, permanecendo o seu tratamento e a sua regência circunscrita ao campo do debate político.

Na literatura estadunidense, as políticas públicas são examinadas, em geral, no âmbito da *policy science*, uma seção particular da ciência política, que recebeu impulso mais intenso com a ascensão do Estado de Bem-Estar norte-americano.[189] Entre 1933 e 1961 sobressaíram as políticas governamentais fortemente intervencionistas no âmbito social e econômico. Essas medidas, conhecidas historicamente como *New Deal*, promoveram uma marcha estatizante na sociedade norte-americana, que somente se arrefeceu nos anos 1980. Portanto, a análise de políticas públicas, ao menos nos

[186] COMPARATO. **O Ministério Público na defesa dos direitos econômicos, sociais e culturais.** In: CUNHA, Sérgio Sérvulo da; GRAU, Eros Roberto (Org.). *Estudos de direito constitucional*: em homenagem a José Afonso da Silva, p. 246.

[187] Essa pergunta é realizada também por Eduardo Appio, para quem "essa indagação deveria se constituir no pórtico de qualquer debate jurídico sobre o tema, na medida em que a atividade judicial de revisão do conteúdo das políticas públicas deve ser estudada, com o objetivo de se evitar o transporte, puro e simples, das teorias que embasam a revisão judicial dos atos administrativos para o interior de um sistema político, o sistema Constitucional". In: APPIO. Eduardo. **Controle judicial das políticas públicas no Brasil**. Curitiba, Juruá, 2005, p. 133.

[188] Como o próprio nome explicita, ainda que se voltem a proporcionar direitos, as políticas públicas, antes de possuir uma natureza jurídica, detêm uma índole política inafastável. Outrossim, elas não eram tidas como um tema essencialmente jurídico porque, como se demonstrará no curso do trabalho, eram submetidas a princípios e valores diversos dos mecanismos jurídicos tradicionais de realização dos Direitos Fundamentais, como os que informam os serviços públicos. Sobre a transformação dos fundamentos axiológicos normativos do Direito Administrativo e, igualmente, da Administração Pública contemporânea, interessante a obra de DIDIER, Jean-Pierre. **La Déontologie de l'Administration.** Paris: PUF, 1999. p. 13 e seguintes.

[189] MINOW, Martha. **Partners, not Rivals: Privatization and the Public Good.** Massachusetts: Beacon Press, 2002, p. 37.

Estados Unidos da América, somente ascendeu em importância quando o Estado finalmente chamou para si a tarefa de ordenar a sociedade e prestar serviços públicos em larga escala.[190]

Nas ciências políticas e na doutrina jurídica, há uma multiplicidade de definições a propósito das políticas públicas, sendo que, a rigor, o único consenso existente entre os autores é o de que as políticas públicas derivariam de decisões governamentais e guardariam relação com as ações de governo.[191] De modo geral, a doutrina jurídica brasileira, em especial do direito constitucional, compreende as políticas públicas como *meios* para a efetivação de direitos de cunho prestacional pelo Estado (direitos sociais em geral); não se poder olvidar, contudo, que elas se destinam também à efetivação de valores morais consagrados pela sociedade e também *direitos não-fundamentais.*

Este é um ponto que merece ser enfatizado, pois implica no reconhecimento de que os direitos sociais e os demais direitos fundamentais constituem o objetivo final de *algumas* das políticas públicas executadas pelo Estado. Contudo, a despeito desta perspectiva teleológica, ainda impera um clima de incerteza sobre a *exata definição* do que efetivamente seriam as políticas públicas.

Há autores que trabalham com o termo e renunciam expressamente a tentativa de formular de modo explícito uma definição.[192] Há a possibilidade também de se sustentar que um conceito de políticas públicas consistiria numa redundância, porquanto *a política seria essencialmente pública.* Sem embargo disso, o seu emprego corrente na doutrina e na jurisprudência quer indicar mais do que uma casual união de duas palavras com significações autônomas.[193]

Consoante sustenta Eros Roberto Grau, "a expressão políticas públicas designa todas as atuações do Estado, cobrindo todas as formas de inter-

[190] Cfr.: FONTE, Felipe de Mello. **Políticas Públicas e Direitos Fundamentais.** 2ª. ed., São Paulo: Saraiva, 2015, p. 36.

[191] STEIN, Ernesto; TOMMASI, Mariano. **Para Compreender a Política das Políticas Públicas.** In: *A Política das Políticas Públicas: Progresso econômico e social na América Latina.* Banco Interamericano de Desenvolvimento e David Rockefeller Center for Latin America Studies (orgs.) . Rio de Janeiro: Elsevier, 2007, p. 13.

[192] FONTE, Felipe de Mello. **Políticas Públicas...,** p. 48.

[193] Cfr.: BREUS, Thiago Lima. **Políticas Públicas no Estado Constitucional: Problemática da Concretização dos Direitos Fundamentais pela Administração Pública Brasileira Contemporânea.** Belo Horizonte: Fórum, 2007, p. 211 e seguintes.

venção do poder público na vida social".[194] Trata-se, inequivocamente, de uma definição abrangente que possui o condão de transformar, até mesmo, as decisões judiciais em espécies de política pública, já que elas se tratam de uma forma de intervenção do Estado na vida social. Exatamente isso é que concluiu o supracitado autor, para quem "o *direito* é também, ele próprio, uma política pública".[195]

Nessa direção, porém de maneira mais circunscrita, pode-se afirmar que as políticas públicas compreendem as ações e programas voltados a dar efetividade aos comandos gerais impostos pela ordem jurídica que necessitam da ação estatal. Portanto, são exatamente as ações levadas a efeito pela Administração, inclusive veiculadas por meio de contratos públicos, que se encaixam nesta definição.

Para além desse afazer fundamental, relativo à efetivação das normas que veiculam direitos fundamentais sociais, dependentes de prestações estatais, consoante destaca Felipe de Mello Fonte, as políticas públicas também funcionam como instrumento de realização dos direitos fundamentais de primeira geração, por meio, por exemplo, da política de segurança pública (que objetiva a proteção da propriedade e das liberdades individuais), de terceira geração, através da política pública para o meio ambiente, e para direitos não-fundamentais, como, *v.g.*, políticas públicas financeiras.[196]

Por conseguinte, as políticas públicas não se constituem um em fenômeno estritamente ligado aos direitos fundamentais prestacionais, ainda que esteja com eles inquestionavelmente relacionado, mas pertinente a um Estado que pretende atuar sobre (ou perante) a Sociedade por múltiplas razões; em especial, para dar conta de finalidades constitucionalmente estabelecidas e legitimar-se enquanto aparelho de representação popular. Para satisfazer essas múltiplas finalidades, utiliza-se de vários mecanismos e perspectivas de conhecimento distintas.

Diversos ramos do conhecimento jurídico têm se voltado ao exame das políticas públicas, em especial, (i) o direito constitucional, voltado essencialmente ao seu controle judicial e os limites do ativismo judiciário na concretização dos direitos fundamentais; (ii) o direito ambiental, em rela-

[194] GRAU, Eros Roberto. **O Direito Posto e o Direito Pressuposto.** 8ª ed., São Paulo: Malheiros, 2011, p. 16.

[195] GRAU, Eros Roberto. **O Direito...**, p. 27.

[196] FONTE, Felipe de Mello. **Políticas Públicas...**, p. 52.

ção às políticas públicas de proteção ambiental; (iii) o direito financeiro, com relação às questões de custeio das políticas públicas, dentre outros. O direito administrativo, nos últimos anos, acolheu em seu âmbito, as políticas públicas como mecanismo de ação estatal. Nesse sentido, argumenta Maria Paula Dallari Bucci que o estudo das *políticas públicas* deve se dar no âmbito do Direito Administrativo justamente porque este é o âmbito do Direito que se ocupa do estudo da instituição estatal, na sua vertente executiva, enquanto o Direito Constitucional se volta antes à disposição dos Direitos Fundamentais e da organização do aparato estatal.[197]

Ainda nesse contexto, Odete Medauar explicita que "se a disciplina jurídica da Administração pública centraliza-se no direito administrativo e se a Administração integra a organização estatal, evidente que o modo de ser e atuar do Estado e seus valores repercutem na configuração dos conceitos e institutos desse ramo do direito".[198]

A crescente apreensão pelo direito administrativo dos caracteres que moldam as *políticas públicas*, entretanto, não significa a realização de uma "colonização" da política pelo direito, mas reflete a própria transformação do Estado[199] que, sob um paradigma estritamente formal, passa a estar erigido sobre uma racionalidade que lhe confere um substrato substancial, no qual as *políticas públicas* deixam, por conseguinte, de se situar exclusivamente no âmbito da deliberação política para receber intensa circunscrição jurídica, em especial da Constituição.[200]

[197] BUCCI, Maria Paula Dallari. **Direito Administrativo e Políticas Públicas.** São Paulo: Saraiva, 2002, p. 265.

[198] MEDAUAR, Odete. **O direito administrativo em evolução.** 2ª ed., São Paulo: Revista dos Tribunais, 2003, p. 77.

[199] A transformação do Estado a partir da Constituição e da Constituição a partir do Estado segue o que Maurizio Fioravanti descreve como sendo o duplo movimento da história do Direito Público Moderno: Dalla 'Constituzione' allo 'Stato' e dallo 'Stato' alla 'Constituzione'. In: FIORAVANTI, Maurizio. **Stato e Constituzione: Materiali per una Storia delle Dottrine Constituzionalli.** Torino: G. Giappichelli Editore, 1993. p. 04.

[200] Invariavelmente, de acordo com José Joaquim Gomes Canotilho, todas as Constituições pretendem, de uma forma ou de outra, conformar o político. As Constituições características do Estado Constitucional, denominadas como dirigentes, além disso, pretendem racionalizar a política, incorporando um elemento legitimador da política, que é o estabelecimento de metas e tarefas previstos no texto Constitucional. In: CANOTILHO, José Joaquim Gomes. **Constituição Dirigente e Vinculação do Legislador: Contributo para a Compreensão das Normas Constitucionais Programáticas.** 2. ed., Coimbra: Coimbra Editora, 2001. p. 28.

Como já visto, as próprias *políticas públicas* representam a modalidade de ação por excelência do atual modelo de Estado, denominado de Constitucional[201], que passa a estar diretamente vinculado ao atendimento de uma série de objetivos axiológicos, relacionados à progressiva promoção de determinados fins, como a superação das desigualdades materiais presentes na sociedade, a realização de uma justiça substancial e a salvaguarda da democracia,[202] que representam efetivas cláusulas de *transformação social*.

A ancoragem do Estado Constitucional a essas metas de caráter positivo, ao lado das proibições a ele impostas anteriormente, no entanto, resulta no alargamento das funções a serem desempenhadas pelo aparato estatal em face das atividades promovidas pelo Estado de Direito e, igualmente, exige a ampliação dos mecanismos de realização dos fins (*v.g.*: o emprego mais intenso da contratação pública como instrumento de governo) e dos seus instrumentos jurídicos de controle (*v.g.*: a gestão administrativa dos contratos públicos).

Eis uma das razões que explicam, de um lado, o recurso ao contrato público como mecanismo de realização de políticas públicas e, de outro, a necessidade posta à Administração de obter as *skills* necessárias para atuar como gestora destes contratos.

Sem embargo disso, o edifício do Direito Administrativo nacional, ainda que objeto de intensa renovação, permanece estruturado sob a formatação proveniente do ideário do Estado de Direito, que lhe deu origem, haja vista que se volta ao delineamento de uma Administração Pública, unitária e dotada de prerrogativas autoritárias, separada da *sociedade civil* e destinada à consecução de finalidades abstratas, como aquelas que se subsumem à monolítica fórmula do *interesse público* e que são buscadas, em geral, pela clássica figura do ato administrativo, unilateral, e seus mecanismos derivados.

201 COMPARATO, Fábio Konder. **Ensaio sobre o Juízo de Constitucionalidade das Políticas públicas.** In: Estudos em Homenagem a Geraldo Ataliba. Direito Administrativo e Constitucional. Celso Antônio Bandeira de Mello (org.) São Paulo: Malheiros, 1997. p. 351.

202 A indicação desses fins acabou por dar ensejo, como será adiante explicitado, ao Constitucionalismo contemporâneo, que se preocupa, além da realização desses fins, com a sua justificação e fundamentação, assim como com a sua compatibilidade com a democracia, cuja promoção e ampliação também representam um desses escopos. No Estado brasileiro, em um sentido geral, esses fins podem ser subsumidos ao disposto no preâmbulo, assim como no artigo 3° da Constituição Federal de 1988.

Denota-se, assim, que, no plano dos valores, o tradicional Direito Administrativo apresenta um relativo *descompasso* com o modelo jurídico do Estado Constitucional,[203] o qual estabelece objetivos passíveis de uma concretização maior que os fins estabelecidos pelo Estado de Direito e que devem ser perseguidos por esse Direito Administrativo. Para tanto, o Estado Constitucional também tem delineado as formas e os meios de alcance desses fins, que devem, portanto, ser objeto também dessa disciplina jurídica que se preocupa com a realização dos fins do Estado e que envolvem caracteres sócio jurídicos e políticos, como os contratos públicos e as políticas públicas.

Nessa linha, é plausível precisar que o marco temporal dessa transformação que erige tanto as *políticas públicas* quanto os *contratos públicos* como meios essenciais de atuação do Estado-governo,[204] em face da sociedade e que inaugura o Estado Constitucional, se põe, no Brasil, com a promulgação da Carta Constitucional de 1988, que representou a instauração de uma *nova ordem jurídica* nacional, voltada à busca da superação do quadro fático e institucional anterior, desigual e autoritário.

No Brasil, não se pode olvidar, ademais, que o termo *política pública* tem sido empregado para designar os sistemas legais que definem competências administrativas, estabelecem diretrizes, princípios e regras e, em alguns casos, atribuem metas e prognosticam resultados específicos,

[203] De acordo com Eros Roberto Grau, "o Direito Administrativo constituído pela nossa doutrina embalada pelo individualismo que, com marcas tão profundas, a caracteriza, é produto do liberalismo econômico do Estado no século XIX, ainda que sob a máscara do liberalismo político". E é por isso que, o autor afirma que "urge reconstruirmos o Direito Administrativo como regulação da ação do Estado voltada à satisfação do social e não apenas como conjunto de regras que regula as relações dos particulares com a autoridade administrativa", isto é, para ele, "impõe-se substituirmos o Direito Administrativo/defesa do indivíduo por outro, um Direito Administrativo/organização do Estado, que não apenas proteja o indivíduo, mas, ademais, esteja a serviço da satisfação do social". In: GRAU, Eros Roberto. **O Estado, a Liberdade e o Direito Administrativo.** In: Crítica Jurídica. Revista Latinoamericana de Política, Filosofia y Derecho. Número 21, Jul-dez/2002. p. 167.

[204] Toma-se Estado-governo, na acepção de Norberto Bobbio, Nicola Matteucci e Gianfranco Pasquino para os quais se pode definir Governo como o conjunto de pessoas que exercem o poder político e que determinam a orientação política de uma determinada sociedade". Ressaltam, além disso, os autores que é preciso "acrescentar que o poder de Governo, sendo habitualmente institucionalizado, sobretudo na sociedade moderna, está normalmente associado à noção de Estado". In: BOBBIO, Norberto; MATTEUCCI, Nicola; PASQUINO, Gianfranco. **Dicionário de Política.** Brasília: Editora UnB, 1998. p. 553.

por exemplo, as normas-gerais ou leis-quadro, instituidoras das políticas nacionais, normalmente inseridas no âmbito das competências administrativas comuns ou legislativas concorrentes previstas, respectivamente, nos artigos 23 e 24 da Constituição Federal de 1988.

No atual modelo constitucional brasileiro não há qualquer óbice à ação administrativa e a implementação destas políticas por meio dos contratos públicos. A Constituição Federal brasileira estabelece no artigo 21, nos incisos XI e XII que, entre o rol de competências da União, há a possibilidade de exploração, direta ou mediante autorização, concessão ou permissão, dos serviços de telecomunicações; dos serviços de radiodifusão sonora, e de sons e imagens; dos serviços e instalações de energia elétrica e o aproveitamento energético dos cursos de água, em articulação com os Estados onde se situam os potenciais hidroenergéticos; da navegação aérea, aeroespacial e a infraestrutura aeroportuária; dos serviços de transporte ferroviário e aquaviário entre portos brasileiros e fronteiras nacionais, ou que transponham os limites de Estado ou Território; dos serviços de transporte rodoviário interestadual e internacional de passageiros e dos portos marítimos, fluviais e lacustres.

Ademais, nos termos do artigo 175, da Constituição Federal, incumbe ao Poder Público, na forma da lei, diretamente ou sob regime de concessão ou permissão, sempre através de licitação, a prestação de serviços públicos. Vale dizer, as atividades estatais que se apresentam, atualmente, de forma mais evidente para o cidadão (e até como condição necessária para o exercício da cidadania) são, no Brasil, de responsabilidade estatal, mas passíveis, em mesma medida, de serem prestados ou explorados por agentes privados.

Em regra, a concessão, a permissão e a autorização para a prestação de serviços públicos, a edificação de infraestruturas e a exploração de determinadas atividades econômicas especialmente relevantes para a população é levada a efeito por meio da contratação pública. Daí que se torna inafastável a satisfação dos fins delineados pela Constituição pela Administração, em especial, os relacionados à promoção de direitos fundamentais, que poderão ser objeto de prossecução pública (como adiante destacado) via contratualização.

Sob a égide do liberalismo, o edifício estatal foi arquitetado sob os ideais de *inação* e da *não intervenção*, uma vez que, sob essa perspectiva, não competia ao Estado guiar a sociedade civil para a realização de fins comuns.

Nesse período, a primordial tarefa estatal consistia, de acordo com Fábio Konder Comparato, em propiciar, sob leis gerais, constantes e uniformes, condições de segurança – física e jurídica – à vida individual.[205]

Em oposição a isso, os Estados contemporâneos passaram a orientar a *Sociedade Civil* para a realização de fins e objetivos comuns e pré-determinados pela Constituição e a delinear os instrumentos e os meios mais adequados para o alcance desses escopos, cuja consecução passou a determinar a legitimidade do próprio Estado. À época do Estado liberal, a legitimação do aparato estatal competia, essencialmente, ao poder legislativo que, na qualidade de representante do povo, buscava dar expressão legal à soberania popular.[206]

Atualmente, contudo, a legitimidade estatal acaba por transcender a expressão legislativa da soberania popular e passa a repousar na satisfação progressiva das necessidades coletivas indicadas pela Constituição, a qual, a rigor, necessita ocorrer por meio da coordenação, promoção e da realização de *políticas públicas* voltadas a realizar essas finalidades.

Nesse diapasão, no Estado Constitucional, o papel da Administração Pública, que envolve as atividades do governo estatal, é ampliado, na medida em que a ela compete a concretização dos elementos normativos gerais e abstratos contidos no sistema jurídico, de modo que, para isso, ela deve promover a implementação de uma multiplicidade de ações e programas das mais diversas modalidades e um dos caminhos atuais que permitem essa realização é a via dos contratos públicos.

A contratação pública, por conseguinte, pode ser empregada para a satisfação dos direitos fundamentais, na medida em que ela veicule políticas públicas e essas políticas públicas, em sentido amplo, constituem como um meio perfeitamente adequado para a prossecução dos direitos fundamentais.

A rigor, há a possibilidade de se aplicar tanto um conceito amplo quanto uma noção restrita às políticas públicas. Na medida em que se passa a aplicar um conceito amplo às *políticas públicas*, como sendo um imprescindível mecanismo de ação estatal com vistas à realização dos direitos sociais, econômicos e culturais, e infraestruturas públicas significa tomá-las como um

[205] COMPARATO, Fábio Konder. **Ensaio sobre o Juízo de Constitucionalidade das Políticas públicas.** In: Estudos em Homenagem a Geraldo Ataliba. Direito Administrativo e Constitucional. Celso Antônio Bandeira de Mello (org.) São Paulo: Malheiros, 1997, p. 351.

[206] COMPARATO, Fábio Konder. **Ensaio**..., p. 351.

veículo privilegiado de realização desses escopos e direitos, tendo em vista serem eles os fins estabelecidos constitucionalmente para a Administração.

Em sentido oposto, porém, visualizando-se as *políticas públicas* como apenas mais uma das modalidades de ação do Estado em razão da dificuldade de sua caracterização por sua natureza jurídico-política, está-se a mitigar a importância de um instrumento de realização, *v.g.*, dos direitos fundamentais, o que não se pode prescindir em face da realidade atual, em que não é difícil constatar que o Brasil é hoje um país mais injusto e desigual[207] do que pobre e, por conseguinte, extremamente dependente de políticas garantidas pelo Estado (até como meio de sua legitimação) para a superação desse nefasto quadro social.[208]

Ampliando-se, pois, as *políticas públicas* como o mecanismo por excelência de ação estatal, estar-se-á divulgando um discurso jurídico de efetivação das normas constitucionais, em especial dos direitos fundamentais, haja vista que eles terão um meio adequado e abrangente para serem realizados. Isso porque, consoante explicita Maria Paula Dallari Bucci, "adotar a concepção das *políticas públicas* em direito consiste em aceitar um grau maior de interpenetração entre as esferas jurídica e política ou, em outras palavras, assumir a comunicação que há entre os dois subsistemas, reconhecendo e tornando públicos os processos dessa comunicação na estrutura burocrática do poder, Estado e Administração Pública".[209]

E, consoante explicita a autora supracitada isso ocorre "seja atribuindo-se ao direito critérios de qualificação jurídica das decisões políticas, seja adotando-se no direito uma postura crescentemente substantiva e, portanto, mais informada por elementos da política".[210]

Nesse contexto, se o Estado Constitucional significa a refundação de uma ordem constitucional pautada na supremacia da Constituição, na força normativa vinculante dos princípios e dos Direitos Fundamentais

[207] Até os anos 2000, os 10% mais ricos detinham 49,7% da renda nacional e os 5% mais ricos, 35,5%. Ainda que a desigualdade tenha reduzido nos últimos anos no Brasil, o país permanece profundamente desigual. Cfr.: PAES DE BARROS, Ricardo; HENRIQUES, Ricardo; MENDONÇA, Rosane. **Desigualdade e Pobreza no Brasil: Retrato de uma Estabilidade Inaceitável.** In: *Revista Brasileira de Ciências Sociais.* Vol. 15. Nº 42. Fevereiro de 2000, p. 141.

[208] Cfr.: BERCOVICI, Gilberto. **Desigualdades regionais, Estado e Constituição.** São Paulo: Max Limonad, 2003, p. 33.

[209] BUCCI, Maria Paula Dallari. **Direito administrativo e políticas públicas**. São Paulo: Saraiva, 2002. p. 241-242.

[210] BUCCI, Maria Paula Dallari. **Direito...**, p. 241-242.

e na consolidação de um Estado como instrumento de efetivação de um modelo substancial de justiça, pautado pelas normas constitucionais, é necessária a formação de estruturas capazes de efetivamente concretizar essa nova ordem. E essa estrutura deve englobar uma atuação do Estado e uma plena e conjugada participação da sociedade civil.[211] Aí o recurso ao contrato para veicular políticas públicas (como será objeto de fundamentação no capítulo III, a seguir) é essencial para que haja a adequada interação público-privada.

A ação estatal, que congrega a participação popular na tomada de decisão política, recebeu ampla referência na Carta Constitucional de 1988, que buscou promover uma descentralização do Poder Público e a promoção de uma regulação social das políticas, com o escopo de possibilitar uma efetiva interação entre a sociedade civil e o Poder Público, tanto no sentido da cooperação quanto no planejamento, no monitoramento e na avaliação das *políticas públicas*.[212] O recurso ao contrato, como meio de prossecução de direitos fundamentais, mostra-se adequado para a promoção dessa interação entre Estado e Sociedade, entre público e privado.

As *políticas públicas*, nessa linha, inclusive quando veiculadas por contratos públicos, apresentam-se como um mecanismo efetivo de gestão pública.

Na atualidade, porém, as *políticas públicas*, ainda que utilizadas como um dos principais instrumentos da ação estatal, não são realizadas de forma convergente, integrada e articulada a fim de realizar os Direitos Fundamentais, as infraestruturas públicas e os objetivos da República. E isso não apenas porque há uma pluralidade de formas de *políticas públicas*, desde

[211] Argumenta Gustavo Henrique Justino de Oliveira que "importa ao Estado contemporâneo reforçar os vínculos com a sociedade civil, habilitando a organização administrativa para bem corresponder ao desafio de potencializar os efeitos positivos que a experiência com instrumentos participativos pode acarretar no desenvolvimento das ações estatais". In: OLIVEIRA. **Participação administrativa.** *A&C Revista de Direito Administrativo e Constitucional*, p. 191. Cf. SCHIER, Adriana da Costa Ricardo. **A Participação Popular na Administração Pública: o direito de reclamação.** Rio de Janeiro: Renovar, 2002.

[212] Nesse tocante é de se ressaltar que a política pública enquanto programa de ação governamental traduz-se no conjunto de atividades estatais compreendendo, desta forma, normas e atos, caracterizando-se como um "programa de ação governamental" visando à concretização dos direitos econômicos, sociais e culturais. In: COMPARATO. **O Ministério Público na defesa dos direitos econômicos, sociais e culturais.** In: CUNHA, Sérgio Sérvulo da; GRAU, Eros Roberto (Org.). *Estudos de direito constitucional*: em homenagem a José Afonso da Silva. Contudo a referida análise far-se-á principalmente no campo dos direitos prestacionais (sociais) dispostos no texto constitucional.

políticas distributivas, políticas redistributivas, políticas regulatórias e políticas constitutivas, mas porque é necessária uma alteração no padrão das *políticas públicas*, que precisam atuar de forma mais agregada e unificada, com vistas a promover o desenvolvimento social. Fábio Konder Comparato, nessa toada, sustenta que "(...) uma das grandes insuficiências da Teoria dos Direitos Humanos é o fato de não se haver ainda percebido que o objeto dos direitos econômicos, sociais e culturais é sempre uma *política pública*".[213]

No Brasil há uma série de carências universalizadas relativas a direitos econômicos, sociais e culturais que não podem ser resolvidas e combatidas tão-somente por políticas setoriais, focalizadas,[214] ao contrário, devem as *políticas públicas* ser tratadas de forma congruente, universal[215] e articuladas e, porque não, entendidas como resultantes da contratação pública no contexto do *governo por contrato(s)*.

As referidas políticas visando à realização de finalidades gerais, como o desenvolvimento, passaram, no Brasil, a ser objeto concreto de estudo a partir da década de 70. Com base em estudos levados a efeito no campo da ciência política, inicia-se um estudo no que tange ao processo de "fazer *política pública*" a partir das variáveis existentes, construindo-se modelos explicativos para a criação de *política pública*, com peculiar enfoque na sua formulação e posterior implementação.[216]

Impõem-se, logo, o planejamento e a execução de *políticas públicas* sociais, jurídicas e politicamente bem articuladas, para o fim da satisfação dos direitos econômicos, sociais e culturais, assim como do desenvol-

[213] COMPARATO. **O Ministério Público na defesa dos direitos econômicos, sociais e culturais.** In: CUNHA, Sérgio Sérvulo da; GRAU, Eros Roberto (Org.). *Estudos de direito constitucional em homenagem a José Afonso da Silva*, p. 249.

[214] BREUS, Thiago Lima. **Políticas Públicas...**, p. 217 e seguintes.

[215] Sobre a questão da universalização de direitos, ver: FARACO, Alexandre Ditzel; PEREIRA NETO, Caio Mário da SILVA; COUTINHO, Diogo Rosenthal. **Universalização das Telecomunicações nos Brasil.** In: Revista de Direito Público da Economia – RDPE. Ano 1, nº 1, jan. /fev. /mar. 2003. Belo Horizonte: Fórum, 2003, p. 09 e seguintes.

[216] Ana Luiza Vianna divide as políticas em elaboração da agenda, especificação das alternativas, escolha de uma delas e, implementação da decisão. Assim dois são os fatores que interferem na construção da agenda governamental: "os participantes ativos e os processos pelos quais algumas alternativas e alguns itens se tornam proeminentes. In: VIANNA, Ana Luiza. **Abordagens metodológicas em políticas públicas.** *RAP – Revista de Administração Pública*, p. 6-8.

vimento.[217] Por fim, pode-se destacar que a própria contratualização da Administração pode ser considerada uma política pública abrangente, buscando uma consensualização e interpenetração entre as espacialidades pública e privada voltada à satisfação de direitos, necessidades e/ou interesses públicos.

### 1.10. A Título de Conclusão Parcial: A Possibilidade de Implementação de Políticas Públicas por Meio de Contratos Públicos

No Brasil, desde a década de 90 (noventa) do século passado, incontáveis políticas públicas de longo prazo são veiculadas por meio de contratos públicos. Desde instalações públicas (centros e conglomerados administrativos, hospitais e penitenciárias); passando por obras públicas (aeroportos, rodovias, estádios) e serviços públicos (energia, saneamento, coleta e tratamento de resíduos sólidos *etc.*) são objeto de prossecução por meio da contratação pública.

Atualmente, denota-se a presença de contratos públicos em qualquer ação estatal – de todas as esferas federativas – voltada a propiciar alguma utilidade ou satisfazer direito, necessidade e/ou interesse de caráter público.

Nos exemplos acima, os contratos públicos alicerçam um feixe de relações jurídicas entabuladas entre a Administração Pública, o contratado privado, os usuários do serviço e os cidadãos. Em razão das obras, serviços e políticas públicas acima demandarem elevadíssimos investimentos, o prazo contratual precisa ser extenso o suficiente para permitir o retorno (lucrativo) dos aportes realizados pelos agentes privados, de modo que a duração destes contratos supera, facilmente, a duração dos mandatos dos agentes políticos.

[217] Segundo Gilberto Bercovici, "é necessária uma política deliberada de desenvolvimento, em que se garanta tanto o desenvolvimento econômico como o social, que, apesar de interdependentes, não há um sem o outro. O desenvolvimento só pode ocorrer com a transformação das estruturas sociais, o que faz com que o Estado desenvolvimentista deva ser um Estado mais capacitado e estruturado do que o Estado Social tradicional". In: BERCOVICI, Gilberto. **Constituição econômica e desenvolvimento: uma leitura a partir da Constituição de 1988**, p. 67.

No Brasil, os contratos de concessão têm duração mínima de 15 e máxima de 35 anos, o que, no prazo máximo, corresponde a quase 9 (nove) mandatos seguidos de agentes políticos.[218]

Vislumbra-se, portanto, que a previsão e a implementação de políticas públicas por meio de contratos têm o condão de torná-las perenes, vale dizer, é possível que as escolhas em matérias de políticas públicas econômicas e sociais transcendam a temporalidade política e orçamentária. No atual panorama, um determinado agente político pode entabular uma política pública para determinado setor, contratualizá-la, isto é, delegar a execução da tarefa a particulares e, mesmo com o seu mandato encerrado, as suas concepções, os efeitos da política públicas e as consequências contratuais – boas ou más – permanecerão por longo tempo.[219]

Ainda mais porque a amplitude e a abrangência das modificações (a mutabilidade) nos contratos de longa duração, em especial, nas concessões e nas parcerias público-privadas ainda é, ainda, em certa medida, controvertida. No caso brasileiro, basta lembrar as polêmicas em torno das concessões rodoviárias que, a cada mudança de governo e, por conseguinte, de titular do exercício do poder concedente, há o anseio (nem sempre justificado por motivo público hábil a tal) pela realização de alterações (muitas vezes substanciais e ao completo arrepio do contrato) no escopo da relação jurídica.

Na experiência internacional, mostra-se interesse examinar as concepções diversas a propósito das possíveis alterações, ao longo do tempo, das políticas públicas contidas nos contratos de longa duração.

Historicamente, o primeiro caso paradigmático que retrata a modificação de um contrato de concessão (e por consequência, da política pública nele contida) é o contido no julgado do Conselho de Estado francês que, em 1910, julgou recurso relativo à Companhia Geral de Trens de Marselha.

No Aresto, o Conselho de Estado decidiu que a decisão do prefeito de *Bouches-du-Rhône* que havia, no curso da execução do contrato de concessão, fixado unilateralmente o horário de verão dos trens, em contrariedade ao contrato, deveria ser mantida, porquanto atendia requisitos de segurança e de comodidade dos passageiros, além de buscar assegurar,

[218] MOREIRA, Egon Bockmann. **O Contrato Administrativo como Instrumento de Governo.** In: Pedro Gonçalves (Coord.) *Estudos de Contratação Pública*. Vol. IV. Coimbra: Coimbra editora, 2010, p. 13.

[219] MOREIRA, Egon Bockmann. **O Contrato Administrativo...**, p.14.

no interesse do público, o funcionamento normal do serviço. A par disso, o *Conseil d'Etat* reconheceu que a companhia de trens poderia apresentar um pedido de indenização, como reparação dos prejuízos decorrentes da decisão unilateral.[220]

Em sentido diverso do caso francês, informa Tiago Duarte que o Tribunal de Contas português, em 2010, decidiu por "recusar visto prévio" – no sistema de jurisdição de contas lusitano, por ser considerado uma declaração de nulidade – a uma prorrogação contratual relativa ao recolhimento e transporte de resíduos sólidos da região de Sintra. Entendeu o Tribunal que, apesar do investimento realizado pelo contratado em razão da celebração do termo aditivo, não poderia haver a continuidade da prestação do serviço público por ele sob pena de violação do princípio da concorrência.[221]

Para além do debate entre a possibilidade de modificação da política pública e, por conseguinte do contrato de longa duração a partir do contratante ou do contratado, no contexto do *governo por contrato(s)* emerge a possibilidade dos usuários e da própria população, como destinatários da utilidade pública, de pleitear a adequação da política pública contratualizada. Como exemplo, cita-se a articulação da sociedade civil portuguesa que, em sentido contrário aos desígnios do ente público e dos particulares contratados, buscou intervir no contrato da obra do metrô de superfície do Rio Mondego, que contempla a região das cidades de Coimbra e Lousã, a qual, prevista inicialmente para durar 3 (três) anos, passados 15 (quinze) do início da obra, ainda não fora concluída.[222]

Não há dúvida de que a concepção e o planejamento de políticas públicas envolve a participação da sociedade civil. O mesmo se aplica à concepção dos contratos, os quais, de meras ferramentas de gestão para a obtenção de utilidades e necessidades internas, assumem papel primordial no exercício da função pública administrativa, em especial como interconexão das espacialidades pública e privada. A realização de audiências públicas, de mecanismos de consulta popular e de revisão social do contrato se apresentam como mecanismos adequados para a adequada realização

[220] DUARTE, Tiago. **Os Eléctricos de Marselha não chegaram a Sintra: O Tribunal de Contas e os Limites à Modificação dos Contratos.** In: Revista de Contratos Públicos.Coimbra: Cedipre, ano 1, nº 3, set. 2011/dez. 2011, p. 28.

[221] DUARTE, Tiago. **Os Eléctricos...**, p. 29 e seguintes.

[222] ENCARNAÇÃO, Carlos; REBELO, João. **Como não decidir uma obra pública: um metro da razão ao erro.** Coimbra: Almedina, 2012.

de políticas públicas de longa duração e funcionar como instrumento de boa governança pública.

O exame dessa estrutura contratual que pode servir como instrumento de governo e como política pública de longa duração será levado a efeito no próximo capítulo.

# Capítulo 2 – Os Contratos do Governo: A Modelagem da Contratação Administrativa a partir da Autonomia Pública sob a "Lógica da Função" e a "Lógica do Contrato".

> *"A guerra é anterior ao comércio; porque a guerra e o comércio não são mais que dois meios diferentes de atingir o mesmo fim, o de possuir o que se deseja. O comércio não é mais do que uma homenagem prestada à força do possuidor pelo aspirante à posse. É uma tentativa de obter por acordo o que não se espera conquistar pela violência. Um homem que fosse sempre o mais forte nunca teria a ideia do comércio. É a experiência que, mostrando-lhe que a guerra, isto é, o emprego da sua força contra a força de outrem, o expõe a diversas resistências e bloqueios, o leva a recorrer ao comércio, isto é, a um meio mais suave e mais certo de alguém conseguir levar outrem a consentir naquilo que convém ao seu interesse. A guerra é a impulsão, o comércio é o cálculo. Mas por isso mesmo, é necessário que*

> *chegue uma época em que o comércio substitui a guerra. Nós chegamos a essa época".*[223]

Nos últimos anos, consoante explicitado anteriormente, o contrato público-administrativo foi alçado a um dos principais mecanismos de ação estatal para a prossecução das finalidades atribuídas aos entes públicos, a ponto de contribuir para a denominação deste próprio (e novo) modelo de gestão administrativa: *o governo por contrato(s)*. De engrenagem, em geral, destinada para o suprimento de bens e serviços à Administração, passou a contratação pública a funcionar como mecanismo direto de satisfação das finalidades atribuídas à gestão pública.

Há pouquíssimo tempo, entretanto, conforme revela a história do contrato público-administrativo, era corriqueiro o questionamento a propósito da sua própria existência.[224]

Sob o argumento de que a Administração (i) não era portadora de vontade própria, pois visava tão-só ao interesse público abstrato e (ii) não poderia figurar como mera parte contratual, sob pena de violação da soberania estatal, as relações por ela celebradas com os particulares não eram apreendidas como contratos *stricto sensu*, mas como atos jurídicos bilaterais, porquanto a liberdade de contratar e a igualdade de partes, elementos essenciais para a configuração estrutural de um contrato *stricto sensu* sob o paradigma tradicional, não se faziam presentes na configuração deste plano de acerto bilateral entre a Administração e o particular.

Com as progressivas previsões legais que passaram a autorizar os Estados a firmar contratos com os agentes privados na forma da legislação civil, emergiu a categoria dos chamados contratos da administração, que se opunham aos denominados atos administrativos bilaterais, os quais passaram, posteriormente, a serem aceitos como contratos administrativos.[225]

De partida, é possível se sustentar que a utilização da via contratual pela Administração perpassa, inicialmente, pelas hipóteses em que ela necessitava de bens e serviços para o exercício de suas atividades e não poderia

[223] CONSTANT, Benjamin. **Da liberdade dos antigos comparada à dos modernos. In: Textos Escolhidos de Benjamin Co**nstant. São Paulo: Edição Saraiva, 1982, p. 03.

[224] Cfr.: ESTORNINHO, Maria João. ***Requiem*** **pelo Contrato Administrativo.** Coimbra: Almedina, 2003, p. 21 e seguintes.

[225] Cfr.: ESTORNINHO, Maria João. ***Requiem...***, p. 21 e seguintes.

mais – como fazia, em geral, no antigo regime – exigi-los compulsória e coercitivamente das pessoas privadas.

Ademais, nas situações em que o Estado não se dispõe a executar diretamente prestações, no caso do fornecimento de utilidades públicas, por exemplo, não resta alternativa senão contar com a colaboração dos particulares, por meio de contratos. Há também hipóteses nas quais a Administração detêm condições de desempenhar atividades por sua conta, entretanto, contrata a execução da tarefa por razões de economia de escala[226], de eficiência e até por razões políticas e/ou de mercado.[227]

Tais fatos gradualmente contribuíram para a aceitação da atividade contratual da Administração. Atualmente, porém, diante inequívoca incorporação destes contratos na atividade administrativa, a contenda teórica a propósito da sua inserção como categoria do direito administrativo não precisa ser mais aprofundada.[228] Trata-se de um dado fático. Simplesmente, os contratos administrativos adquiriram caracteres próprios e se moldaram à natureza do Direito do Estado.

Historicamente, na medida em que se passou a compreender que a categoria contrato não é mais pertencente exclusivamente ao direito privado ou qualquer outra ramificação didática do conhecimento jurídico, mas que se trata, a rigor, de um instituto jurídico, foram sendo entabulados diversos critérios capazes de distinguir os contratos público-administrativos dos demais contratos. Ao revestir o contrato, instituto jurídico, de certas características peculiares, haveria a conformação do contrato público-administrativo.[229]

[226] Sobre a aplicação da ideia de economia de escala na contratação pública, ver: SILVA, Ângelo Henrique Lopes da. **Economia de escala nas compras governamentais.** In: In: *Revista de Direito Público da Economia – RDPE*. Belo Horizonte, ano 08, nº 30, abr. / jun. 2010, p. 09 e seguintes.

[227] REISDORFER, Guilherme F. Dias. **Contratos administrativos – Considerações sobre o regime contratual administrativo e a aplicação das competências exorbitantes**. In: *Revista de Contratos Públicos – RCP*, Belo Horizonte, ano 4, n. 6, set. 2014/fev. 2015, p. 99.

[228] De acordo com Romeu Felipe Bacellar Filho "o contrato é uma categoria jurídica que não pertence nem ao direito privado, nem ao direito público, com caráter de exclusividade. Insere-se no direito e como tal deve ser estudado". BACELLAR FILHO, Romeu Felipe. **Contrato Administrativo**. In: *Direito Administrativo Contemporâneo: Estudos em memória ao Professor Manoel de Oliveira Franco Sobrinho*. Romeu Felipe Bacellar Filho (coord.), Belo Horizonte: Fórum, 2011, p. 279.

[229] Tradicionalmente, é possível sumariar os elementos distintivos dos contratos administrativos como sendo: (i) a presença das chamadas cláusulas exorbitantes; (ii) a inexistência da

Os contratos público-administrativos se constituiriam inicialmente, nesse passo, como espécies do gênero contrato bilateral, tendo por objeto, *v.g.*, o fornecimento de bens, a prestação de serviços e a execução de uma obra por um particular *etc.* A formação do vínculo decorreria do atendimento de determinados requisitos específicos (dotação orçamentária, autorização específica, licitação, dentre outros), limitadores da margem de liberdade da administração para contratar.

A expressão *os contratos do governo*, como sugere o título desde capítulo, representa, portanto, o reconhecimento da autonomia da figura contratual no seio da Administração, assim como a *amplitude* dos modelos contratuais utilizados e a *abrangência* de áreas às quais são empregadas estas avenças.

Assim sendo, constituem objeto deste capítulo (i) o exame da nomenclatura atualmente empregada; (ii) o modo contemporâneo de formalização dos contratos público-administrativos; (iii) as repercussões decorrentes da pouca receptividade inicial da figura contratual pelo Direito Administrativo; (iv) a análise das lógicas subjacentes às funções destes contratos; (v) o grau de autonomia (autonomia pública contratual) de que dispõe a Administração para a celebração destes contratos e (vi) a sua plurissignificação contemporânea no contexto do direito administrativo.

## 2.1. Do Substantivo Contrato

A etimologia da expressão *contrato*, em língua portuguesa, assim como dos demais idiomas latinos, advém da composição de dois elementos. O prefixo "*com*", diz respeito às ideias de "*junto de*", de "*estar próximo*", por sua vez, o radical "*tractus*" significa tanto a "*ação de arrastar*", quanto *confiança, fidelidade, sinceridade*. O radical latino "tractus", apresenta cognatos nos idiomas germânico e saxônico, respectivamente *trauen* e *vertrauen* e *true* e *trust.*[230]

Nessa perspectiva, a noção de contrato pode ser tomada como uma forma de *arrastamento simultâneo*, baseado na *confiança recíproca*. De acordo com José Cretella Júnior, significa uma situação "*(...) que impele duas vonta-*

liberdade de contratar, tampouco (iii) a autonomia da vontade propriamente, pois a finalidade pública vincularia o agir da administração contratante.

[230] SILVA, Jorge Andrade. **Dicionário dos Contratos Públicos.** Coimbra: Almedina, 2010, p. 134.

*des, oriundas de pontos diferentes, caminhando para o mesmo objetivo, atingindo-o, cruzando-se afinal, e partindo, novamente, em direções opostas"*.[231]

Por conseguinte, por sua própria etimologia, o contrato, independentemente de sua adjetivação, pressupõe a confiança recíproca, a observância aos valores de lealdade e de compartilhamento de ideais.

## 2.1. A Distinção entre Ato Administrativo e Contrato Público: a Vontade entre os Planos da Validade e da Existência

A compreensão do conteúdo do contrato público pressupõe a sua prévia distinção em relação ao instrumento técnico-jurídico tradicional de ação pública, o ato administrativo. Para tanto, é possível se afirmar que o critério de distinção entre o ato e o contrato depende do grau de colaboração do particular na estrutura do instrumento de atuação pública. Se, no plano estrutural, a manifestação da vontade do particular surgir como requisito de existência, estar-se-á diante de um contrato.[232]

De outro lado, se a manifestação da vontade do particular apenas constituir um requisito de *validade*, no caso de atos dependentes de requerimento do interessado ou de *eficácia*, na hipótese de atos sujeitos ao consentimento, está-se diante de um ato administrativo.

É no plano estrutural, portanto, que a distinção entre ato e contrato administrativo se apresenta mais persuasiva.[233] Em princípio, no contrato, as vontades são iguais como requisito de existência. No ato, são desiguais porque o poder constitutivo apenas assiste à vontade da Administração, uma vez que a vontade do particular funciona como "uma virtualidade integrativa da vontade constitutiva da Administração".[234]

Nesse passo, é adequado sustentar que a natureza pública do contrato advém da virtualidade que este possui de criar, modificar ou extinguir relações jurídicas de direito público,[235] nas quais os direitos e interesses

231 CRETELLA Júnior, José. **Tratado de Direito Administrativo: Teoria do Contrato Administrativo.** Volume III. 2ª ed., São Paulo: Forense, 2003, p. 11.

232 SÉRVULO CORREIA, José Manuel. **Legalidade...,** p. 350.

233 KIRKBY, Mark Bobela-Mota. **Contratos sobre o exercício de poderes públicos: O exercício contratualizado do poder administrativo de decisão unilateral**. Coimbra: Coimbra, 2011, p. 41.

234 SÉRVULO CORREIA, José Manuel. **Legalidade...,** p. 350.

235 SÉRVULO CORREIA, José Manuel. **Legalidade...,** p. 362.

de ambas as partes, contratante e contratado, emergem em análogo grau, formalizando uma relação jurídica administrativa.[236]

Assim sendo, é possível se aludir à superação da visão clássica do contrato público, que a compreende como "o acordo que tem como efeito principal (senão exclusivo) submeter o particular à vontade do Estado numa relação de subordinação especial: o particular obriga-se a cooperar com o Estado em tudo quanto seja necessário para a realização de um certo interesse público, sujeitando-se às ordens que para esse efeito receba, e o Estado em troca promete-lhe apoio, proteção jurídica e, normalmente, remuneração".[237]

Em primeiro lugar, porque o contrato público tem o condão de criar, modificar ou extinguir relações *inter* ou *intra* administrativas. Em segundo lugar, porque o critério definidor do contrato não diz respeito exclusivamente aos polos da relação, mas também em relação ao objeto contido no contrato.

## 2.2. A Noção Usual de Contrato e a sua Adjetivação Contemporânea: Público, Privado ou Administrativo e a Necessidade de Adoção do Regime Jurídico mais Apropriado para o Alcance dos Objetivos Administrativos Fundamentais

Em princípio, a ideia de contrato é abstrata, genérica e corresponde a uma figura jurídica que, em sentido estrito, constitui um acordo de vontades (*negócio jurídico bilateral ou plurilateral*) com aptidão para produzir obrigações e sujeitar as partes à observância de condutas idôneas à satisfação dos interesses que regularam. Esta ideia, de fundamento *jus privatístico* encontra-se atualmente em vários ramos do direito, tais como civil, empresarial, administrativo, do trabalho *etc.*[238]

As instituições jurídicas são comuns aos diversos ramos do direito e, nessa perspectiva, é possível sustentar a superação das concepções que designam as figuras específicas do direito privado ou do direito público. A responsabilidade, o direito subjetivo, os contratos são categorias aplicá-

[236] PEREIRA DA SILVA, Vasco. **Em Busca do Acto Administrativo Perdido.** Coimbra: Almedina, 1998, p. 149 e seguintes.

[237] CAETANO, Marcello. **Manual de Direito Administrativo**. Vol. I. Coimbra: Almedina, 1980, p. 576.

[238] GOMES, Orlando. **Contratos.** 9ª ed., Rio de Janeiro: Forense, 1983, p. 04.

veis a todos os ramos. A essência dessas instituições é a mesma, ainda que com modulações substanciais e específicas em cada vertente do conhecimento jurídico.

Deste modo, o contrato, como gênero, não é disciplinado em sentido estrito pelo direito privado; não sendo, portanto, possível considerá-lo mais como instituição específica deste âmbito do conhecimento jurídico. O contrato é uma categoria jurídica que pode ser adjetivada de público, ou administrativo, quando se apresentam, em seu âmbito, certas mediações e modulações que têm o condão de lhe dar certas especificidades aptas a transformá-lo numa espécie do gênero, isto é, por suas características, ele passa a ter uma identidade própria.

As características que, em tese, delimitariam o contrato público, porém, provocaram intermináveis debates no âmbito do direito administrativo.[239]Na esfera do Direito Administrativo brasileiro, desde longa data, com o objetivo de se delimitar o conceito de contrato próprio deste ramo do direito, consolidou-se o entendimento de que os contratos firmados pela Administração Pública poderiam ser distinguidos entre os contratos administrativos (sob regime de Direito Público) e os contratos da Administração (regido por normas de Direito Privado).[240]

Os primeiros são os contratos administrativos propriamente ditos, com a previsão de cláusulas exorbitantes, poderes extraordinários da Administração, possibilidade de rescisão unilateral, encampação *etc.* Por sua vez, os contratos da Administração seriam aqueles firmados pela Administração Pública conforme o regime "comum" do direito privado, sem qualquer das cláusulas, disposições e prerrogativas peculiares dos contratos administrativos, por exemplo, os contratos de locação de imóveis destinado à instalação da Administração e de seguro.[241] Nessa perspectiva, existiriam

[239] Sobre o tema, vide: ESTORNINHO, Maria João. ***Requiem* pelo Contrato Administrativo.** Coimbra: Almedina, 2003, p. 21 e seguintes.

[240] Argumenta Vitor Rhein Schirato que a doutrina brasileira a propósito dos contratos administrativos acostumou-se como uma distinção que muito diz e que pouco explica, a distinção entre contratos administrativos e contratos da Administração. Segundo o autor, "trata-se de mais uma verdade absoluta do direito administrativo brasileiro, destinada a trazer solução para problemas criados pela teoria, que são insolúveis na prática, a partir da aplicação dessa mesma teoria, por mais paradoxal que possa parecer". SCHIRATO, Vitor Rhein. **Contratos administrativos e contratos da Administração Pública: pertinência da diferenciação?** In: Revista de Contratos Públicos – RCP, Belo Horizonte, ano 2, n. 2, set. 2012/fev. 2013, p. 177.

[241] SCHIRATO, Vitor Rhein. ***Contratos...***, p. 178 e seguintes.

dois tipos de contratos firmados pela Administração: os contratos administrativos propriamente ditos e os contratos parcialmente regidos pelo direito privado (Contratos da Administração).

Os regimes contratuais seriam diferenciados entre si a partir dos "poderes especiais" de que a Administração disporia, pois que os contratos administrativos propriamente ditos restariam caracterizados pela existência das chamadas cláusulas exorbitantes. Conforme Maria Sylvia Zanella Di Pietro, "quando a Administração celebra contratos administrativos, as cláusulas exorbitantes existem implicitamente, ainda que não expressamente previstas; elas são indispensáveis para assegurar a posição de supremacia do Poder Público sobre o contratado e a prevalência do interesse público sobre o particular".[242]

Por outro lado, em conformidade com a autora supracitada "quando a Administração celebra contratos de direito privado, [...] excepcionalmente algumas cláusulas exorbitantes podem constar, mas elas não resultam implicitamente do contrato; elas têm que ser expressamente previstas, com base em lei que derrogue o direito comum".[243]

Em consonância com a concepção acima, adotada em grande parte dos estudos brasileiros de contratação pública, destaca Guilherme Dias Reisdorfer que (i) os contratos administrativos seriam caracterizados por uma relação vertical entre os contratantes, operacionalizada por competências extraordinárias estabelecidas pelo Poder Público tanto sobre o contrato, quanto sobre o particular contratado; (ii) essas competências seriam inerentes ao contrato, de modo que nem mesmo precisariam estar expressas no instrumento contratual — constituiriam *poderes implícitos* aplicáveis à avença; (iii) a aplicação de tais competências corresponderia a um critério de classificação dos contratos da Administração Pública, pois parte das avenças (tidas como regidas pelo direito privado) em princípio seria alheia à aplicação de tais competências; e, (iv) ainda assim, essas mesmas competências poderiam surgir nos contratos da Administração regidos pelo direito privado, desde que neles expressamente previstas.[244]

Diante desse quadro, surgem as seguintes questões: (i) A existência de cláusulas exorbitantes seria "natural" ou "intrínseca" aos contratos

[242] DI PIETRO, Maria Sylvia Zanella. **Direito administrativo.** 21ª ed., São Paulo: Atlas, 2008, p.243.

[243] DI PIETRO, Maria Sylvia Zanella. **Direito...**, p.243.

[244] REISDORFER, Guilherme F. Dias. **Contratos...**, p. 104-105.

administrativos (ou a parte deles) e, nessa medida, elas serviriam como critério de diferenciação de regimes contratuais? E, a incidência dessas competências seria automática ou dependeria de intermediação legal e administrativa?[245]

Diferentemente da doutrina, que estabelece alguns critérios – nem sempre precisos – para diferenciar as figuras, a legislação não oferece, inequivocamente, elementos hábeis a diferenciá-los, exceto a indicação do rol exemplificativo dos contratos celebrados pela Administração, que deteriam caráter privado. Nos termos do art. 62, §3º, I, Lei nº 8.666/93, são assim denominados os contratos de seguro, de financiamento, de locação em que o Poder Público seja locatário.[246]

De maneira colidente, o artigo 62, § 3º, da mesma lei, estabelece que a esses contratos (de caráter privado), são aplicáveis as competências extraordinárias da Administração. Isto é, mesmo nos contratos disciplinados "predominantemente, por norma de direito privado", há a incidência expressa das chamadas cláusulas exorbitantes, próprias do outro regime contratual, que é o do contrato administrativo, em sentido estrito.

Por outro lado, o artigo 54, da Lei nº 8.666/93 dispõe que são aplicáveis aos contratos administrativos "(...) supletivamente, os princípios da teoria geral dos contratos e as disposições de direito privado". Resta inequívoca, portanto, à luz desse dispositivo, a autorização legal para aplicação supletiva de normas de direito privado aos contratos administrativos em geral.

No Brasil, a Lei Geral de Licitações e Contratos, portanto, ao invés de estabelecer uma diferenciação entre esses contratos, conjuga mutualmente ambos os regimes jurídicos, utilizando-se de características e peculiaridades de um em outro e vice-versa.

Portanto, o que a doutrina se habituou a estabelecer como critério de distinção entre contratos administrativos e contratos da Administração, é critério que a lei estabelece como aplicável a ambos.

Veja-se que tais disposições são repetidas por outras normas aplicáveis. A Lei nº 12.462/11 (Regime Diferenciado de Contratações Públicas)

245 Sobre a evolução das figuras contratuais no Direito brasileiro, ver: MENEZES DE ALMEIDA, Fernando Dias. **Contrato Administrativo.** São Paulo: Quartier Latin, 2012, p. 155 e seguintes.

246 A lei federal nº 8.666/93 expressamente estabelece expressamente que os contratos de seguro, de financiamento e de locação em que o Poder Público seja locatário são regidos por norma de direito privado.

estabelece que, nos seus contratos, deverão ser observadas as diretrizes e condições do setor privado, inclusive mediante pagamento de remuneração variável conforme desempenho para as condições de aquisição, de seguros, de garantias e de pagamento.[247]

Vislumbra-se que essas várias previsões vão além de autorizar a aplicação facultativa da sistemática usualmente adotada pelos agentes privados. Elas determinam, de partida, a incidência preferencial das condições de contratação de mercado, caracteristicamente veiculadas em negociações privadas; impondo-as, nessas hipóteses, para a prática contratual da Administração. Pode-se rematar, portanto, sobre esse tema que, apesar das várias referências a técnicas contratuais tipicamente privadas e públicas, não é possível se extrair da legislação brasileira, um regime perfeitamente dicotômico de contratações administrativas.

As teorizações francesas da teoria do contrato administrativo admitem o regime dicotômico por várias razões, algumas originais e próprias daquela nação (por exemplo, a existência de dualidade de jurisdições, que não existe no Brasil). Porém, o direito positivo brasileiro, acima examinado, não oferece critérios para uma tal distinção rigorosa.[248]

À luz do exposto, os contratos administrativos admitem genericamente a incidência de cláusulas exorbitantes, assim como e, simultaneamente, podem operar a partir de técnicas de direito privado. Tais técnicas não podem ser consideradas como um algo avulso ou como um "corpo estranho", mas sim como um instrumento regular e necessário na atividade contratual pública, assim consagrado pela disciplina legal.[249] Em última análise, isso ocorre porque, partindo-se do pressuposto de que o contrato (e em especial o contrato público) se constitui em via de tráfego econômico, tais mecanismos proporcionam à Administração uma capacidade de conexão de suas ações com o mercado e com a atividade dos agentes privados.

[247] Artigo 4º, da lei federal nº 12.462/2011: "Nas licitações e contratos de que trata esta Lei serão observadas as seguintes diretrizes: (...) IV - condições de aquisição, de seguros, de garantias e de pagamento compatíveis com as condições do setor privado, inclusive mediante pagamento de remuneração variável conforme desempenho, na forma do art. 10".

[248] REISDORFER, Guilherme F. Dias. **Contratos...**, p. 107.

[249] REISDORFER, Guilherme F. Dias. **Contratos...**, p. 107.

Sob esse prisma, não pode vingar um parâmetro e absoluto para promover a diferenciação entre contratos administrativos e da Administração com regimes jurídicos distintos e estanques.[250]

É possível se aludir, assim, a contratos *predominantemente* administrativos ou privados, mas essa seria uma abordagem meramente aproximativa, destituída de critério hábil a diferenciá-los, adequada e completamente.

Assim sendo, é possível afirmar que os contratos administrativos não possuem uma "natureza" distinta e peculiar. Antes e mais propriamente, eles refletem características que lhes são externas e variáveis, que se justificam não em razão de um regime contratual específico, mas das características das funções administrativas às quais essas avenças se vinculam. Trata-se, portanto, de reconhecer o contrato administrativo como instituto de caráter *funcional*, o que tanto se reflete na atuação do agente contratado, quanto em relação ao caráter instrumental das competências contratuais da Administração.[251] Isso significa afirmar que o exercício concreto das competências extraordinárias não se explica em função de uma razão *a priori*, derivada de uma teoria geral que justifique uma estrutura vertical como característica inerente ao contrato administrativo, mas sim por necessidades públicas concretas.[252]

Para Fernando Dias Menezes de Almeida, "a diferenciação entre contrato de Direito público (ou administrativo em especial) e ou de Direito privado não decorre dos elementos substanciais do contrato, mas de uma específica técnica de produção e execução do Direito".[253]

Essa perspectiva é confirmada quando se verifica que, de um lado, a lei não impõe a obrigatoriedade de aplicação de todas as competências

[250] MARQUES NETO, Floriano de Azevedo. **Do Contrato Administrativo à Administração Contratual.** In: Revista do Advogado. Volume 107, São Paulo, AASP, dezembro de 2009, p 77.

[251] Argumenta Bernardo Strobel Guimarães que "a Administração também pode vir a utilizar o direito privado para disciplinar relações em que, a princípio, se articulam através da ideia de autoridade. A aplicação por excelência dessa técnica se dá quando um poder administrativo é exercido de modo negociado com o particular em substituição a uma atuação puramente unilateral. GUIMARÃES, Bernardo Strobel. **O Exercício da Função Administrativa e o Direito Privado.** Tese de doutoramento defendida perante a Universidade de São Paulo (USP) sob a orientação da Profa. Dra. Maria Sylvia Zanella Di Pietro. Mimeografada. São Paulo, 2010, p. 200.

[252] REISDORFER, Guilherme F. Dias. **Contratos...**, p. 109.

[253] MENEZES DE ALMEIDA, Fernando Dias. **Contrato Administrativo.** São Paulo: Quartier Latin, 2012, p.152.

extraordinárias pela Administração. Algumas podem, em determinadas avenças, nem mesmo ser previstas e, se previstas, não manejadas.

Aceita-se, nesse passo, que a disciplina legal atribui variadas margens de discricionariedade administrativa para o exercício dessas competências ao mesmo tempo que, paralelamente, como acima exposto, admite margem de autonomia para aplicação de técnicas contratuais privadas.

Segue-se daí que a teoria geral dos contratos não é apta a estabelecer a obrigatoriedade *ex ante* ou a predefinição absoluta das formas e hipóteses de exercício das diversas competências contratuais da Administração.[254]

Nesse sentido, vale o destaque levado a efeito por Enzo Roppo na perspectiva de que a contrato, em geral, é um conceito jurídico que precisa ser considerado dentro de sua realidade de operação econômica.[255] Dito de outro modo, o contrato, independentemente de sua natureza, é um instrumento jurídico que veste uma operação econômica, na qual ocorre uma movimentação de riquezas através da alocação de esforços dos agentes econômicos. Assim, ao se aludir à contratação, alude-se em um instrumento jurídico que se destina a movimentar riquezas. Consoante Vitor Rhein Schirato, "não importa se as pessoas contratantes são de direito público, ou de direito privado, o contrato será sempre uma operação econômica sujeita a um determinado regime jurídico".[256]

Sob uma ótica jurídica pragmática, o regime jurídico aplicável aos contratos, nesse passo, será aquele que, garantidos os pressupostos normativos, de equilíbrio contratual e de respeito às partes, promova a melhor circulação da riqueza e o melhor alcance de suas finalidades. No caso do contrato celebrado pela Administração, será aquele que permita uma maior adequação e eficiência na realização de seu objeto.

Se as competências extraordinárias são aplicáveis a todos os contratos firmados pela Administração, como também a todos eles o direito privado (também) pode ser, em maior ou menor grau, aplicável, e se, portanto, a configuração de um "regime exorbitante" ou a aplicação de regras de direito privado não constituem critérios para diferenciação dos diversos

254 MONCADA, Luís Cabral de. **Consenso e Autoridade na Teoria do Contrato Administrativo.** Lisboa: Quid Juris, 2012, p. 32.

255 ROPPO, Enzo. **O Contrato.** Almedina: Coimbra, 2009, p. 19.

256 SCHIRATO, Vitor Rhein. **Contratos administrativos e contratos da Administração Pública: pertinência da diferenciação?** *In: Revista de Contratos Públicos – RCP*, Belo Horizonte, ano 2, n. 2, set. 2012/fev. 2013, p. 178 e seguintes.

ajustes contratuais administrativos, tem-se outra perspectiva: afigura-se que são as condições concretas verificadas em cada caso, em cada avença, que nortearão a definição do regime contratual.

Essas condições envolvem o exame da função administrativa relacionada ao uso de determinado contrato. O objetivo do ato de contratar consiste em atender fins públicos perseguidos no exercício de uma determinada função administrativa. Deste modo, as peculiaridades e as necessidades relacionadas à persecução de tais fins e ao exercício da função estatal são determinantes das características do contrato que se tenha em vista.[257]

Nesse sentido, o critério apto a definir o contrato administrativo não corresponderia à aplicação do regime de direito público ou de direito privado, mas ao critério orgânico ou subjetivo, que exige a presença da Administração Pública como parte contratante.[258]

Ou, ainda, é possível se aludir ao critério da vinculação do contrato ao exercício da função administrativa. Em ambos os casos, parece possível afirmar que o regime contratual a ser adotado será, de fato, moldado conforme a função administrativa exercida. Em face da multiplicidade de regimes contratuais possíveis e admitidos pela lei, a opção do administrador deve ser motivadamente exercida conforme a função desempenhada em concreto.[259]

Por esse prisma, não se verifica uma diferença substancial ou estrutural entre os contratos administrativos, tendo em vista o relacionamento mais "vertical" ou "horizontal" entre as partes. A distinção residirá no grau de funcionalização das competências estatais e das obrigações assumidas pelo particular. Esse grau de funcionalização é considerado a partir de elementos extracontratuais, que regem a função administrativa à qual o contrato se vincula e que, nessa condição, incidem sobre a dinâmica de execução do ajuste.[260]

Não se trata de tentar estabelecer uma divisão entre contratos da Administração que perseguiriam ou não o "interesse público", direta ou indiretamente. Reputa-se que uma tal classificação nem seria viável em termos precisos, seja porque há sempre uma vinculação entre a atividade adminis-

[257] SCHIRATO, Vitor Rhein. **Contratos...**, p. 184.

[258] DI PIETRO, Maria Sylvia Zanella. **Direito...**, p.243.

[259] REISDORFER, Guilherme F. Dias. **Contratos...**, p. 109.

[260] MONCADA, Luís Cabral de. **Consenso e Autoridade na Teoria do Contrato Administrativo**. Lisboa: Quid Juris, 2012, p. 32.

trativa e o atendimento de interesses públicos, seja porque tal vinculação também evolui conforme a dinâmica social, cultural e da própria prática administrativa. Ao invés de pretender localizar tais categorias, bastaria considerar que a diferença de regimes dos contratos públicos depende das disciplinas instituídas pela lei para as várias funções administrativas e modalidades de contratação.[261]

É a maior ou menor vinculação a fins públicos concretamente justificados, conforme a disciplina vigente, que determina o rol de competências, reservas e salvaguardas de que a Administração deve se valer para dirigir a contratação.

Como já demonstrado no capítulo I, no exercício de sua atividade, a Administração lança mão das mais variadas espécies contratuais, desde contratos de fornecimento de bens de consumo de pequeno valor, adquiridos por dispensa de licitação, na forma do artigo 24, inciso II, da Lei nº 8666/93, até contratos de parceria público-privada com duração de até 35 anos. Por decorrência lógica, instrumentos tão desiguais, necessitam de um regime jurídico também desigual. Não é possível, na Administração contemporânea, a uniformização de um único estilo de contratação.[262] É preciso que a entidade contratante empregue a figura contratual que seja mais adequada e consentânea com os fins a serem alcançados e os princípios a serem observados.

Por conseguinte, conforme a natureza do contrato celebrado pela Administração, deverá ser aplicado o regime jurídico que promova sua melhor adequação aos objetivos a serem alcançados. Se o objeto contratual demandar, para sua melhor realização, um regime jurídico que outorgue maiores poderes para a Administração Pública, é possível a inserção de cláusulas exorbitantes. Se, contudo, o objeto não demanda esse regime jurídico, ele deverá ser afastado, sem, com isso, que se crie uma nova classificação.[263]

Assim sendo, não parece mais adequado se argumentar pela aplicação uniforme de um regime jurídico a todos os contratos celebrados pela Administração Pública, procurando-se classificações abstratas e sem conexão

[261] REISDORFER, Guilherme F. Dias. **Contratos...**, p. 109.

[262] SUNDFELD, Carlos Ari; CÂMARA, Jacintho Arruda. **Uma crítica à tendência de uniformizar com princípios o regime dos contratos públicos.** In: In: *Revista de Direito Público da Economia – RDPE*. Ano 11, nº 41, jan. / mar. 2013. Belo Horizonte: Fórum, 2013, p. 59.

[263] SCHIRATO, Vitor Rhein. **Contratos...**,, p. 181 e seguintes.

com a atual realidade dos *contratos do governo* para se justificar *a posteriori* exceções, por meio de classificações de pouca utilidade.

É da própria natureza da contratação pública que os diferentes contratos celebrados pela Administração Pública tenham regimes jurídicos igualmente diferentes, consoante a adequação e a necessidade de atuação eficiente para a prossecução dos seus fins. A escolha da via adequada se resolve, de acordo com Fernando Vernalha Guimarães, pelo exame do objeto e fim do contrato. Vale dizer, o regime jurídico do contrato público no Brasil será pautado pela natureza do objeto a ser contratado e pela implicação do interesse geral em relação a tal objeto. De acordo com o autor supracitado, "(...) dimensionado o interesse envolvido, haverá de se operar a subsunção do pacto à espécie do contrato administrativo ou à espécie do contrato de direito privado. É na qualificação teleológica do objeto que se decide acerca da viabilidade jurídica por uma ou outra via".[264]

É do exame, por conseguinte, da finalidade que deverá ser atingida pelo contrato que permitirá a fixação do regime jurídico contratual. Se a prossecução de determinada finalidade reclamar o exercício de cláusulas exorbitantes, elas poderão estar presentes. Trata-se de um exame de natureza *causa e efeito* a ser realizado pela Administração em cada situação concreta.

Cumpre destacar, outrossim, que, em relação à finalidade acima indicada não basta a menção à finalidade pública, pois esta é ínsita a qualquer afazer estatal. No caso específico da contratação pública, esse elemento teleológico deve ser tomado em sentido restrito, isto é, relacionado de forma direta e imediata ao objeto contratado.

Assim, é possível se concluir sobre o tema em concordância com Bernardo Strobel Guimarães, no sentido de que "não há qualquer antinomia absoluta entre a utilização de vias consensuais e o exercício da função administrativa. Elas se complementam com vistas ao grande objetivo da Administração Pública: gerar em concreto os benefícios que dela se esperam".[265]

264 GUIMARÃES, Fernando Vernalha. **Alteração Unilateral do Contrato Administrativo** (Interpretação de Dispositivos da Lei 8.666/1993). São Paulo: Malheiros, 2003, p. 102.

265 GUIMARÃES, Bernardo Strobel. **O Exercício da Função Administrativa e o Direito Privado.** Tese de doutoramento defendida perante a Universidade de São Paulo (USP) sob a orientação da Profa. Dra. Maria Sylvia Zanella Di Pietro. Mimeografada. São Paulo, 2010, p. 202.

## 2.2. As Repercussões da Má-Recepção da Figura Contratual pelo Direito Administrativo: a Pretensão de um Regime Jurídico Único e o Caráter Relativo das Obrigações Contratuais

O contrato público assume hoje uma função relevante para a construção de uma administração mais consensual e, por conseguinte, menos autoritária. Contudo, até o atingimento do estágio atual, desde a primeira metade do século passado, a ideia de um módulo convencional da qual participasse a Administração como parte percorreu longo caminho, desde a sua rejeição, conforme acima assinalado, até o momento atual, de grande efervescência teórica e prática em torno da figura.[266]

O exame desse caminho percorrido pelos contratos públicos não constitui o objeto do presente trabalho. Em Portugal, Maria João Estorninho, com grande êxito, explicitou em diversas obras essa trajetória.[267] No Brasil, Fernando Dias Menezes de Almeida também tratou do tema de maneira irretocável.[268] Na Argentina, Agustín A. Gordillo promoveu um paralelo do desenvolvimento europeu e latino-americano sobre o tema, desde a teoria antiga, que refutava os contratos administrativos, passando pela teoria clássica que acolhia a distinção entre contratos civis e administrativos até o desenvolvimento da multiplicidade dos módulos contratuais a partir da década de 80 do século XX.[269] Por conseguinte, o que se examinará, a seguir, são as consequências decorrentes de determinada (mas majoritária) compreensão levada e efeito pela doutrina e jurisprudências pátrias a respeito do contrato público e as consequências daí advindas.

Em princípio, no Brasil, conforme aduz Oswaldo Aranha Bandeira de Mello, entendeu-se, nos moldes europeus, que não se aplicava à Adminis-

[266] SUNDFELD, Carlos Ari. **Apresentação.** In: *Contratações Públicas e seu Controle.* Carlos Ari Sundfeld (Org.) São Paulo: Malheiros, 2013, p. 04.

[267] ESTORNINHO, Maria João. **Curso de Direito dos Contratos Públicos: Por uma Contratação Pública Sustentável.** Coimbra: Almedina, 2013; **Direito Europeu dos Contratos Públicos.** Coimbra: Almedina, 2006 e ***Réquiem* pelo Contrato Administrativo.** Coimbra: Almedina, 2003.

[268] MENEZES DE ALMEIDA, Fernando Dias. **Contrato Administrativo.** São Paulo: Quartier Latin, 2012,

[269] GORDILLO, Agustín. A. **Contratos Administrativos: Régimen de pago y actualización.** Tomo I. Reimpresión. Buenos Aires: Astrea, 1996, p. 09 e seguintes.

tração a celebração de contratos públicos-administrativos.[270] Porém, com o emprego mais intenso da figura pelas entidades públicas, a doutrina passou gradativamente a aceitá-lo.

Consoante argumenta Floriano de Azevedo Marques Neto, "ao se afastar das teorias que negavam a existência do contrato administrativo, contraditoriamente a doutrina brasileira acabou por esvaziar o contrato como fonte de obrigação para a Administração". Nesse sentido, acostumou-se no Brasil a advogar que "(...) descaberia obrigar a Administração a cumprir o quanto pactuado num contrato, exigir a execução da norma contratual em favor do particular em muitas situações, porquanto não seria possível que o interesse público ficasse vergado ao interesse particular".[271]

Para consagrar o conceito de contrato administrativo, a doutrina não refutou a tese de que a Administração poderia ficar em *pé de igualdade* em relação ao contratado. Ao contrário, os autores tomaram por pressuposto que a participação estatal no contrato, em virtude da sua condição de prossecução do interesse público, não lhe retiraria a posição sobranceira.

Essa perspectiva ensejou tanto a ausência de igualdade entre as partes, quanto a presença permanente (independentemente do regime jurídico contratual) de prerrogativas extraordinárias, em especial, do rompimento unilateral da avença por motivo de interesse público.[272]

Como a Administração somente poderia ser obrigada a fazer ou deixar de fazer algo em virtude de lei (máxima da legalidade) o contratado não poderia invocar o contrato para exigir que a Administração cumprisse o que havia pactuado. Assim, a Administração restou desvinculada de cumprir as obrigações contratuais, exatamente porque o contrato não poderia ser considerado uma fonte primária de obrigações para o Estado.[273]

O cumprimento de cláusulas contratuais, nesse passo, estava condicionado ao exercício de discricionariedade administrativa. Com base na conveniência e oportunidade, investido no papel máximo de guardião do

[270] BANDEIRA DE MELLO, Oswaldo Aranha. **Princípios Gerais de Direito Administrativo.** 3ª ed., 2ª tiragem. Vol. I. São Paulo: Malheiros, 2010, p. 670.

[271] MARQUES NETO, Floriano de Azevedo. **Do Contrato Administrativo à Administração Contratual.** In: Revista do Advogado. Volume 107, São Paulo, AASP, dezembro de 2009, p 76.

[272] Atualmente, a prerrogativa de rescisão unilateral do contrato está estabelecida no artigo 58, inciso II, da Lei nº 8.666/93.

[273] MARQUES NETO, Floriano de Azevedo. **Do Contrato...**, p 76.

interesse público[274], ao agente público era permitido observar (ou não) as disposições contratuais.

Consoante destaca Floriano de Azevedo Marques Neto "mesmo para sua obrigação de pagar e de preservar as condições econômicas avençadas, a fonte de obrigação seria a lei, e não o contrato. Malgrado a doutrina do equilíbrio econômico e financeiro e a sua incolumidade, o grau de vinculação das partes ao seu respectivo plexo de obrigações também seria desigual: o particular, óbvio, não poderia descumprir o quanto a que se obrigara. A Administração (sempre sob o pálio do interesse público), eventualmente, poderia esquivar-se ou postergar sua obrigação de pagar o preço ajustado".[275]

A própria aplicação da cláusula *tácita* estabelecida atualmente no artigo 476, do Código Civil relativa à *exceptio non adimpleti contractus,* inerente ao regime de *comutatividade contratual* e que estabelece a *reciprocidade dos contratantes* no sentido de que "cada um dos contraentes deverá respeitar o conjunto indivisível da relação a ponto de não poder reclamar a prestação do outro contratante sem que esteja disposto a executar a sua",[276] fora refutada por muito tempo pela doutrina diante do inadimplemento contratual estatal.

Mesmo com a sua consagração na contratação pública brasileira a partir da Lei nº 8666/93, a arguição da exceção do contrato não cumprido era mitigada, pois exigia a permanência da mora por prazo superior a 90 dias e não é aplicável a todos os contratos, nos termos do artigo 78, inciso XV, da norma geral.[277]

[274] Na qualidade de *guardião do interesse público,* poderia o Administrador promover tanto a anulação, quanto a revogação dos atos/contratos administrativos, nos termos da súmula 473, do STF, editada em 03 de dezembro de 1969: "A administração pode anular seus próprios atos, quando eivados de vícios que os tornam ilegais, porque deles não se originam direitos; ou revogá-los, por motivo de conveniência ou oportunidade, respeitados os direitos adquiridos, e ressalvada, em todos os casos, a apreciação judicial".

[275] MARQUES NETO, Floriano de Azevedo. **Do Contrato..,** p 76.

[276] ROSENVALD, Nelson. Comentário ao art. 476, do Código Civil de 2002. *In*.: **Código Civil comentado: doutrina e jurisprudência**. Coord. Cezar Peluso. 4. ed. Barueri, SP: Manole, 2010. p. 536.

[277] Art. 78. Constituem motivo para rescisão do contrato: (...) XV - o atraso superior a 90 (noventa) dias dos pagamentos devidos pela Administração decorrentes de obras, serviços ou fornecimento, ou parcelas destes já recebidos ou executados, salvo em caso de calamidade pública, grave perturbação da ordem interna ou guerra, assegurado ao contratado o direito de optar pela suspensão do cumprimento de suas obrigações até que seja normalizada a situação.

Pode-se depreender do raciocínio acima que a Administração não estaria submetida ao contrato, nas hipóteses em que o Administrador entendesse que as suas disposições contrariassem aquilo que por ela fosse chamado de *interesse público*. Assim, o contrato público acabou por se tornar em um conjunto de deveres e obrigações jurídicas vinculantes apenas para os agentes privados.

Ao lado do esvaziamento da força vinculante e do caráter obrigacional do contrato, a prática contratual brasileira ensejou a busca por um ideal inexistente de submissão da contratualidade pública um regime jurídico único, exclusivo.[278]

Veja-se que não se trata de arguir a existência ou não de um regime próprio e particular para a ação administrativa.[279] A questão que se põe diz respeito à pretensão de submeter figuras absolutamente diversas a uma única forma de tratamento. Floriano de Azevedo Marques Neto alude que tal circunstância decorre de três fatores: (i) o metodológico, relacionado à necessidade de afirmação do Direito Administrativo em relação a outros ramos do direito; (ii) a influência do Direito Administrativo francês, que segrega o regime comum do regime administrativo pela dualidade de jurisdição e (iii) a influência corporativa, que tende a unificar o tratamento jurídico dos institutos e a rejeitar modulações e matizes de cada um deles.[280]

Na prática, embora haja um universo enorme de tipos contratuais aplicáveis à Administração, o direito administrativo brasileiro procura reduzi-los a um regime jurídico único. Ainda que a legislação seja plural no estabelecimento de regimes diferenciados (adotando inclusive essa terminologia no RDC), ela não estabelece regimes específicos completos, de forma que a interpretação destes tipos contratuais procurará sanar as lacunas e conflitos à luz da norma geral, que conteria o regime único, inspirado em um modelo específico de contrato, o contrato de empreitada para obras de engenharia, arquétipo contratual do qual decorrem as demais espécies na lei nº 8.666/93.[281]

278 Cfr.: SUNDFELD, Carlos Ari; CÂMARA, Jacintho Arruda. **Uma crítica...**, p. 57 e seguintes.

279 GUIMARÃES, Bernardo Strobel. **O Exercício...**, p. 198 e seguintes.

280 MARQUES NETO, Floriano de Azevedo. **Do Contrato...**, p 77.

281 Isso leva a situação de que "esteja a Administração a contratar um singelo fornecimento de água mineral, encomendar um projeto de arquitetura, comprar um sofisticado equipamento feito sob medida, contratar a construção de uma usina hidroelétrica ou delegar um serviço

Quais as consequências e repercussões disso? Em primeiro lugar, o regime jurídico único jamais conseguirá abranger todas as modalidades de módulos convencionais que possam ser utilizados pela Administração e, em segundo lugar, o regime jurídico único enseja a inutilidade de umas das características centrais do contrato, que é a elaboração e a disposição de normas específicas, vinculantes entre as partes em relação a situações específicas.

É impossível à norma geral disciplinar de maneira geral e abstrata todas as situações possíveis, o que enseja uma enorme perda em relação ao alcance que a normatização específica poderia propiciar em termos de eficácia e eficiência para a Administração.

## 2.4. Por que denominar o Contrato Administrativo Brasileiro, em Sentido Amplo, de Contrato Público?

A despeito de toda a teorização levada a efeito a propósito do que se habituou designar por *contrato administrativo*, para fins deste trabalho, adota-se o adjetivo *público* ao substantivo *contrato* para designar o instrumento geral (e, portanto, mais amplo) da contratação pública brasileira.

Isso não significa, porém, assumir a existência de um regime jurídico único de contratação. Ao contrário, conforme sustentado acima, a previsão de aplicação de disposições de direito privado importa no reconhecimento de que o sistema contratual administrativo é aberto e, portanto, não circunscrito a uma única lógica ou regime uniforme.

Em geral, a doutrina sustenta que a expressão contrato administrativo indicaria um gênero, que comportaria múltiplas espécies diversas entre si. Marçal Justen Filho faz alusão a que, "em sentido amplo, o contrato administrativo compreende uma pluralidade de figuras jurídicas muito heterogêneas entre si".[282]

Sem embargo da multiplicidade de figuras, o autor leva a efeito uma definição do gênero desses contratos, nos seguintes termos: "contrato administrativo, em sentido amplo, é o acordo de vontades destinado a

público ou a prestação de um serviço social, deveria ela se submeter a um único modelo de contrato, observar regras de um regime jurídico monolítico". MARQUES NETO, Floriano de Azevedo. **Do Contrato...**, p 78..

[282] JUSTEN FILHO, Marçal. **Curso de Direito Administrativo.** 11ª ed., São Paulo: Revista dos Tribunais, p. 451.

criar, modificar ou extinguir direitos e obrigações, tal como facultado legislativamente e em que pelo menos uma das partes atua no exercício da função administrativa".[283]

De acordo com a classificação do jurista paranaense, essa definição de contrato administrativo em sentido amplo contempla os acordos de vontade da Administração, tais como os convênios, os contratos de consórcios públicos, os contratos de programa, os contratos de rateio, os contratos de gestão, os termos de parceria, os termos de colaboração, os termos de fomento, os contratos de fomento, os termos de ajustamento de conduta e os acordos de leniência.[284]

Sob a noção *supra* de contrato administrativo em sentido amplo, estão contidos os contratos administrativos em sentido restrito que abrangem os contratos de delegação e de colaboração e ainda os contratos de direito privado.

O que acima é denominado de contrato administrativo em sentido amplo, pode ser também denominado de contrato público, que constitui gênero, abarca todas as modalidades de contratação pública e do qual o contrato administrativo, com seu regime próprio, é espécie.

Veja-se que tal noção sequer encontra óbice na legislação aplicável. O artigo 2º, da lei nº 8666/93 estabelece que "considera-se contrato todo e qualquer ajuste entre órgãos ou entidades da Administração Pública e particulares, em que haja um acordo de vontades para a formação de vínculo e a estipulação de obrigações recíprocas, seja qual for a denominação utilizada".

Em sentido geral, para evitar nomenclaturas que tratem de *sentido amplo* ou *restrito*, que, por vezes – e na aplicação concreta – podem ensejar algum grau de imprecisão teórica, parece ser mais adequado denominar essa modalidade de avença que formaliza um vínculo entre a Administração e particulares como sendo um *contrato público*.

A expressão *contrato público*, como gênero, será a utilizada daqui em diante nesta investigação para designar a via por excelência de ação estatal contemporânea, que abrange desde as espécies mais comuns de contratos celebrados pela Administração, chamados de contratos de satisfação ou contratos de curta duração, que são aqueles por meio dos quais o ente público propugna por um bem, serviço ou utilidade para que ele possa prestar suas atividades à coletividade, até os contratos de segunda gera-

283 JUSTEN FILHO, Marçal. **Curso...**, p. 451.

284 JUSTEN FILHO, Marçal. **Curso...**, p. 451 e seguintes.

ção, também chamados de delegação, que são aqueles a partir dos quais a Administração transfere ao particular o exercício (a execução) de uma atividade de sua competência.

Há que se destacar também que a ideia, genérica, de *contratos públicos* também abrange os contratos de colaboração, ou de terceira geração, pelos quais a Administração e o contratado juntam esforços para o alcance de objetivos comuns. Ou seja, a ideia de contrato público busca *incluir*, ao passo que a ideia tradicional de contrato administrativo, embora ainda prevalecente, *exclui* figuras importantes na atual realidade administrativa contratual.

Ao se denominar o tradicional instrumento de ação estatal como contrato público, torna-se impositivo o exame da sua estrutura, em especial a questão atinente ao balanceamento das lógicas intrínsecas a ele, a "lógica da função" e a "lógica do contrato".

## 2.5. A Modelagem Contemporânea dos Contratos Públicos e a Liberdade de Criação de Efeitos Jurídico-Administrativos por Meio de Contratos

Ao se propiciar à Administração a realizar ações por intermédio de contratos, passa-se a permitir a ela que entabule essas avenças à luz dos critérios estabelecidos pela legislação.

Para o atendimento das finalidades administrativas, a escolha do objeto a ser contratado, do regime empregado – desde que em conformidade com o objeto – e do teor do contrato está no âmbito da discricionariedade administrativa. O exame dos limites e das possibilidades da modelagem dos contratos conforma a *autonomia* atribuída à Administração constitui o objeto deste tópico.

Para tanto, é preciso preliminarmente destacar que é a partir da compreensão do fundamento da liberdade (ou autonomia) da Administração para a celebração dos contratos públicos e da fixação do seu conteúdo que se passa a ter uma visão clara dos limites de tal liberdade. Além de ser inegável o alcance prático do conhecimento desses limites.

O vocábulo *autonomia* possui origem filosófica. No âmbito jurídico, significa fundamentalmente o *"poder dar-se os próprios preceitos"*.[285] Na esfera *jus publicística*, ela foi entendida inicialmente como o poder normativo no

[285] GIANNINI, Massimo Severo. **Teoria Generale e Diritto Pubblico.** In: Encliclopedia del Diritto. Vol. IV, Milão, 1970, p. 356.

ente soberano. Hoje, no entanto, ela é considerada, por definição, como o exercício do poder de criação de preceitos normativos atribuído a Administração.[286]

Na esfera estatal, não existe um único conceito de autonomia, mas diversas noções com aplicações distintas: autonomia normativa, organizatória, política, financeira, administrativa, técnica *etc.* A adjetivação do substantivo autonomia, contudo, não exprime apenas uma mera acepção (ou espécie) de um gênero, mas se traduz em um conceito possivelmente novo, distinto, senão oposto. Na Constituição Federal de 1988, o termo autonomia, devidamente adjetivado, é utilizado como uma garantia das diversas entidades e/ou instituições regidas constitucionalmente, *v.g.*: autonomia administrativa e financeira dos Tribunais; autonomia organizatória e política dos entes federativos *etc.*

Na perspectiva contratual, em geral, o exame da autonomia ou liberdade contratual é levado a efeito como manifestação da chamada *autonomia privada*, que é expressão do princípio da liberdade, cuja significação essencial considera livre e, portanto, lícito, o que, a rigor, não seria proibido.[287]

A autonomia privada aqui é entendida como *superconceito,* que se desdobra em várias aplicações ou princípios, entre os quais o da liberdade contratual, isto é, trata-se da esfera de liberdade que é juridicamente tutelada, que tem por limites o que é proibido e o que é imposto. Fora desta área, fica aquilo que não se deve fazer porque a lei impõe que não se faça e aquilo que se deve fazer porque a lei impõe que se faça. Dito de outro modo, a liberdade juridicamente protegida consiste naquilo que o sujeito pode fazer se quiser fazer e ao qual, uma vez feito, o direito atribui consequências.[288]

A autonomia privada, assim, reside na permissão de produzir efeitos de direito, permissão que fica além da imposição e aquém da proibição.[289] Nesse sentido, a "autonomia privada é a permissão da criação pessoal de

[286] Sobre o tema, ver: DE PALMA, Juliana Bonacorsi. **Atividade Normativa da Administração Pública: Estudo do processo administrativo normativo.** Tese de doutoramento defendida perante a Universidade de São Paulo (USP) sob a orientação do Prof. Dr. Floriano de Azevedo Marques Neto. Mimeografada. São Paulo, 2014.

[287] SÉRVULO CORREIA, José Manuel. **Legalidade e Autonomia contratual nos Contratos Administrativos.** Reimpressão. Coimbra: Almedina, 2013, p. 431.

[288] SOARES, Rogério Ehrhardt. **Interesse Público, Legalidade e Mérito.** Coimbra, 1955. p. 08.

[289] SOARES, Rogério Ehrhardt. **Interesse...**, p. 14.

efeitos jurídicos não predeterminados por outras regras e a titularidade e exercício do correspondente poder".[290]

O reconhecimento de que o conteúdo do princípio da autonomia privada corresponde a uma permissão genérica da produção de todos os efeitos jurídicos não proibidos (a qual não se confunde com a imposição de condutas). Na terminologia *kantiana*, autonomia da vontade significa o poder da vontade livre de se dar a sua própria lei moral.[291] No direito, é possível se afirmar que ela passou a expressar o poder da vontade de criar a sua própria lei, tanto no âmbito privado (autonomia privada), quanto no âmbito público (autonomia pública).

Atualmente, porém, é inequívoco o movimento de objetivação do contrato, decorrente da progressiva redução do papel e da importância da vontade dos contratantes entendida, esta última, como o momento psicológico de iniciativa ou da declaração de vontade contratual.[292] Nas sociedades baseadas no consumo de massa, com o incremento extraordinário do volume de trocas e pela crescente padronização, o contrato tende, em geral, a se despersonalizar, isto é, a ter o seu conteúdo desligado diretamente das representações mentais das partes. A celeridade da contratação, a segurança e estabilidade das relações, a sua conformidade com critérios objetivos de justiça, impõem um tratamento mais objeto das transações e, por conseguinte, dos seus instrumentos.[293]

A massificação das operações econômicas ensejou uma *estandização* dos contratos, transformados, em boa parte das vezes, em contratos de adesão ou em contratos maioritariamente integrados por cláusulas contratuais gerais, que manifestar uma tendência para a uniformização e a generalização do conteúdo dos negócios jurídicos bilaterais.

Isso conduz, no âmbito dos contratos, à primazia da *teoria da declaração* sobre a *teoria da vontade*, de forma que os efeitos jurídico-negociais se apuram segundo elementos objetivos, externa e socialmente cognoscíveis. Em caso de conflito entre subjetivo e objetivo, a prevalência daquilo que *socialmente resulta e pode ser percebido pelo outro* sacrifica a vontade à declaração.

290 SÉRVULO CORREIA, José Manuel. **Legalidade...**, p. 432.

291 KANT, Immanuel. **Fundamentação da Metafísica dos Costumes.** Tradução de Paulo Quintela. São Paulo, Abril Cultural, 1980, p. 33.

292 SÉRVULO CORREIA, José Manuel. **Legalidade...**, p. 442.

293 SÉRVULO CORREIA, José Manuel. **Legalidade...**, p. 443.

Nesse contexto, de aplicação quase que irrestrita de contratos de adesão, a liberdade contratual, compreendida como um dos aspectos mais relevantes da autonomia, acaba resumida, na prática, apenas à liberdade de celebração, ou liberdade de contratar e à liberdade de estipulação ou liberdade de fixação do conteúdo do contrato.[294]

Na contemporaneidade, mesmo em sede de direito privado, o exercício da *autonomia contratual* é limitado. A ela, são impostas restrições atinentes à observância da sua função social e aos deveres de solidariedade dos contratantes para com a sociedade.[295]

Se, na esfera do direito privado, cada vez mais a autonomia (ou a liberdade de criação de efeitos acaba por ser restringida), no âmbito do direito público, acaba por haver um movimento contrário, no sentido de se propiciar ao administrador que exerça a plenitude de sua autonomia contratual, no sentido de adequar, na medida do necessário, a avença pública ao alcance das finalidades a serem atingidas, desde que de acordo com os limites e as possibilidades estabelecidas pela juridicidade do ordenamento.

### 2.5.1. A Liberdade de Criação de Efeitos pela Administração no Âmbito dos Contratos Públicos: o Delineamento da Ideia de *Autonomia Pública*

A designada *liberdade contratual*, no direito administrativo, ajustar-se, em regra, com a margem de livre decisão de que a Administração dispõe na estipulação e na celebração dos contratos públicos. A ideia de autonomia administrativa não pode ser empregada, neste caso, como oposta à autonomia privada, pois aqui ela apresenta outro significado.[296]

De acordo com José Manuel Sérvulo Correia, em contraste à autonomia privada, a criação de efeitos de direito não-predeterminados por normas jurídicas e o exercício do correspondente poder pode ser chamado de autonomia pública.[297]

A autonomia pública, assim, pode ser designada como a "permissão da criação, no âmbito dos contratos administrativos, de efeitos de direito não

[294] ANTUNES VARELA. João de Mattos. **Das Obrigações em Geral.** Coimbra: Almedina, 1998, p 181.

[295] Nos termos dos artigos 5º, inciso XXIII; 170, III; 182, § 2º e 186, *caput*, da CF/88, que tratam da função social da propriedade e, *mutatis mutandis*, aplica-se ao regime dos contratos.

[296] SÉRVULO CORREIA, José Manuel. **Legalidade...**, p. 469.

[297] SÉRVULO CORREIA, José Manuel. **Legalidade...**, p. 469.

predeterminados por normas jurídicas e titularidade e exercício do correspondente poder, isto é, de margem de livre decisão na criação de efeitos de direito nas situações concretas regidas pelo Direito Administrativo".[298] Ao contrário da autonomia privada que, segundo uma concepção tradicional, consistiria em uma espacialidade desprovida em geral e *ex ante* de normatividade, no qual os sujeitos preenchem sem qualquer referência necessária a situações e conteúdos típicos, a autonomia pública é sempre fruto da abertura de uma norma específica.[299]

A norma jurídica que concede discricionariedade à Administração vem sempre referida a um direito, necessidade ou interesse público que deverá ser especificamente buscado pela atuação administrativa. No âmbito da margem de autodeterminação que lhe é deixada, o titular do poder tem de comparar e valorar todos os direitos, necessidades e interesses que possam ser satisfeitos pela decisão e hierarquizá-los à luz do que deve ser realizado prioritariamente.

É impensável a Administração desprovida de margem de decisão. No entanto, o excesso é vedado pelas teorias de abuso de poder, aplicável à discricionariedade e também em relação ao preenchimento dos conceitos jurídicos indeterminados.

Em matéria contratual, em especial, em relação à prossecução de políticas públicas no seio da contratação pública, que constitui o objeto da presente investigação, nos termos dos capítulos III e IV, a autonomia pública e a correspondente margem de decisão se apresenta de maneira inequívoca. Neste âmbito, é a conveniência e a oportunidade da Administração que vai levar à realização de políticas públicas no seio da contratação pública. A prossecução (ou não) de políticas públicas sociais, ambientais, de inovação tecnológica *etc* no âmbito de um contrato está no universo do espaço de discricionariedade do administrador.

Os espaços discricionários são deliberadamente criados pelo Poder Legislativo, em atenção à natureza da separação de poderes, que também tem um viés de especialização funcional. Assim, o legislador deixa ao administrador certa liberdade para decidir tendo em vista a sua proximidade com o caso concreto, pois somente ele pode apreciar a questão

[298] SÉRVULO CORREIA, José Manuel. **Legalidade...**, p. 470.
[299] SÉRVULO CORREIA, José Manuel. **Legalidade...**, p. 473.

com *todas as coisas consideradas* (*all things considered*), de modo a alcançar o melhor interesse público.

Em outras palavras, seria inerente à função administrativa integrar os comandos da ordem jurídica quando se mostra necessário se valer de sua *expertise*, de sua capacidade de ação mais célere e da maior proximidade com os problemas sociais. Logo, segundo este entendimento, a discricionariedade existe em razão das vantagens institucionais da Administração Pública em relação aos demais poderes na perquirição do já mencionado interesse público.

Está conectada com esta compreensão a ideia de que a discricionariedade decorre da existência de um poder administrativo, que escaparia à esfera de controle dos demais poderes estatais. Nesse sentido, a literatura clássica do direito administrativo distingue entre os conceitos jurídicos indeterminados e a discricionariedade, que seria decorrência deste poder administrativo inerente à estrutura de separação de poderes. Ocorre que a liberdade que resulta do chamado "poder discricionário", ao menos em um Estado Democrático de Direito, não se justifica como um fim em si mesmo, e só pode ser reconhecida como instrumento indispensável voltado para a realização dos fins constitucionais.

Portanto, no exercício da discricionariedade, a Administração Pública integra a ordem jurídica, tomando decisões relativas aos problemas concretos que se apresentam, produzindo ações e atos jurídicos, buscando, desta forma, a consecução do interesse público. Estas considerações remetem, por fim, à distinção entre as chamadas discricionariedades forte e fraca. A discricionariedade *forte* é exercida pela Administração

Celso Antônio Bandeira de Mello apresenta a definição de discricionariedade administrativa no sentido forte como "margem de 'liberdade", no sentido de que cabe ao administrador eleger, conforme critérios de razoabilidade, uma ação dentre várias possível e cabíveis no caso concreto "a fim de cumprir o dever de adotar uma solução mais adequada à satisfação da finalidade legal, quando, por força da fluidez das expressões da lei ou da liberdade conferida no mandamento, dela não se possa extrair objetivamente uma solução unívoca para a situação vertente".[300]

[300] BANDEIRA DE MELLO, Celso Antônio. **Curso de Direito Administrativo.** 30ª ed., São Paulo: Malheiros, 2013., p. 789.

No campo específico das escolhas administrativas em matéria contratual e da prossecução de políticas públicas por meio de contratos, a discricionariedade avulta como um fenômeno extremamente importante, uma vez que a definição dos instrumentos das políticas públicas estará sujeita à discricionariedade em sentido forte, cabendo ao administrador público optar por uma ampla gama de meios de ação. Além disso, consagrou-se no direito brasileiro o entendimento de que a realização do gasto público é uma opção discricionária do administrador, tudo em decorrência da natureza autorizativa do orçamento público.

Assim, a Administração Pública encontra-se limitada pelos créditos orçamentários, mas não está obrigada a utilizá-los nos programas a que estão relacionados, e sequer tem que justificar eventuais contingenciamentos.

De acordo com Rogério Ehrhardt Soares, o estabelecimento de limites à atividade da Administração equivale à afirmação, de outro lado, de uma esfera de liberdade ao particular, ao passo que, para a Administração, tais limites funcionam somente em caráter negativo, como obstáculo à sua atuação, sem ao mesmo tempo lhe conceder um correlativo terreno de independência.[301]

Em suma, ao passo que a autonomia privada só conhece limites negativos, a autonomia pública conhece, a par daqueles, também limites positivos, dentre outros, de competência, de finalidade, de imparcialidade e de proporcionalidade.[302] A possibilidade de prossecução de políticas públicas em sede de contratos públicos compõem o escopo do capítulo III desta investigação. Os limites positivos e negativos da autonomia pública para o exercício da atividade contratual administrativa serão examinados especificamente.

## 2.6. O Contrato Público-Administrativo: entre a Lógica da Função e a Lógica do Contrato

No contrato público, há, de um lado, um espaço de supremacia jurídica conformado pela "lógica da função" que a Administração exerce e, de

[301] SOARES, Rogério Ehrhardt. **Interesse Público, Legalidade e Mérito.** Coimbra, 1955. p. 122.

[302] SÉRVULO CORREIA, José Manuel. **Legalidade...**, p. 491.

outro, um claro espaço de paridade das partes, que respeita, na íntegra, a "lógica do contrato".

De acordo com Pedro Costa Gonçalves, a compreensão dessa dualidade é fundamentada no sentido de não se buscar dar uma "aparência contratual" a poderes claramente públicos, que, na sua raiz, são em grande parte dos casos inerentes ao próprio objeto do contrato e que, por isso, não tem nada de contratuais.[303]

Ademais, a percepção da dualidade afasta eventuais suposições de que o regime da relação contratual é todo ele formado por poderes públicos da Administração, até mesmo porque, no contrato, há uma relação de paridade entre as partes nas quais a Administração é chamada a cumprir obrigações e não a exercer poderes públicos.

A ideia de que o contrato administrativo é marcado pela "lógica da função" correspondente ao escopo do contrato como atividade administrativa. Como qualquer ação da Administração, o contrato se vê diante da exigência de satisfação das finalidades impostas aos entes públicos: as necessidades, os direitos e interesses públicos.

De outro lado, na esfera contratual, a supremacia jurídica da Administração só existe nos casos e nas estritas condições estabelecidas em lei ou no contrato (com fundamento em lei). Excetuadas essas situações, a relação contratual é paritária, composta de direitos e deveres e se desenvolve consoante o consenso das partes.[304] Nesse âmbito, consensual, é a que exsurge daquilo que se denomina da "lógica do contrato", presente em todas as avenças públicas.

A compatibilização entre essas duas lógicas é um desafio permanente na contratação pública, assim como a disciplina jurídica da produção dos efeitos entre as partes contratantes e terceiros, diretamente envolvidos ou não na avença, conforme adiante expendido.

[303] GONÇALVES, Pedro Costa. **O Contrato...**, p. 103.
[304] GONÇALVES, Pedro Costa. **O Contrato...**, p. 120.

## 2.7. Da Relativização de Efeitos à Eficácia para Além das Partes Contratantes nos Contratos entre Particulares: pela Renovação do Diálogo entre Contrato Público e Contrato Privado

Desde a promulgação da Constituição Federal de 1988, mas, sobretudo, a partir da edição do Código Civil de 2002, é possível se sustentar que o Direito dos Contratos brasileiro se fundamenta em quatro pilares: a autonomia da vontade; o consensualismo; a força obrigatória e a boa-fé. Ao lado desses alicerces, oriundos de uma interpretação sistemática levada a efeito à luz da Constituição, consoante os ideários do movimento da constitucionalização do direito civil, podem-se acrescentar outros dois princípios: o equilíbrio econômico do contrato e a função social.[305]

Tal como no Direito Público, no Direito Civil, as transformações do direito contratual contemporâneo ocorrem em diversos níveis – que se entrelaçam e se complementam. Eles não podem ser compreendidos à luz de uma única causa geral, tal como a massificação das relações contratuais, a ampliação do uso dos contratos de adesão[306] ou mesmo o aumento do intervencionismo estatal.[307] Há uma multiplicidade de causas, sendo a primeira, de índole histórica.

No âmbito da contratação privada, o século XVIII foi marcado pela doutrina econômica e social do liberalismo, que influenciou a elaboração legislativa da concepção tradicional de contrato, em consonância com os imperativos da liberdade individual e, especialmente, do dogma máximo da autonomia da vontade.[308] Em 1804, o Código de Napoleão, no seu artigo 1.134, proclamava que os "contratos legalmente formados têm força de lei para aqueles que os celebraram", ao mesmo tempo que definiu que "cada um é absolutamente livre de comprometer-se ou não, mas, uma vez que

[305] Cfr.: FACHIN, Luiz Edson. **Teoria Crítica do Direito Civil.** 2ª ed., Rio de Janeiro: Renovar, 2003, p. 288 e seguintes.

[306] O artigo 54, da Lei nº 8078/1990 dispõe que contrato de adesão é aquele cujas cláusulas tenham sido aprovadas pela autoridade competente ou estabelecidas unilateralmente pelo fornecedor de produtos ou serviços, sem que o consumidor possa discutir ou modificar substancialmente seu conteúdo.

[307] MOTA PINTO, Carlos Alberto da. **Teoria Geral do Direito Civil.** 3ª ed., Coimbra: Coimbra editora, 1996, p. 81.

[308] GOMES, Orlando. **Contratos.** 9ª ed., Rio de Janeiro: Forense, 1983, p. 25

se comprometa, fica ligado de modo absoluto e irrevogável à palavra dada: era o ápice da ideia do *pacta sunt servanda.*

No ideário do *Code*, o respeito absoluto aos compromissos assumidos fazia com que as partes não pudessem se desvincular, a não ser através de outro acordo de vontade (distrato) ou pelas figuras típicas da *força maior* e do *caso fortuito.* Não havia qualquer possibilidade de modificação ou adequação da vontade das partes à realidade fática ou social da relação jurídica, pois a finalidade do contrato era exclusivamente o alcance dos efeitos inicialmente ambicionados e retratados no instrumento contratual. A liberdade de contratar e a igualdade formal das partes – que se completavam reciprocamente – formalizavam, portanto, os pilares desse sistema.[309]

Considera-se, nesse viés, que a obrigação contratual tinha por única fonte a vontade das partes. De tal modo, é da vontade que se originava a força obrigatória dos contratos, cabendo à norma jurídica unicamente colocar à disposição das partes instrumentos para assegurar o cumprimento das promessas e limitar-se a uma posição supletiva, abstendo-se de qualquer intervenção.

Ao lado disso, essa fase contratual é marcada pelo princípio da relatividade de efeitos em relação aos contratantes, o que delimita o âmbito de eficácia do contrato, no sentido de que os contratos só produziriam efeito em relação às "partes", não prejudicando, nem beneficiando "terceiros", cuja vontade não compareceu à formação do vínculo.[310]

Assim, "parte" para o contrato é aquela cuja vontade deu origem ao vínculo contratual; de outro lado temos como "terceiro", aquele cuja vontade é um elemento estranho à formação do contrato.

Vislumbra-se que, nesse sistema fundado na mais ampla liberdade de contratar, não havia lugar para as questões da igualdade e da justiça substancial das operações econômicas realizadas sob a forma contratual.

A igualdade jurídica, sob essa ótica, corresponderia somente à igualdade de possibilidades abstratas, vale dizer, a uma igualdade de posições formais; as quais, na realidade dos contratantes privados, correspondiam a desigualdades substanciais consistentes em profundas disparidades das condições concretas entre os contratantes.

[309] ROPPO, **O Contrato.** Almedina: Coimbra, 2009, p. 34.

[310] É a tradução do clássico brocardo romano: "*Res inter alios acta allis neque nocere neque prodesse potest*".

No século XX, os sustentáculos das concepções liberais foram se esmaecendo, incidindo diretamente na teoria dos contratos. As teorizações a propósito da igualdade formal dos contratantes desmoronaram diante da crise de 1929 e das duas grandes guerras. A relação entre os sujeitos contratantes e a atuação do Estado em relação ao contrato acabou sendo redimensionada, a partir de uma maior intervenção do público em espaços até então encerrados como exclusivo dos particulares, propiciando limitações à autonomia privada.

O Estado deixa, nesse contexto, uma posição de inércia para participar ativamente da realidade econômica, assumindo uma postura ativa no sentido de realizar políticas públicas, formalizando um período no qual se destaca o dirigismo contratual.

Sob o dirigismo contratual, a limitação da liberdade contratual ensejou que novas obrigações, ainda estranhas à vontade declarada ou interna dos contratantes, passassem a ser inseridas no contrato, isto é, o contrato não poderia mais a ser considerado somente como um campo livre e exclusivo para a vontade criadora dos indivíduos. É aí que, no âmbito do direito privado, a função social do contrato como instrumento para o movimento das riquezas ganha força.[311]

Nesse contexto é que emerge a relativização do postulado de que os contratos só geram efeitos entre as partes. Com efeito, a mudança de orientação decorreu de acontecimentos extraordinários, tal como a crise de 1929, que revelaram a injustiça da aplicação do *pacta sunt servanda* nos seus termos absolutos.

O fenômeno dos "terceiros" nas relações contratuais e a consequente relativização do efeito *inter partes* dos contratos, a partir, inicialmente, do seu desenho nas relações de consumo, em face do reconhecimento do status de consumidores para os terceiros, contempla uma eficácia diferenciada no sistema jurídico, pois permite que nasçam direitos no contrato exatamente para esses *terceiros, não contratantes*.

Na consideração dos terceiros em relação ao contrato, somente serão considerados aqueles que sofrem seus efeitos em razão de interações que se desenvolvem na sociedade. Nesta lógica, quanto maior a *inter-relação*

311 MARQUES, Cláudia Lima. **Contratos no Código de defesa do consumidor: o novo regime das relações contratuais.** 5. ed. São Paulo: Editora Revista dos Tribunais, 2005, p.223.

decorrente do contrato, mais perceptível a potencial valoração de interesses de terceiros.

As codificações liberais e o pensamento jurídico moderno desprestigiaram a perspectiva funcional. A ideia de função social do contrato insere-se, portanto, na perspectiva de funcionalização dos institutos de direito privado. Preliminarmente, cristalizou-se o reconhecimento da funcionalidade econômica do contrato, instituto imprescindível ao trânsito de riquezas. Na sequência, lapidou-se o conceito para admitir a funcionalização social do contrato. Esse desenvolvimento foi possível, graças à adoção de uma postura positiva do Estado, no sentido de promover condutas socialmente desejáveis e de controle do mercado no sentido de proteção do sistema de trocas capitalistas.

Para o pensamento liberal, a justiça contratual referia-se à justiça da transação ou troca e era pautada pelas ideias de liberdade, igualdade e reciprocidade, o que poderia ser designado como "justiça de troca" ou "justiça comutativa". A reciprocidade não se referia ao resultado da transação, mas sim à existência da negociação e da contraprestação contratual.[312] O ideal de justiça não se reporta aos resultados finais da ordem de mercado, mas sim à igualdade formal, que dispõem os indivíduos, de ingressarem nas relações contratuais. Por fim, a liberdade se refere à possibilidade que o cidadão tem para escolher tanto os termos, quanto os parceiros contratuais.

Os princípios fundamentais que regem os contratos deslocam seu eixo do dogma da autonomia da vontade e do seu corolário da obrigatoriedade das cláusulas, para considerar que a eficácia dos contratos decorre da lei, com a conscientização da função do contrato como operação econômica distributiva na sociedade atual, e tentar evitar a exclusão social.

As novas exigências de justiça social e as novas formas de organização de mercado oriundas de sua conformação contemporânea, tendo em vista as mudanças econômicas ocorridas, notadamente a produção em massa, introduziram novas dimensões e exigências que desafiam os princípios contratuais dominantes nas teorias clássicas e a racionalidade jurídica dominante. O aumento da intervenção do Estado na economia – por meio

312 LIMA LOPES, José Reinaldo de. **O aspecto distributivo do direito do consumidor.** In: Revista de Direito Mercantil industrial, econômico e financeiro, n. 123, Ano XL. São Paulo: Malheiros Editores, julho-setembro de 2001. p. 61.

de políticas tributárias e sociais – incorporou critérios de justiça social, praticamente ignorado no período de apogeu do liberalismo clássico.[313]

O princípio da igualdade sofreu uma metamorfose no reconhecimento das diferenças de *status jurídico*, a citar o grande comerciante e o consumidor, em cujas relações contratuais estão envolvidas grandes disparidades de poder. Nesse aspecto, cada classe específica determina o tipo de regime jurídico contratual que regulará as suas transações. Além disso, a ideia de reciprocidade igualmente sofreu mudanças substanciais, à medida que passa a definir não apenas a contraprestação formal, mas antes, uma certa equivalência substancial entre os valores dos termos intercambiados.

Ademais, a liberdade contratual torna-se sujeita a diversas limitações. Primeiramente, é restringida de modo a assegurar maior igualdade de oportunidade no mercado. Tornam-se ilegais as discriminações negativas pautadas na raça, etnia, gênero *etc.* Da mesma forma, impõem-se discriminações positivas, como por exemplo, o tratamento diferenciado e mais protetivo para as partes vulneráveis, como o consumidor, o idoso, o trabalhador, o portador de necessidades especiais *etc.*

Sob essa perspectiva, torna-se também inadmissível que os efeitos do contrato se restrinjam apenas a garantir os direitos às partes contratantes, pois se estaria privando terceiros, de defender seus direitos, em caso de lesão ou ameaça a estes, por conta da irresponsabilidade em determinados contratos celebrados.

Pois bem, a tão almejada liberdade que o indivíduo tem de contratar, sofre aqui sua limitação no que tange à sua eficácia. Demonstra-se, portanto, uma limitação que deve existir, evitando que, com o desenvolvimento do capitalismo, caracterize-se nas relações contratuais um desinteresse pelo social, trazendo repercussões negativas à coletividade, com a celebração de contratos danosos à comunidade.[314]

O contrato, na medida em que regula as transações econômicas e produz efeitos para terceiros, desempenha um papel fundamental na forma de alocação de poder e riqueza. O direito contratual, ao regular relações de troca, acaba por permitir ou facilitar resultados distributivos. Com isso,

[313] MACEDO JUNIOR, Ronaldo Porto. **Contratos relacionais e defesa do consumidor.** São Paulo: Editora Max Limonad, 1998. p. 44.

[314] LEONARDO, Rodrigo Xavier. **Redes contratuais no mercado habitacional.** São Paulo: Editora Revista dos Tribunais, 2003, p. 37.

o resultado distributivo variará significativamente conforme o arranjo institucional e jurídico que moldar o respectivo mercado.

Nessa perspectiva, a distribuição consiste em partilhar algo comum, ou seja, é tomar algo que é um todo e dividi-lo. Distribuição pressupõe algo a ser dividido que seja, necessariamente, comum e coletivo. "Distribuir, ou fazer justiça distributiva, é dar a cada um a sua parte no mal comum (distribuição dos ônus) ou no bem comum (distribuição de benefícios)".[315] Assim, os ônus e os benefícios do mercado são bens e males a serem distribuídos no mercado de consumo.

Na teoria contratual, embora se possa dizer que estamos no reino preponderante da justiça comutativa, esta só se realiza se inserida em um campo de distribuição.[316] Isto fica evidente quando, por exemplo, o Código de Defesa do Consumidor acolhe uma teoria contratual que subordina a liberdade de contratar a regras de caráter distributivo, como a alocação da responsabilidade sobre os fornecedores (proibindo nos contratos toda a transferência de responsabilidade para o consumidor), na distribuição das variações de mercado (permitindo que as cláusulas que se provem excessivamente onerosas para o consumidor venham a ser renegociadas) e na distribuição do poder de negociar (impedindo alterações unilaterais dos termos contratados).[317]

Embora tenha uma ação alocativa, a dinâmica do capital não produz distribuição que incorpore a todos, em especial os não envolvidos diretamente na dinâmica contratual. "O direito do consumidor, portanto, é um elemento determinador de justiça social e existência digna e para isto deve ser usado".[318]

Afigurando-se como instrumento de trânsito econômico emerge a noção de contrato (privado) como instrumento de satisfação de necessidades. Não há dúvida de que a função econômica do contrato constitui seu fio-condutor, não se podendo perder de vista que a compreensão do dado econômico em sentido amplo passa pelo atendimento de necessidades existenciais.[319]

315 LIMA LOPES, José Reinaldo de. **O aspecto distributivo...**, p. 59.

316 MACEDO JUNIOR, Ronaldo Porto. **Contratos relacionais...**, p. 45.

317 LIMA LOPES, José Reinaldo de. **O aspecto distributivo...**, p. 61.

318 LIMA LOPES, José Reinaldo de. **O aspecto distributivo...**, p. 67.

319 Cfr.: TOMASETTI JUNIOR, Alcides. **A configuração constitucional e o modelo normativo do CDC.** p. 28 e seguintes.

Daí não haver total incompatibilidade entre a noção de contrato como instrumento de trânsito de bens e de interesses com a concepção de que ele serviria ao também ao desenvolvimento social. Essa funcionalização da liberdade contratual (expressão da autonomia privada) ao desenvolvimento intersubjetivo tem status constitucional, uma vez que, em sentido amplo, decorre da própria Ordem Econômica Constitucional, que, expressamente, prevê que a livre iniciativa será exercida em função da existência digna e da justiça social.[320]

O transcurso da teoria contratual acima estabelecido, desde o *Code* napoleônico, até as recentes interpretações levadas a efeito à luz dos direitos do consumidor, demonstram a evolução dos contratos entre particulares no que concerne à extensão dos efeitos para além das partes contratantes.

Essa visualização deve ser aplicada também no universo dos contratos públicos, que, consoante será aludido no capítulo IV, produzem efeitos para além das partes contratantes, o que propicia a visualização da justiça distributiva como um dos elementos da contratação pública contemporânea.

Nesse passo, alude-se que a contratação pública deve aproveitar os horizontes e perspectivas de desenvolvimento da contratação privada para o seu próprio aprimoramento. Na tentativa doutrinária de se "autonomizar", os contratos públicos deixaram de dialogar com o direito dos contratos civis, empresariais e de consumo contemporâneos, permanecendo a doutrina tradicional a promover uma diferenciação da contratação pública da contratação privada estabelecida no século XIX, que, a rigor, não se apresenta mais como regra.

Ao dialogar com a teoria contratual contemporânea e, na medida da possibilidade, incorporar os avanços relativos à "lógica dos contratos", a contratação pública passa a assumir novas perspectivas e significados, conforme abaixo demonstrado.

## 2.8. A Plurissignificação Contemporânea dos Contratos Públicos

Os contratos públicos não representam, atualmente, apenas o papel de instrumento a partir do qual a Administração Pública obtém bens e serviços

[320] Dispõe o artigo 170, da Constituição Federal que a ordem econômica, fundada na valorização do trabalho humano e na livre iniciativa, tem por fim assegurar a todos existência digna, conforme os ditames da justiça social.

necessários para a realização de seus fins públicos. Na gramática publicística contemporânea, de acordo com Roberto Dromi, os contratos públicos assumem uma plurissignificação, própria da contemporaneidade, por ele denominada de hipermoderna.[321] Para não entrar na discussão específica a propósito da temporalidade atual (modernidade, pós-modernidade ou hipermodernidade) em que se inserem esses contratos, adiante serão examinados os significados de maior relevância que, no Brasil presente, podem ser aplicados aos contratos públicos.

### 2.8.1. Significado Administrativo como Ferramenta de Gestão

Numa concepção tradicional, o contrato público exerce o papel de meio técnico-administrativo, com o qual a Administração recorre ao mercado para (i) adquirir bens e serviços indispensáveis para o desempenho de seus encargos institucionais; (ii) edificar obras de infraestrutura necessárias para a prestação de serviços públicos, atividades de regulação, fomento *etc.* Trata-se de um significado do contrato, como instrumento para o exercício da gestão pública.

Em regra, esse é o significado mais atribuído ao contrato público, como ferramenta de gestão, na medida em que os contratos funcionam como meio para o suprimento da administração para o alcance de seus objetivos.

Já sob o enfoque do *governo por contrato(s)*, como antes afirmado, há a possibilidade do emprego dos contratos públicos em concessões de serviços públicos e parcerias nas quais a responsabilidade direta pela prestação do serviço ou a edificação da obra pública passa a ser do parceiro e/ou do contratado privado. Nesses casos, o instrumento contratual funciona como instrumento de gestão pública.[322]

Significa dizer, por exemplo, que os contratos de concessão de obras e serviços públicos podem constituir *ferramentas* de participação de agentes da iniciativa privada para a consecução de atividades públicas, culminando naquilo que se convencionou chamar de *contratos de transformação.* Tais contratos, por sua vez, caracterizam-se pela transferência, por parte do Estado, da responsabilidade e da gestão da prestação do serviço/obra

[321] DROMI, Roberto. **Derecho Administrativo.** 12.ª ed., Buenos Aires, Madrid, México, Hispania Libros, 2009, p. 443 e seguintes.
[322] DROMI, Roberto. **Derecho...**, p. 444.

contratado, ainda que mantenha a regulação e o controle sobre as variáveis de cumprimento do contrato.[323]

Em decorrência disto, consoante aduz Roberto Dromi, pode-se sustentar que o exercício da atividade de gestão pública pode ser considerada estatal, não estatal ou mista, isto é, hipótese em que há interação do Estado com os agentes particulares (concessionários, permissionários, por exemplo), sempre sujeitos a um controle integral do desenvolvimento gerencial público.[324] Isso pode acontecer, por outro lado, por meio de associações público-privadas, em que o Estado e os agentes da iniciativa privada compartilham riscos e benefícios, através do desenvolvimento conjunto de projetos de infraestrutura e serviços, o que é levado a efeito por meio da união de esforços de capacidades técnicas e profissionais, o que conduz, invariavelmente, a uma maior agilidade dos projetos e operações.[325]

Não resta dúvida, portanto, a propósito de que o contrato público contemporâneo assume uma dimensão administrativa de ferramenta de gestão pública.

### 2.8.2. Significado Político como Expressão de Realização de Necessidades, Direitos e Interesses Públicos

Na medida em que os contratos públicos passam a funcionar como tarefa administrativa *propriamente dita* destinada à realização de finalidades estatais e não apenas como instrumento de abastecimento de bens e serviços para a Administração, emerge sua significação de índole política como expressão de realização de necessidades, direitos e interesses públicos.[326]

Vale dizer, sob esse vértice, a contratação pública se volta, juntamente como os serviços públicos, com a regulação econômica e social e com o

[323] Sobre os contratos de transformação, em especial, os contratos de concessão, destaca Oswaldo Aranha Bandeira de Mello que por meio da concessão "(...) direitos os mais diversos podem ser conferidos pela Administração Pública aos particulares". In: BANDEIRA DE MELLO, Oswaldo Aranha. **Princípios Gerais de Direito Administrativo.** Rio de Janeiro: Forense, 1969, p. 489.

[324] DROMI, Roberto. **Derecho...**, p. 444.

[325] Cfr.: SUNDFELD, Carlos Ari. **Guia Jurídico das Parcerias Público-Privadas.** In: *Parcerias Público-Privadas.* SUNDFELD, Carlos Ari (org.) São Paulo: Malheiros, 2007, p. 18 e seguintes.

[326] DROMI, Roberto. **Derecho...**, p. 443.

fomento a se destinar à prossecução das necessidades, direitos e interesses públicos, funcionando como clara expressão deles.

Ao satisfazer *per se* (e diretamente) as necessidades, os direitos e interesses públicos, quando funciona por exemplo como forma de intervenção estatal para (i) a mitigação dos efeitos de crises econômicas, (ii) como forma de elevação dos índices de proteção ambiental ou ainda (iii) como engrenagem de inclusão social, o contrato passa a figurar ao lado das tradicionais formas de atuação administrativa, em especial, ao lado dos serviços públicos.

Nesse âmbito, o contrato público passa a ostentar também uma significação política como expressão de realização de necessidades, direitos e interesses públicos.

### 2.8.3. Significado Jurídico como Causa de Obrigações

A significação jurídica dos contratos igualmente diz respeito ao conjunto de obrigações decorrentes do objeto do contrato público. A rigor, é conforme o objeto do contrato que são delineadas as obrigações conferidas a cada uma das partes contratantes. Na relação jurídica contratual são entabulados – em conformidade com as normas jurídicas aplicáveis, leis e regulamentos – os direitos e deveres do contratante (Administração) e contratado (particular, em regra).[327]

Invariavelmente as obrigações provenientes das contratações em geral têm como conteúdo uma obrigação/prestação de *dar*, *fazer* ou não fazer, sempre ajustada entre as partes. Os contratos firmados com a Administração Pública, por sua vez, podem ter conteúdo diverso, tal como uma obra, serviço público ou qualquer prestação que tenha por finalidade atingir interesses e satisfação das *necessidades coletivas, gerais*. É por isso que se sustenta que a obrigação é consequência necessária e imediata da celebração de determinado contrato entre as partes, de forma que ele deve ser considerado efeito determinante das vontades externalizadas.

Em regra, as obrigações decorrentes das contratações administrativas do Estado se caracterizam por serem contratações de caráter pessoal, *intuitu personae*, a qual leva em consideração aspectos econômicos, técnicos

[327] TÁCITO, Caio. **Temas de Direito Público (Estudos e Pareceres)**. 1º volume. Rio de Janeiro: Renovar, 1997, p. 618.

e jurídicos do contratado, razão pela qual se não admite, a princípio, salvo ressalva expressa, cessões ou subcontratações com o intuito de adimplir com as obrigações decorrentes da contratação originária.[328]

Isto porque na relação jurídica contratual pública se contrapõem os direitos e obrigações do Estado e do contratado, de maneira equivalente (comutativa) no que se refere às prestações, mas não de maneira meramente quantitativa ou aritmética, haja vista se tratar de uma *igualdade proporcional* de direitos e obrigações das partes, com garantias para o contratado diante das prerrogativas (excepcionais, em muitos casos) da Administração Pública, desde que se atinja o objetivo – e objeto contratado – de se garantir a finalidade pública buscada pelo contrato, que ambas as partes pretendem ver satisfeito.

Nesse particular, o contrato – como agente hábil a promover a criação de direitos e deveres jurídicos para os partícipes da relação contratual – admite o significado jurídico como causa de obrigações.

### 2.8.4. Significado Normativo como fonte de Direito

Pode-se sustentar que ao entabular o direito aplicável às partes, o contrato também funciona como fonte normativa. Isto porque os documentos do procedimento de seleção (licitação) do contratado da Administração Pública devem fazer parte da formalização escrita do vínculo contratual, que é justamente o contrato público.

Com isso, o ato convocatório (edital) que estabelece as regras básicas da contratação, por exemplo, faz parte do contrato e, por isso, assume grande importância para a sua interpretação, de modo que os direitos e obrigações contratuais de ambas as partes devem ser examinados com sujeição aos atos que, de alguma forma, contribuíram e foram essenciais para a sua formação.[329]

É justamente pelo fato de conter no ato convocatório (edital) as condições definidoras e necessárias para a futura formalização do contrato, inclusive de ordem jurídica, econômica e administrativa, que há vinculação dos interesses públicos da Administração Pública com os agentes pri-

[328] DROMI, Roberto. **Derecho...**, p. 444.

[329] DROMI, Roberto. **Derecho...**, p. 445.

vados, não sendo possível, assim, realizar, salvo exceções expressamente admitidas, modificações.[330]

Portanto, pode-se afirmar que o ato convocatório consubstanciado no edital constitui a principal fonte da qual derivam os direitos e obrigações das partes contratantes, de modo a corresponder, portanto, para a solução das questões que emergem não somente da licitação mas, principalmente, da execução do contrato.

Assim, o edital e toda documentação relacionada ao contrato detêm um significado normativo como fonte de direito aplicável as partes. Esse conjunto normativo atua como fonte de direito em conjunto com os atos normativos, a legislação aplicável e com a Constituição Federal de 1988.

A título de exemplo, ao se admitir a repartição equitativa dos riscos nos contratos de parceria público-privado, *v.g.*, o ato convocatório, o contrato e os atos normativos subsequentes também atuam como fonte de direito e causa de obrigações.

### 2.8.5. Significado Econômico como Técnica de Desenvolvimento

O contrato público entendido como técnica de participação dos cidadãos na gestão pública passa a se constituir como uma ferramenta complementar do programa geral de governo. Neste passo, o contrato público constitui uma ferramenta auxiliar para o desenvolvimento econômico e social, uma verdadeira ferramenta complementar do programa geral do governo.[331]

Como consequência disto, o contrato público pode ser visto, também, como uma ferramenta auxiliar de economia para consolidar um desenvolvimento sustentado com equidade e solidariedade, com acesso possível e sustentável ao consumo e ao mercado para todos os cidadãos do país.

[330] As condições da proposta levada a efeito na licitação devem ser mantidas no contrato, nos termos estabelecidos pela Constituição Federal de 1988, no artigo 37, inciso XXI, nos seguintes termos: "ressalvados os casos especificados na legislação, as obras, serviços, compras e alienações serão contratados mediante processo de licitação pública que assegure igualdade de condições a todos os concorrentes, com cláusulas que estabeleçam obrigações de pagamento, mantidas as condições efetivas da proposta, nos termos da lei, o qual somente permitirá as exigências de qualificação técnica e econômica indispensáveis à garantia do cumprimento das obrigações".

[331] DROMI, Roberto. **Derecho...**, p. 445.

O desenvolvimento da economia para o desenvolvimento, com produção, competitividade, infraestrutura, tecnologia, exportação e adequada equivalência de preços e tarifas públicas, requer harmonia, em princípio, de três economias, são elas: a pública ou estatal, a solidária ou social e a privada ou de mercado.

É por isso que se alude ao dever do Estado de recorrer à contratação pública para alcançar instâncias sustentáveis, estáveis, solidárias e compartilhadas de crescimento e desenvolvimento, a fim de possibilitar a construção de infraestruturas modernas e possibilitar a prestação de serviços públicos e o alcance das finalidades públicas de forma eficiente e com qualidade.

Ao se utilizar da contratação pública para a prossecução de políticas públicas, de modo a buscar o desenvolvimento nacional sustentável, nos termos do artigo 3º, da Lei nº 8666/93 – tema central desta investigação – vislumbra-se um exemplo da vertente ou significado econômico da contratação pública como técnica de desenvolvimento.

### 2.8.6. Significado Processual como Princípio de Seleção do Contratado

Em razão de que o contrato constitui uma das formas da função administrativa, aplicam-se a ele, também, o regime jurídico da função administrativa por ocasião da sua celebração e execução.

A intervenção dos administrados na preparação e impugnação da vontade administrativa é regida pelas regras do regime jurídico da função administrativa, consubstanciado na licitação; aplicável, em regra, à luz da disposição constitucional, nos casos de contratação pública.

O procedimento de contratação por parte da Administração é um procedimento administrativo especial. Isto porque o procedimento anterior à contratação, que leva em consideração os objetivos da Administração, não pode ser confundido com o próprio contrato, que é o resultado dos interesses do contratado (particular, geralmente) e da Administração.[332]

Evidentemente que a sistemática da licitação no Brasil, como antecedente lógico, em regra, à celebração do contrato público, demonstra a visualização de que a contratação pública possui também uma perspectiva processual, como sequência de atos encadeados a um fim específico

[332] DROMI, Roberto. **Derecho...**, p. 448.

de atendimento de uma necessidade, direito ou interesse público e que se inicia como a seleção do contratado.

### 2.8.7. Significado Filosófico como Panorama das Justiças Comutativa e Distributiva

É possível, ainda, depreender-se um significado filosófico dos contratos públicos contemporâneos. A ideia de contrato remete às noções de equilíbrio, proporcionalidade e estabilidade.

Tradicionalmente, ocorrendo alguma circunstância que promova a desestabilização contratual, abre-se espaço a mecanismos de reequilíbrio da avença. Nas palavras de Karl Larenz, um contrato "(...) perde seu sentido e caráter original quando a relação de equivalência se modifica tanto que não se pode falar em contraprestação ou de um equivalente que possa ser considerado como tal".[333] Vale dizer, neste caso, a base objetiva do contrato, entendida como o conjunto das circunstâncias e do estado geral de coisas cuja existência ou persistência seria pressuposto para a permanência do contrato, deixa de existir.

Não há como, portanto, afastar o contrato de um ideal de justiça comutativa, presente nas relações sociais de troca, isto é, naquelas nas quais as partes devem dar e receber em uma proporção equitativa. Uma troca se apresenta comutativamente justa quando os bens que foram trocados equivalem-se harmoniosamente.

Quando o contratado dá o seu preço, o faz levando em consideração a situação econômica no momento da celebração do contrato, assim como os benefícios que pode auferir com a contratação. É justamente por esta razão que o contratado tem direito ao equilíbrio econômico-financeiro do contrato, o qual deverá ser revisto sempre que o contrato originariamente pactuado tenha sido alterado por causas imputáveis à Administração ou, até mesmo, por causas alheias a ela.

O fundamento jurídico deste direito do contratado está no princípio da justiça comutativa que pressupõe uma igualdade, um equilíbrio, entre os direitos e obrigações do particular e da Administração, isto é, uma equivalência, a fim de que não sejam sacrificados os interesses particulares, nem

[333] LARENZ, Karl. ***Base del negocio jurídico y cumplimiento de los contratos.*** Granada: Editorial Comares, 2002, p. 122.

mesmo os interesses públicos, sem que tenham sido devidamente avaliados e, caso necessário, recompostos.

Além disso, o contrato público surge, na atualidade como panorama de uma justiça de índole distributiva na medida em que, para além de estabelecer um equilíbrio de direitos e deveres entre as partes, também apresenta a possibilidade de satisfação de fins *supra* ou *ultra* partes. Vale dizer, o contrato público contemporâneo não pode ser visto somente como instrumento de concretização de direitos e deveres dos contratantes, mas também de toda a comunidade, mesmo de pessoas não afetadas diretamente por ele, mas que, por exemplo, auxiliam no seu custeio.

Sob tal ângulo, portanto, pode-se mencionar que o contrato público assume uma dimensão ou um significado filosófico como expressão de uma justiça contratual tanto de caráter comutativo entre as partes contratantes, quanto distributivo, em relação aos direta ou potencialmente afetados pela contratação pública.

# Parte II - As Transformações do Contrato Público a Partir do seu Emprego como Instrumento de Governo

*Distribuir mais aos que têm menos, e vice-versa.*[334]

Tomando-se a premissa apontada na primeira parte do livro, no sentido de que os contratos públicos podem ser utilizados com *instrumento de governo*, nesta segunda parte apresenta-se a prossecução de *políticas públicas secundárias, acessórias e/ou horizontais* como exemplo de um agir administrativo amplamente contratualizado, na qual o contrato pode funcionar efetivamente como mecanismo de regulação pública (caso em que a regulação ocorre por meio do próprio contrato público).

Partindo-se, portanto, da possibilidade do emprego do contrato público como instrumento de governo e da inserção, no seu escopo, das políticas horizontais, passa-se, na sequência, a aludir ao critério da sujeição à distributividade (e aos ideários de uma justiça contratual distributiva) como proposta para a qualificação de um instrumento contratual estatal como contrato público, a título de complementação dos critérios tradicionais de definição destes módulos convencionais.

Ainda, para confirmar os fundamentos da tese, são apresentadas algumas aplicações de políticas públicas horizontais, as quais corroboram o papel dos contratos públicos como instrumento de realização de ideais de justiça distributiva. As políticas públicas apresentadas, inseridas nos contratos públicos de forma explícita ou implícita, representam também, algumas equações destes contratos e estão voltadas a satisfazer diversos fins adequados às exigências contemporâneas que se apresentam à Administração.

334 ARISTÓTELES. Ética a Nicomâno. São Paulo: Abril Cultural, 1986, p. 10.

# Capítulo 3
# A Re-funcionalização dos Contratos Públicos: Limites e Possibilidades da Inclusão de Políticas Horizontais nos Contratos Celebrados pela Administração.

> *"(...) O governo não é um contratante como outros contratantes. Nenhum contratante tem exatamente o mesmo em jogo. Nenhum contrato entre partes privadas está tão profundamente envolvido nas políticas, na política e na economia do país inteiro".*[335]

O exame dos limites e das possibilidades da prossecução de objetivos acessórios, secundários e/ou horizontais na contratação pública constitui o escopo principal do presente capítulo.

Como mencionado no capítulo I, a ideia de *governo por contrato(s)* apresenta a possibilidade do emprego em sentido *lato* do contrato público como instrumento de governo ou de gestão pública. De fato, essa noção almeja transcender o papel do contrato como mera ferramenta administrativa, tornando-o própria missão ou tarefa estatal. Vale dizer, de meio técnico-administrativo, a própria celebração do contrato converte-se em política pública.

[335] WHELAN, John W.; PEARSON, Edwin C. **Underlying values in government contracts. In: Journal of Public Law**, nº 10, 1961, p. 312.

Nesse modelo, como demonstrado, a Administração passa a exercer também o papel fundamental de gestora de contratos, o que lhe propicia, por meio dos particulares, a realização de alguns de seus deveres constitucionais fundamentais.

Da noção tradicional, portanto, de que o Estado recorreria ao mercado para (i) adquirir bens e serviços indispensáveis para o desempenho de seus encargos institucionais; (ii) edificar obras de infraestrutura necessárias para a prestação de serviços públicos, atividades de regulação, fomento etc e (iii) prestar serviços públicos, sob o modelo de gestão do *governo por contrato(s)*, são adicionadas a realização de finalidades contratuais suplementares, não diretamente relacionadas ao objeto primeiro das prestações contratuais, mas presente no bojo e no contexto da celebração do contrato.[336]

No contexto do *governo por contrato(s)* pretende-se simultaneamente a prossecução do objeto primário contratado (a obtenção do bem e/ou do serviço ou a prestação do serviço público) e a realização de políticas acessórias, secundárias e/ou horizontais.[337]

Nos últimos anos, paralelamente às finalidades contratuais tradicionais, em especial, a obtenção de uma contratação vantajosa, isonômica e transparente, foram-se somando novas preocupações, denominadas também de *metacontratuais*,[338] de forma que as contratações públicas, a par de seus objetivos *imediatos*, passaram a servir também como instrumento de realização *mediata* das mais variadas políticas públicas voltadas à prossecução de demandas morais da sociedade, com fundamento no ordenamento jurídico.

Logo, com a inserção de políticas públicas *suplementares* na contratação pública, ela passa a se consagrar como um instrumento interventivo estatal dirigido (*targeted procurement*[339]) para produzir resultados mais amplos

336 Cfr.: GONÇALVES, Pedro Costa. **A regulação do mercado da contratação pública.** In: *Revista de Contratos Públicos – RCP*, Belo Horizonte, ano 3, n. 3, p. 201-208, mar./ago. 2013.

337 RODRIGUES, Nuno Cunha. **A Contratação...**, p. 19.

338 CÂMARA, Jacintho Arruda; NOHARA, Irene Patrícia. **Tratado de Direito Administrativo.** (Coord.: Maria Sylvia Zanella Di Pietro). Vol. 06. Licitações e Contratos Administrativos. São Paulo: Editora Revista dos Tribunais, 2014, p. 43.

339 SCHOONER, Steven L., GORDON, Daniel I.; CLARCK, Jessica L., **Public Procurement Systems: Unpacking Stakeholder Aspirations and Expectations (Working Paper).** In:http://ssrn.com/abstract=2014385. Acesso em 15 de janeiro de 2015.

do que o simples aprovisionamento de bens e serviços necessários à satisfação dos entes estatais.

Atualmente, inclusive no Brasil, uma série de iniciativas administrativas e legislativas têm buscado impulsionar cada vez mais a utilização de contratos públicos para a satisfação de objetivos extracontratuais, com destaque à *idée-force* do *desenvolvimento nacional sustentável* e sua multidimensionalidade.[340]

Parte-se da premissa de que, além de agente normativo e regulador da ordem econômica, o Estado também é consumidor de bens, serviços, obras, dentre outros. Ao se tomar parâmetros de sustentabilidade como critério para as compras que realiza, o Estado passa não apenas a redefinir padrões de consumo, mas também a "(...) impactar diretamente na reorganização do mercado, à medida que inaugura ou potencializa um nicho de mercado, influenciando a opinião pública e decisões empresariais, de modo a influenciar os padrões gerais de demanda".[341]

Vislumbra-se, assim, que as contratações públicas passam a atuar como instrumentos regulatórios,[342] vale dizer, o contrato público deixa de ser considerado exclusivamente objeto de regulação (caso em que a regulação ocorre por agência) e passa a funcionar, *per se*, como mecanismo de regulação pública (caso em que a regulação ocorre por meio do próprio contrato público).[343]

Como consequência disso, a inserção de finalidades acessórias no âmbito da contratação pública pretende o aproveitamento e, mais, a própria "internalização", na medida das possibilidades jurídicas, sociais e econômicas, das chamadas *"externalidades positivas"* (*spillover effects*) como escopo do próprio contrato[344] Com a compatibilização entre as finalida-

340 Cfr.: SACHS, Ignacy. **Desenvolvimento: includente, sustentável, sustentado.** Rio de Janeiro: Garamond, 2004, p. 25 e seguintes.

341 **LICITAÇÕES SUNTENTÁVEIS**. Juliana Bonacorsi de Palma e Nelson Novaes Pedroso Junior (coordenadores) In: Brasil. Ministério da Justiça. Secretaria de Assuntos Legislativos Mecanismos jurídicos para a modernização e transparência da gestão pública. Ministério da Justiça, Secretaria de Assuntos Legislativos. v. 2.Brasília: Ministério da Justiça, 2013, p.175.

342 JUSTEN FILHO, Marçal. **Comentários...**, p. 07.

343 GONÇALVES, Pedro Costa. **Regulação Administrativa e Contrato.** In: Revista de Direito Público da Economia. Ano 9, nº 35, jul-set.2011, p. 124 e seguintes.

344 Cfr.: CAMPOS, Diogo Duarte de. **A Admissibilidade de políticas secundárias na contratação pública: a consideração de fatores ambientais e sociais.** In: Estudos de Direito Público. Coimbra: Coimbra Editora, 2011, p. 127 e seguintes.

des contratuais e as externalidades internalizadas, "o contrato tenderá a fixar relações 'preços-quantidades' que se aproximam do ótimo social".[345]

Não se questiona que a Administração tem a obrigação, na contemporaneidade, de exercer o seu *"poder de compra"* de modo social e ambientalmente responsável. Não se discute, por igual, o *potencial indutor* de comportamentos que a contratação pública pode apresentar entre os agentes no mercado, transformando-os consoante seus objetivos.

A despeito da possibilidade de internalização das externalidades positivas, há muitas questões a serem acertadas no campo da contratação pública, em especial, a partir da sua colocação como instrumento de ação estatal destinada à satisfação de direitos fundamentais. As questões mais complexas hoje dizem respeito a: (i) como integrar as considerações ambientais, sociais e tecnológicas sem desnaturar a própria contratação pública e (ii) qual seria o grau ótimo de integração destas considerações nas contratações públicas?[346]

Basta recordar a significativa dimensão atual do universo das contratações públicas em relação ao Produto Interno Bruto (PIB) da maior parte dos países, para se perceber os impactos (tanto positivos quanto negativos) que tanto as boas quanto as más preferências governamentais podem ter nestes domínios.[347]

Nesse sentido, para além da visão (ainda corriqueira) a propósito da contratação pública levada a efeito desde uma perspectiva meramente instrumental, burocrática e estrita da economicidade,[348] cuja finalidade se cinge a salvaguarda privativa da maior vantagem exclusivamente econômica *(best value for money)*, a contratação pública deve ser visualizada como uma ferramenta a serviço do cumprimento efetivo dos fins constitucionais estatais e das políticas necessárias à sua concretização, isto é, devem ser integradas à prossecução do *value for money* considerações oriundas do *best social value*.[349]

[345] ARAÚJO, Fernando. **Introdução à Economia.** 3ª ed., Coimbra: Almedina, 2006, p. 553.
[346] ESTORNINHO, Maria João. **Curso de Direito dos Contratos Públicos: Por uma Contratação Pública Sustentável.** Coimbra: Almedina, 2013, p. 417.
[347] ESTORNINHO, Maria João. **Curso...**, p. 418.
[348] FELIÚ, José María Gimeno. **Compra pública estratégica.** In: PERNAS GARCÍA, J. José. (Direccíon) y otros. **Contratación Pública Estratégica.** Pamplona: Thomson Reuters – Aranzadi, 2013, p. 45.
[349] ESTORNINHO, Maria João. **Curso...**, p. 418.

A compatibilização entre eles não é simples. Ela requer uma visualização ampliada das finalidades da contratação pública e do próprio processo de seleção do contratado, que irá fornecer o produto, prestar o serviço à própria Administração ou diretamente ao usuário. A visão, baseada na legislação atualmente aplicável, de que a licitação se destina à realização da contratação *mais vantajosa* permanece. A compreensão, todavia, do que vem ser considerada a *maior vantagem* é que precisa corresponder às demandas da sociedade e aos deveres estatais contemporâneos.[350]

Daí, portanto, a enorme relevância do tema, o que impõe o seu exame mais detalhado.

### 3.1. Primeiramente a Questão Terminológica: Políticas Acessórias, Secundárias e/ou Horizontais?

O contrato público, independentemente de seu objeto imediato, seja a obtenção de um bem ou um serviço, seja a contratação de uma obra ou a concessão de um serviço público, deve ser considerado *vantajoso* e assegurar a *isonomia*.[351]

Além destas finalidades imediatas, *intracontratuais* ou microeconômicas, podem ser acrescidas outras finalidades mediatas, *extracontratuais* ou macroeconômicas. Em princípio, por se tratarem de finalidades inerentes à gestão pública e inseridas no escopo de atribuições constitucionais atribuídas ao Estado, elas têm sido designadas genericamente por políticas públicas dos mais variados matizes: ambientais, sociais, culturais, de desen-

[350] De acordo com Flávio Amaral Garcia e Leonardo Coelho Ribeiro, a "proposta mais vantajosa não necessariamente se refere à obtenção do menor preço, podendo a licitação servir de legítimo veículo para concretização de valores constitucionalmente protegidos". GARCIA, Flávio Amaral; RIBEIRO, Leonardo Coelho. **Licitações Públicas Sustentáveis**. In: RDA – Revista de Direito Administrativo, Rio de Janeiro, v. 260, maio/ago. 2012, p. 232.

[351] Eis o escopo inicialmente estabelecido para a licitação, como instrumento de seleção do particular para a contratação com o poder público no Brasil, na redação originária da Lei nº 8666/1993: a garantia da observância do princípio constitucional da isonomia e a seleção da proposta mais vantajosa para a administração. A Lei nº 12349/2010 atribuiu nova finalidade às licitações, considerada uma política pública horizontal, conforme adiante será expendido neste mesmo capítulo.

volvimento, tributárias, de fomento ou promocionais, dentre outras. A própria contratação pública *per se* tem sido considerada uma política pública.[352]

Como, em princípio, elas não constituiriam o objeto central da avença celebrada com o particular, essas políticas públicas têm sido adjetivadas como acessórias, secundárias e/ou horizontais, ou ainda, transversais[353], suplementares, adicionais ou colaterais.[354] Há ainda a denominação de políticas públicas agregadas (contratação pública agregada).[355]

Para os fins do presente estudo, adota-se a nomenclatura *políticas públicas horizontais,* uma vez que, consoante Sue Arrowsmith, a noção de políticas acessórias e/ou secundárias induziria, ainda que de modo implícito, à ideia de se estar diante de políticas de menor relevância ou expressão frente às buscadas imediatamente pelo contrato.[356] Em diversos casos, há paridade entre elas e, em outros, é possível se denotar que a Administração se utiliza da contratação pública com o objetivo primeiro de concretizar a *política horizontal* e não o contrário.

A definição do que constitui o objeto do contrato permite a inclusão de aspectos ambientais e sociais e outros que assumirão uma natureza principal e não meramente acessória. Por isso, pode-se afastar a terminologia de políticas secundárias. Em grande parte das contratações, elas se tratam de políticas principais. Aí pode-se estar diante de contratos com finalidades múltiplas.

A título de exemplo, destaca-se que, com o objetivo de minimizar os efeitos da depressão no pós-1929, os EUA lançaram mão do *Buy American Act,* a partir do qual contratação pública se destinou antes a estimular a

[352] Cfr. RODRÍGUEZ-ARANA MUÑOZ, Jaime. **La contratación del sector público como política pública.** In: Contratación Pública Estratégica. Navarra: Editorial Aranzadi, 2013, p. 32 e seguintes

[353] Cfr.: BLAY, Miguel Ángel Bernal. **El desarrollo de políticas activas de empleo através de los contratos públicos.** In: PERNAS GARCÍA, J. José. (Direccíon) y otros. **Contratación Pública Estratégica.** Pamplona: Thomson Reuters – Aranzadi, 2013, p. 163 e seguintes.

[354] De acordo com Nuno Cunha Rodrigues, na Europa eles têm sido chamados por "secundary policies" e nos EUA por "collateral policies". Cfr. RODRIGUES, Nuno Cunha. **A Contratação...,** p.202.

[355] Cfr.: CANO, Carlos Aymerich. **Crisis Económica y Contratación Pública.** In: PERNAS GARCÍA, J. José. (Direccíon) y otros. **Contratación Pública Estratégica.** Pamplona: Thomson Reuters – Aranzadi, 2013, p. 92.

[356] ARROWSMITH, Sue. **A taxonomy of horizontal policies in public procurement.** In: ARROWSMITH, Sue; KYUNZLIK, Peter (org.) Social and Environmental Policies in EC Procurement Law, Cambridge: Cambridge University Press, 2009, p. 21.

economia interna e, portanto, a promover a recuperação econômica, do que à aquisição de bens e produtos de origem nacional.[357]

No Brasil, é possível também exemplificação nesse sentido. A lei nº 8.666/93 teve a sua redação sistematicamente modificada para ampliar as hipóteses de dispensa de licitação. Em 1994, foram incluídas cinco hipóteses de dispensa de licitação, sendo duas delas de incentivo: dispensa de licitação para aquisição de material gráfico produzido por entidades administrativa criada com esta finalidade específica, a exemplo da Imprensa Nacional (artigo 24, inciso XVI); e contratação direta de associação de portadores de deficiência para prestação de serviços ou fornecimento de mão-de-obra (artigo 24, inciso XX).

A partir de então, dos 11 novos casos de dispensa de licitação previstos na Lei 8.666/1993, apenas dois não tratavam de incentivo. Todos os demais tinham por finalidade última promover o desenvolvimento de alguma atividade ou instituição específica. Ademais, merece destaque que, doravante, os dispositivos passaram a ser naturalmente visualizados em seus correspondentes contextos de política pública.

Deste modo, as seguintes políticas públicas ensejaram a criação de novas hipóteses de dispensa na Lei de Licitações: Política de Incentivo à Inovação e Pesquisa Tecnológica (Lei 10.973/2004); Política de Consórcios Públicos (Lei 11.107/2005); Programa de Apoio ao Desenvolvimento Tecnológico da Indústria de Semicondutores – PADIS (Lei 11.484/2007); Política Nacional de Assistência Técnica e Extensão Rural para a Agricultura Familiar e Reforma Agrária – PNATER (Lei 12.188/2010); Política de Desenvolvimento Nacional Sustentável (Lei 12.349/2010); e Programa Nacional de Apoio à Atenção Oncológica – PRONON (Lei 12.715/2012).[358]

Como aludido acima, o artigo 24, da lei nº 8.666/1993 estabelece atualmente uma série de hipóteses de fato, em seus incisos, que autorizam o poder público a promover a contratação direta do particular, sem necessidade do recurso ao processo licitatório. Antes do alcance do objeto ime-

[357] TRIONFETTI, Frederico. **Discriminatory Public Procurement and International Trade.** In: The World Economy, 23, (1), 2000, p. 106.

[358] **LICITAÇÕES SUNTENTÁVEIS.** Juliana Bonacorsi de Palma e Nelson Novaes Pedroso Junior (coord.) In: Brasil. Ministério da Justiça. Secretaria de Assuntos Legislativos Mecanismos jurídicos para a modernização e transparência da gestão pública. Ministério da Justiça, Secretaria de Assuntos Legislativos. v. 2.Brasília: Ministério da Justiça, 2013, p.175

diato do contrato, pretende-se, nesses casos, a realização de uma clara política pública.

No inciso VI, do *supra* referido artigo, prevê-se a contratação direta "(...) quando a União tiver que intervir no domínio econômico para regular preços ou normalizar o abastecimento". Ora, *in casu*, o que importa para a Administração é a regulação de preços ou a normalização do abastecimento de determinado bem ou produto e não a sua aquisição para uso próprio, de modo que a compra em si representa um objetivo secundário ou acessório à intervenção no domínio econômico. O mesmo se dá nas hipóteses previstas nos incisos XIII, XX, XXIV, XXV, XXVII, XXX e XXXI, XXXII e XXXIII do mesmo artigo da lei nº 8.666/1993, nos quais o Estado pretende obter uma prestação do particular ao mesmo tempo em que pretende promover certos objetivos ambiental e socialmente úteis.

Assim sendo, a ideia proporcionada pelas expressões *política pública horizontal* ou *política horizontal* parece ser mais adequada à busca de equiparação entre os escopos *imediatos* e *mediatos* do contrato, razão pela qual, ela será a adotada no presente estudo para designar os instrumentos que o Estado pode se valer para o cumprimento de seus fins constitucionalmente demarcados, por intermédio da contratação pública.

Antes do exame propriamente dito das políticas horizontais inseridas nos contratos públicos, é relevante o exame das funções tradicionais da contratação pública. Em princípio, a contratação administrativa compreenderia duas figuras: os contratos de colaboração e os contratos de delegação de competência, objeto da análise a seguir.

## 3.2. A Função Primeira da Contratação Pública: o Atendimento Imediato das Necessidades de Custeio e de Utilidades para a Gestão Pública, por meio dos Contratos Públicos de Primeira Geração, de Fornecimento ou de Colaboração[359]

Sob a concepção dos contratos de primeira geração, de fornecimento ou de colaboração, as contratações públicas serviriam ao abastecimento dos

[359] Consoante Marçal Justen Filho, "contrato administrativo de colaboração é a espécie de contrato administrativo em sentido restrito em que as prestações são executadas em proveito direto e imediato das próprias partes contratantes". In JUSTEN FILHO, Marçal. **Curso de Direito Administrativo.** 11ª ed., São Paulo: Editora Revista dos Tribunais, 2015, p. 476.

entes estatais de bens, obras e serviços necessárias para o bom desempenho de suas atividades. A contratação, como *atividade-meio* do Estado, atuaria de maneira instrumental para que a própria Administração, por meio de seus agentes, realizasse as suas *atividades-fim*.

É impositivo que o Estado realize seus deveres institucionais. Para isso, porém, ele depende da atuação dos particulares. O recurso estatal ao mercado e, portanto, aos particulares, emana do fato de que o Estado não dispõe de conhecimento necessários, recursos materiais e/ou de agentes suficientes para a produção de todos os bens e serviços de que precisa.[360] É mais vantajoso, economicamente, nestes casos, socorrer-se dos particulares, uma vez que consoante o princípio da especialização – que orienta a aplicação de recursos escassos – ao invés de um indivíduo empenhar toda a sua energia para a realização de suas necessidades, é mais eficiente a sua dedicação à uma atividade específica, primária, e recorrer a terceiros para as demais. Conforme Marçal Justen Filho, "(...) a especialização acarreta a elevação da qualidade e a redução dos cursos, gerando benefícios para todos".[361]

À luz dos princípios que dão norte à ação governamental, neste caso, em especial, a eficácia (artigo 74, da CF/88) e a eficiência (artigo 37, *caput*, da CF/88), deve o Estado voltar-se às atividades atribuídas à ele pela Constituição e promover a contratação de terceiros para se prover dos bens e serviços necessários à sua manutenção.

Essa contratação é designada, genericamente, como contratos públicos de primeira geração ou contratos de fornecimento. O objetivo primário, portanto, destes contratos é promover a satisfação direta e imediata das necessidades estatais, por meio de uma relação jurídica vantajosa com o particular (ganha-ganha), que assegure a eficiência da despesa pública[362] (*best value for money*) e observe tanto a isonomia entre os particulares, quanto os deveres de transparência e publicidade inerentes à uma administração republicana.

Os contratos de fornecimento de bens e serviços à Administração, bem como os de edificação e/ou reforma de obra pública são designados, gene-

360 JUSTEN FILHO, Marçal. **Comentários à Lei de Licitações e Contratos Administrativos.** 16ª ed., São Paulo: RT, 2014, p. 16.

361 JUSTEN FILHO, Marçal. **Comentários...**, p. 16

362 RODRIGUES, Nuno Cunha. **A Contratação Pública como instrumento de política econômica.** Coimbra: Almedina, 2013, p.197.

ricamente, também como contratos estáticos, pois têm seu prazo de duração, em regra, limitado a 60 meses, sendo que a lei nº 8.666/1993 (lei geral de licitação e contratos administrativos) é a lei atualmente aplicável a eles no Brasil. Por sua vez, ao lado dos contratos estáticos, há os contratos considerados dinâmicos, de longa duração, regidos inicialmente pela Lei nº 8.987/95 (lei geral de concessões) que permitem a concessão e/ou permissão de serviços públicos para os particulares e podem ser destacados também como um instrumental contemporâneo da contratação pública: a delegação do exercício de atividades públicas para pessoas privadas.

### 3.3. A Segunda Função da Contratação Pública: a Delegação do Exercício de Atividades Públicas para os Particulares, por meio de Contratos Públicos de Segunda Geração ou de Concessão

Com o aumento das incumbências estatais a partir da adoção de um modelo de Estado social, passa a Administração a ter o dever de prestar uma multiplicidade de serviços públicos, tanto diretamente, quanto por meio de particulares, selecionados previamente e com os quais subscreve contratos públicos de concessão ou de permissão, no caso brasileiro, nos termos do artigo 175, da Constituição Federal de 1988.

No Brasil, a partir da década de 1990, houve enorme ampliação na delegação de serviços públicos a pessoas privadas, de forma que os serviços públicos do dia a dia não podem ser considerados só serviços públicos, mas sim concessões e permissões de serviços públicos.[363] Isso porque as concessões são inafastáveis da vida contemporânea. Não há cidadão que não esteja diretamente ligado a uma vasta quantidade de concessões de serviços públicos, diariamente.

Consoante destaca Egon Bockmann Moreira, ao acender a luz pela manhã, ao banhar-se com aquecimento elétrico ou a gás, ao beber água tratada, ao ingerir alimentos transportados por via marítima ou aérea, ao deslocar-se por meio de ônibus, trens ou metrôs, ao utilizar telefonia fixa ou móvel, ao acessar a internet etc.[364], o cidadão se vê ligado a atividades

[363] MOREIRA, Egon Bockmann. **Direito das Concessões de Serviços Públicos: Inteligência da lei 8.987/1995. Parte Geral.** São Paulo, Editora Malheiros, 2010, p. 14.

[364] MOREIRA, Egon Bockmann. **Direito...**, p. 14.

geridas ou prestadas por delegação estatal a um concessionário ou permissionário de serviço público.

Estes contratos públicos, consagrados como de segunda geração ou de transformação,[365] diferenciam-se dos contratos de primeira geração porque eles tornam o concessionário um parceiro da Administração por longos anos.[366] Por meio deles, a gestão de serviços públicos e de obras é levada a efeito por pessoas privadas.

Com a delegação do serviço público, atribui-se a um sujeito privado apenas o *exercício de funções* específicas e determinadas atinentes ao serviço, mas não há a transferência da competência propriamente dita, pois que ela não é possível, à luz do ordenamento jurídico pátrio.[367]

Estes contratos – por meio dos quais se delega o exercício de funções públicas (a prestação de serviços públicos) a agentes privados – não se limitam a estabelecer o conteúdo da obrigação, ou a própria prestação objeto do contrato. Para além disso, eles apresentam as condições nas quais deve ser desenvolvida a prestação, os investimentos a serem realizados, as técnicas a serem utilizadas, as metas de qualidade do serviço, a necessidade de modernização e atualização dos meios materiais e técnicos relacionados à prestação etc.[368]

Insere-se no grupo dos contratos de segunda geração, os contratos de infraestrutura, que permitem o emprego da nomenclatura específica de *Administração infraestrutural*, isto é, aquela que celebra contratos de longa duração em vista da prossecução programada de obras e serviços que servem de base para o desenvolvimento de outras atividades, *v.g.*: rodovias, usinas hidrelétricas, portos, aeroportos, rodoviárias, sistemas de telecomunicações, ferrovias, rede de distribuição de água e tratamento de esgoto, sistemas de transmissão de energia etc.

Além destes contratos funcionalizados para permitir a prestação de serviços públicos por pessoas privadas, há que se destacar que há outras

[365] DROMI, Roberto. **Ecuaciones de los contratos públicos.** 2ª ed., Buenos Aires – Madrid – México: Hispania Libros, 2008, p. 92.

[366] JUSTEN FILHO, Marçal. **Teoria Geral das Concessões de Serviço Público**. São Paulo: Dialética, 2003, p. 07.

[367] JUSTEN FILHO, Marçal. **Curso de Direito Administrativo.** 11ª ed., São Paulo: Editora Revista dos Tribunais, 2015, p. 465.

[368] DROMI, Roberto. **Ecuaciones de los contratos públicos.** 2ª ed., Buenos Aires – Madrid – México: Hispania Libros, 2008, p. 87.

funções que emergem dos contratos públicos contemporaneamente, em especial, a possibilidade do emprego da contratação pública para o alcance de políticas públicas horizontais.

### 3.4. A "Descoberta" da Relevância Socioeconômica da Contratação Pública e o Aproveitamento de suas Externalidades Positivas

Como acima destacado, as concessões e permissões estão cada vez mais presentes na vida do cidadão, devido à indispensabilidade da prestação dos serviços públicos para a satisfação de necessidades humanas essenciais.

Se pequenas suspensões da prestação do serviço já acarretam danos incomensuráveis, a interrupção de determinados serviços públicos é capaz de inviabilizar a própria convivência humana em determinados espaços urbanos[369].

A continuidade, a adequação do serviço e a satisfação dos direitos dos usuários perpassa pela garantia da boa execução do contrato público, o que torna o próprio instrumento contratual e os seus possíveis efeitos, tanto fáticos quanto jurídicos, objeto de atenção e controle coletivo.

Não raro, os contratos de concessão e permissão de serviço público têm sido inseridos na pauta do debate político eleitoral. Seja em defesa da concessão do serviço, seja em oposição a ela, o instrumento contratual é colocado no epicentro da discussão.

No Brasil, também não tem sido incomum que a contratação pública estampe a capa de todos os periódicos. Costumeiramente relacionados com a malversação de recursos públicos, com o enriquecimento ilícito e lesão ao erário, além de taxados como fonte (ou duto) de corrupção, os

[369] Em 2014, o Estado de São Paulo passou por uma grave crise de abastecimento de água, o que levou a uma série de medidas de racionamento, que levou a uma série de pessoas a se mudar para outras cidades e empresas a modificar a sua sede. Sobre o tema: http://www1.folha.uol.com.br/especial/2014/crise-da-agua/#2646214282140136. Acesso em 10 de janeiro de 2015. O estado norte-americano da Califórnia vive também uma crise de água. Em 2014, o governo local declarou estado de emergência e começou a tomar medidas para preservar os recursos e evitar desperdício. Os cidadãos entraram num regime intenso de economia de água, com aplicação de elevadas multas para quem for flagrado em situações de desperdício, como lavar calçadas com mangueira ou deixar a irrigação do jardim ligada. Sobre o tema: http://www.latimes.com/opinion/op-ed/la-oe-famiglietti-southern-california-drought-20140709-story.html. Acesso em 10 de janeiro de 2015.

contratos públicos (bem ou mal) representam assunto comum no dia-a--dia do brasileiro.

Ainda, a afirmação de um Estado social e intervencionista acarretou uma função promocional de satisfação de demandas morais da sociedade correspondentes a direitos constitucionalizados. Os entes públicos assumiram o dever de satisfação de uma vasta gama de necessidades coletivas e individuais, de modo que o Estado, individualmente considerado, tornou-se o maior contratante na economia, inclusive nos EUA, que é considerado o que apresenta menor grau de intervenção, dentre os países desenvolvidos.

Assim, a atividade contratual do Estado não pode mais ser compreendida exclusivamente como mero instrumento para atendimento de necessidades administrativas ou tão-só como meio para a delegação do exercício de atividades públicas para os particulares. É preciso considerá-la também como forma de satisfação de direitos e liberdades constitucionais.

A capacidade de compra dos entes públicos passa a funcionar, assim, como elemento de orientação do mercado e dos operadores econômicos no sentido de uma responsabilidade social inescusável, além de fomentar o desenvolvimento de novos produtos ou serviços inovadores, o que traz, por decorrência, a dinamização da atividade econômica e da competitividade.[370]

Se antes os contratos públicos poderiam (facultativamente) ser compreendidos como instrumentos de indução de comportamentos dos particulares em direção à satisfação de fins horizontais, agora, eles passam obrigatoriamente (incide o dever jurídico) a servir para estes fins. Isso se deve à ampliação da conscientização do poder de compra estatal e da sua repercussão no mercado.

O aproveitamento econômico das externalidades positivas do contrato público, porém, não é tão recente. Há alusões de que esta dimensão instrumental da contratação pública sempre esteve presente. Ela pode ser revelada de forma muito evidente, pelas cláusulas de preferência por produtos nacionais ou de origem local, realizadas mesmo em Estados que alegam aversão ao protecionismo, como os EUA.

Lá, o *Buy American Act*, aprovado pelo Congresso em 1933, destinava-se a minimizar os efeitos da Depressão nos pós-1929 e se mantém vigente até

[370] PERNAS GARCÍA, J. José. (Direccíon) y otros. **Contratación Pública Estratégica.** Presentación. Pamplona: Thomson Reuters – Aranzadi, 2013, p.17.

os dias atuais, a despeito de todas as pressões internacionais e das organizações multilaterais[371].

Em uma das primeiras tentativas de refrear a crise econômica deflagrada a partir de 2008, a União Europeia apresentou a contratação pública como estratégia de fomento ao investimento, de promoção do emprego e de estímulo à economia[372]. Isto é, mais do que, como é seu papel primário, satisfazer as necessidades típicas de aquisição dos órgãos públicos, *v.g.*, suprir suas demandas de bens e serviços, a contratação pública exsurge no contexto de uma política pública macroeconômica de estímulo à economia. Trata-se, portanto, de aplicação da contratação pública para a realização da despesa pública estimuladora[373], de modo a realizar objetivos políticos fundamentais por meio da inserção de critérios e/ou políticas públicas horizontais na esfera da contratação pública.

Mais recentemente, em 2009, o Congresso dos EUA aprovou pacote de estímulo à economia em que apresentam novas regras de preferência a produtos de origem norte-americana também em obras públicas.[374]

Na comunidade europeia, destaca-se o chamado *Relatório Monti*, editado em maio de 2010, o qual estabeleceu uma série de critérios para a revisão, pelos países da União Europeia, das diretivas sobre contratação pública, a partir, essencialmente, da necessidade de se permitir uma maior integração de objetivos de política horizontal na contratação pública.[375]

Em verdade, para além de se buscar estimular o desenvolvimento dos mercados locais, os governos sempre foram relutantes em comprar fora de seus domínios territoriais, seja por razões econômicas, como a fuga de divisas e a formação de *déficit* externo, seja por razões de segurança nacional e de independência econômica e tecnológica em setores estratégicos (manutenção de experiência e de capacidades industriais).[376]

[371] TRIONFETTI, Frederico. **Discriminatory Public Procurement and International Trade.** In: The World Economy, 23, (1), 2000, p. 106.

[372] GONÇALVES, Pedro Costa. **Gestão de Contratos Públicos em Tempos de Crise.** In: Pedro Gonçalves (Coord.) Estudos de Contratação Pública. Vol. III. Coimbra: Coimbra editora, 2010, p. 07.

[373] GONÇALVES, Pedro Costa. **Gestão...**, p. 07

[374] RAIMUNDO, Miguel Assis. **A Formação dos Contratos Públicos: Uma concorrência ajustada ao interesse público.** Lisboa: AAFDL, 2013, p. 394

[375] Cfr.: RODRIGUES, Nuno Cunha. **A Contratação Pública como instrumento de política econômica.** Coimbra: Almedina, 2013, p.197 e seguintes.

[376] Cfr.: RODRIGUES, Nuno Cunha. **A Contratação...**, p.197 e seguintes.

É, portanto, com o crescente aproveitamento das externalidades positivas dos contratos públicos, tanto os de fornecimento (primeira geração), quanto os de delegação da prestação de serviços púbicos (segunda geração) que se passa a fazer referência à instrumentalização da contratação pública para o alcance de finalidades e/ou políticas horizontais, conforme se analisará a seguir.

### 3.5. A Instrumentalização da Contratação Pública como Re-Funcionalização dos Contratos Públicos a Partir da Introdução de Fins Acessórios, Secundários e/ou Horizontais

Como acima afirmado, a introdução de objetivos acessórios, secundários e/ou horizontais na contratação pública abre uma oportunidade para a Administração desenvolver, na própria relação contratual, ações e políticas públicas que, até então, estavam excluídas do escopo contratual (pois deteriam função *extracontratual*) e, portanto, deveriam ser realizadas por outros meios, como a prestação direta de serviços públicos, as políticas desempenhadas por seus próprios agentes etc., haja vista que estas estão inseridas no espectro de funções constitucionais finalísticas atribuídas ao Estado[377].

Por outro lado, consoante já destacado no capítulo I, a contratação pública serve ao alcance de fins que podem ser relacionados ao conceito genérico de políticas públicas, tomado em seu sentido amplo, como forma de atuação/intervenção estatal em vista da satisfação de seus deveres finalísticos. Tanto os contratos de fornecimento ou curta duração, quanto os de concessão ou de longa duração se destinam, em última análise, à satisfação de políticas públicas.

A funcionalização da contratação a outras finalidades para além do objeto específico do contrato, também pode ser designada como *função social do contrato público*, já que tem o potencial de irradiar efeitos favoráveis para além da própria estrutura estatal.[378]

[377] Cfr. ESTORNINHO, Maria João. **Direito Europeu dos Contratos Públicos.** Coimbra: Almedina, 2006, p. 48 e seguintes.

[378] FERREIRA, Daniel. **A Licitação Pública no Brasil e sua Nova Finalidade legal: A promoção do desenvolvimento nacional sustentável.** Belo Horizonte: Fórum, 2012, p. 36 e seguintes.

Indubitavelmente, (i) a aquisição de medicamentos para a distribuição em postos de saúde pública, (ii) a compra de livros didáticos para a educação infantil, (iii) a conservação de estradas, (iv) a obtenção de merenda escolar e (v) a distribuição de energia elétrica, dentre outros, constituem-se em ações governamentais que se destinam ao atendimento de direitos fundamentais.

A aquisição de remédios, por exemplo, não se basta com a mera entrega do produto. Pode-se mencionar, como política horizontal de pesquisa e inovação na área farmacêutica, que o produto adquirido seja produzido com matéria pública nacional e/ou ofereça índices progressivos de eficácia, de redução de toxidade, de efeitos colaterais e de interações com outras substâncias, dentre outros, em relação às aquisições anteriores.[379]

No caso da aquisição de livros didáticos, uma possível política horizontal de índole ambiental seria a exigência de sua impressão em papel certificado que ateste que a madeira utilizada em sua fabricação seja oriunda de processo produtivo manejado de forma ecológica e socialmente adequada.

Na manutenção de rodovias, uma política horizontal já bastante difundida de natureza social é a exigência estabelecida no instrumento de concessão da contratação de um percentual mínimo de colaboradores permanentes portadores de necessidades especiais, promovendo a sua inclusão no mercado de trabalho.[380]

Por sua vez, na aquisição de merenda escolar, alude-se à necessidade de que ela seja composta exclusivamente por alimentos isentos de agrotóxicos (devidamente certificados) e sem elementos industrializados com potencial cancerígeno.[381]

[379] Cfr.: GUIMARÃES, Reinaldo. **Bases para uma política nacional de ciência, tecnologia e inovação em saúde.** In: Bulletin of the World Health Organization. CNPq/PRE/AEI 2002. Diretório dos Grupos de Pesquisa no Brasil. http://www.scielosp.org/pdf/csc/v9n2/20392.pdf Acesso em 19 de janeiro de 2015.

[380] Uma política social considerada satisfatória na Espanha para fazer frente ao elevado índice de desemprego, foi a exigência, nos contratos de concessão e de execução de obras públicas, que os novos funcionários a serem empregados para a execução das atividades que se encontrassem em situação legal de desemprego. Cf.: BLAY, Miguel Ángel Bernal. **El desarrollo de políticas activas de empleo através de los contratos públicos.** In: In: PERNAS GARCÍA, J. José. (Direccíon) y otros. **Contratación Pública Estratégica.** Pamplona: Thomson Reuters – Aranzadi, 2013, p.175.

[381] O programa governamental *"Cultivando água boa"* que integra a Usina Hidroelétrica de Itaipu e os municípios brasileiros lindeiros ao lago incentiva o desenvolvimento da agricul-

A concessão da prestação do serviço público de distribuição de eletricidade pode vir acompanhada da exigência de uma política horizontal de substituição gradual das redes aéreas de distribuição por redes subterrâneas – que embora apresente elevados custos iniciais – ao longo do tempo, promove a diminuição de dispêndios com a conservação dos cabos aéreos, pois se minimiza a exposição da rede a eventos climáticos que provocam a interrupção do serviço e descarga elétricas; por consequência, diminui o número de pedidos de ressarcimento por danos a equipamentos elétricos e oferece um serviço mais seguro para a sociedade, evitando acidentes com fios de alta-tensão; obstando atos de vandalismo e dificultando o furto de energia elétrica (o "gato"), dentre outras práticas de implementação de eficiência energética.[382]

Em outro exemplo, se entre as finalidades estatais está presente a sustentabilidade ambiental, por meio da contratação pública de "produtos e serviços verdes" em detrimento de produtos tradicionais, estará a Administração alcançando – ainda que indiretamente – uma política pública de índole constitucional prevista no artigo 225 da lei fundamental brasileira. O chamado *green public procurement*, objeto de exame específico adiante, representa, pois, um dos vetores de uma contratação pública sustentável (nos termos da atual redação do artigo 3º, da lei 8.666/1993), que é envolvida por múltiplas dimensões, tais como a financeira, a ecológica, a social, dentre muitas outras.[383]

Das situações narradas acima, denota-se que a instrumentalização dos contratos públicos para realizar finalidades horizontais pode se desdobrar em uma pluralidade de políticas públicas verdadeiramente inimaginável.

A contratação pública representa, nesse sentido, um instrumento multiplicativo para a satisfação de direitos fundamentais. Veja-se, a título de exemplo, o direito fundamental à liberdade de locomoção. A Constituição Federal estabelece normativamente a salvaguarda do direito de ir e vir. Desde o remédio constitucional (*Habeas Corpus*) hábil à sua defesa em caso de ameaça ou coação à liberdade por ato de autoridade, passando pela

tura orgânica para a elaboração da merenda escolar destinada aos alunos destes municípios.

382 Cfr.: GARCÍA, J. José Pernas. **Contratación Pública y Eficiencia Energética.** In: PERNAS GARCÍA, J. José. (Direccíon) y otros. **Contratación Pública Estratégica.** Presentación. Pamplona: Thomson Reuters – Aranzadi, 2013, p. 283 e seguintes.

383 KUNZLIK, Peter. **Green procurement under new regime**. Copenhagen: Dojf Publishing, 2005, p. 124.

criminalização de condutas privadas que impeçam o seu exercício (cárcere privado), até o livre ingresso e saída do país, tem-se deveres estatais obrigatórios para a proteção deste direito.

Do seu núcleo essencial, no entanto, é possível se extrair uma série de deveres estatais adicionais – diretos e indiretos – que se voltam à máxima implementação deste direito. O transporte público é uma decorrência (direito derivado ou decorrente) do direito fundamental de ir e vir. Para pessoas portadoras de necessidades especiais, emerge o direito à acessibilidade como consectário lógico do direito à locomoção. Os subsídios concedidos às pessoas idosas e aos estudantes para que usufruam de meio de transporte adequado também possuem a mesma fundamentação; e, em última análise, a própria implementação de infraestruturas de tráfego se destina, à garantia da plena liberdade de ir e vir.

Do transporte coletivo à construção de vias urbanas e rurais se faz referência à contratação pública. É por meio destes contratos públicos que direitos fundamentais basilares, como a liberdade de locomoção, podem ser implementados.

Por conseguinte, mesmo que de modo indireto, a contratação pública abre espaço inclusive para a visualização de deveres estatais que, embora normativamente previstos no núcleo essencial do direito fundamental, ainda não são devidamente satisfeitos, em especial em países de modernidade tardia como o Brasil.

A funcionalização da contratação pública pode ir ainda mais adiante. Para além de satisfazer direta ou indiretamente direitos fundamentais, ela tem o potencial de modelar o mercado, sem que o Estado se utilize diretamente da sua autoridade. Vale dizer, a Administração pode agir sem o recurso à obrigações e proibições ou ainda sem a imposição direta de sanções aos particulares pelo descumprimento de deveres.

Em outras palavras, as contratações públicas servem de estímulo para a adaptação gradual e espontânea dos atores privados a finalidades e práticas benéficas, de caráter social, ambiental ou econômica.

De acordo com Daniel Ferreira, as discriminações positivas e negativas podem se apresentar como "(...) o prenúncio do que, em breve, poderá ser compulsório, tanto na esfera pública, quanto no mercado, até mesmo como condição para permanência no mercado",[384] *v.g.:* a produção de uten-

[384] FERREIRA, Daniel. **A Licitação Pública no Brasil e sua Nova Finalidade legal: A promoção do desenvolvimento nacional sustentável.** Belo Horizonte: Fórum, 2012, p. 45.

sílios e móveis de madeira devidamente certificada; edifícios sustentáveis; tintas e embalagens biodegradáveis, dentre outros.

De instrumento hábil para a satisfação de políticas públicas por outros meios, com a ação governamental direta, a contratação pública pode se tornar *per se* uma política pública, seja de viés econômico, social, ambiental etc., uma vez que a Administração não contrata exclusivamente o objeto da avença mas, em igual medida, uma série de encargos e/ou obrigações atreladas diretamente ao objeto e à própria finalidade estatal.

A título de ilustração, a contratação pública pode ser empregada como política econômica e, sob essa abordagem, ela pode desempenhar, em princípio, cinco funções distintas: (i) contribuir para o aumento da procura global e estimular a atividade econômica privada; (ii) proteger a indústria doméstica de concorrência externa; (iii) aprimorar o desenvolvimento da competitividade de determinados setores; (iv) minimizar as assimetrias regionais e (iv) promover a criação de empregos e beneficiar minorias excluídas.[385]

As políticas públicas implementadas por meio dos contratos celebrados pelo Estado têm sido, a princípio, denominadas de estratégicas[386], porque visam à promoção do desenvolvimento em geral. São, por igual, taxadas de protetivas[387], quando protegem o mercado local de concorrência externa, seja regional ou nacional e proativas, nas hipóteses em que pretendem uma intervenção direta do Estado na economia, sobretudo em períodos de recessão, como forma de garantir a recuperação econômica.

Com a possibilidade da produção de efeitos econômicos relevantes e não havendo maiores entraves jurídicos, tampouco barreiras financeiras intransponíveis, uma vez que os custos associados à contratação pública tem sido frequentemente considerados menores do que quando comparados a outros meios de implantação de políticas econômicas interventivas, como a concessão de subsídios, os governos têm pautado suas ações eco-

[385] JEANRENAUD, Claude. **Marchés Publics et politique économique**. In: Annales de L'Économie Publique, Sociale et Coopérative. nº 72, 1984, p. 157.

[386] Cfr.: PERNAS GARCÍA, J. José (Dirección). **Contratación Pública Estratégica.** Navarra: Editorial Aranzadi, 2013

[387] TREPTE, Peter. **Procurement in the EU – A Practitioner's guide**. 2ª ed., Oxford: Oxford University Press, 2007, p. 73.

nômicas por intermédio da contratação pública para a satisfação de políticas de múltiplas ordens.[388]

Por conseguinte, como se parte da premissa da escassez de recursos financeiros, a concretização de políticas públicas pode (também) ser realizada por meio da contratação púbica, o que permite contornar a utilização direta (e imediata) de recursos públicos para a implementação de políticas públicas (muitas vezes muito mais dispendiosa, mas também mais eficaz), com a consequente satisfação de direitos fundamentais.

A utilização estratégica da contratação pública para responder aos desafios de dar atendimento aos deveres estatais inescusáveis não pode significar uma redução na eficácia dos próprios contratos públicos, tampouco a assunção de encargos desproporcionais ou se destinar a falsear a concorrência e a isonomia, que constituem pressupostos para as avenças administrativas.

Em diversos ordenamentos jurídicos, a legislação regente das compras governamentais estabelece de modo minudente a disciplina jurídica (*hard law*) do processo de contratação, de modo a disciplinar o "como comprar". Contudo, ela não define o conteúdo da aquisição, cuja competência fica a cargo do Administrador, que detém margem de liberdade (discricionariedade) para decidir "o que comprar", conforme as necessidades do órgão ou entidade. Além das regras de procedimento, relativas ao "como comprar", acena-se, na contemporaneidade, à imposição de pressupostos obrigatórios ou à previsão de incentivos para orientar as decisões sobre bens e serviços que serão contratados (o que comprar).

As considerações sociais e ambientais na contratação pública foram vistas, durante muito tempo, como aspectos acessórios, levados a efeito apenas a título de orientação (*soft law*), pois não dotadas de obrigatoriedade jurídica. Quando admitidas, eram inseridas de forma limitada e com muitas cautelas. Em termos de regime jurídico, o salto qualitativo consistiu na superação de uma visão redutora do potencial do contrato público para realizar políticas públicas, bem como deixar de encarar tanto as preocupações ambientais quanto sociais, como meramente instrumentais.[389]

[388] RODRIGUES, Nuno Cunha. **A Contratação Pública como instrumento de política económica.** Coimbra: Almedina, 2013, p. 18.

[389] ESTORNINHO, Maria João. **Curso de Direito dos Contratos Públicos: Por uma Contratação Pública Sustentável.** Coimbra: Almedina, 2013, p. 418

O marco para este estabelecimento ocorreu na União Europeia com a edição do Acórdão *Concórdia Bus – Finland.*[390] Ele foi decidido pelo Tribunal de Justiça da União Europeia, sendo considerado, desde então, como um *leading case* apto a orientar os critérios de inserção de políticas horizontais nos contratos públicos tanto para os legisladores quanto para os administradores.

A respeito do caso, destaca-se que, em 1997, foi lançado um concurso público (procedimento licitatório) para a celebração de um contrato de concessão de serviços de transporte público municipal (ônibus) da cidade de Helsinque, na Finlândia. Como critério de escolha do contratado, consagrou-se a proposta economicamente mais vantajosa combinada com um critério adicional relativo à qualidade dos veículos, à gestão da qualidade e a preservação do meio ambiente. A esses critérios, adicionava-se outro, que permitia um acréscimo adicional de pontos, às propostas que demonstrassem que os ônibus apresentariam um índice de emissões de gases (nitrogênio) inferior a 4g/kWh ou um nível sonoro inferior a 77db, por veículo.

Sagrou-se vencedora a empresa *HKL-Bussiliikenne,* o que levou a que um dos oito concorrentes, a empresa *Concordia Bus Finland Oy Ab,* classificada em segundo lugar, requeresse a anulação da decisão, com o argumento de que a empresa HKL só venceu o certame pelo critério adicional supramencionado,

Ao solicitar a anulação da decisão, a empresa Concordia Bus fundamentou-se (i) no fato de que a atribuição de pontos adicionais seria discriminatória e (ii) os pontos adicionais foram atribuídos pela utilização de um tipo de ônibus, que apenas um concorrente, a HKL, tinha, à época, a possibilidade de fornecer.

Diante disso, coube ao Tribunal de Justiça da União Europeia decidir sobre: (i) poderia a Administração tomar em consideração critérios ecológicos para decidir qual seria a proposta economicamente mais vantajosa? (ii) é possível a atribuição de pontos adicionais pela verificação do cumprimento quanto ao nível de emissões gasosas e ao nível sonoro? (iii) se provado que apenas uma empresa fosse capaz de cumprir os requisitos adicionais, o resultado permaneceria o mesmo?

À época, em decisão considerada inovadora, o Tribunal de Justiça da União Europeia manteve a decisão da administração local, de modo a refe-

[390] Acórdão TJUE, Concórdia Bus, de 17 de Dezembro de 2002 (Processo C-513/99).

rendar a possibilidade de inserção de elementos ambientais como critérios aptos à seleção da proposta mais vantajosa. A decisão consagrou que a proteção do ambiente deveria ser um fator preponderante na escolha do bem ou serviço.

E mais, ao lado do critério atinente ao preço, acolheu a possibilidade de conciliação de ponderações ambientais e sociais, determinando a escolha por uma aquisição da qual a médio e a longo prazo serão produzidas mais vantagens do que aquelas que são possíveis de extrair pelo primeiro critério enunciado. Em síntese, o acórdão do TJUE estabeleceu os seguintes requisitos para a admissibilidade da consideração de critérios ambientais na contratação pública: (i) os critérios devem estar ligados ao objeto do contrato; (ii) eles não podem podem conferir à Administração uma liberdade de escolha incondicional; (iii) eles devem estar expressamente mencionados no edital; (iv) é preciso respeitar todos os princípios fundamentais do Direito da União Europeia, em especial, o princípio da não-discriminação.

Não resta dúvida, à luz da decisão *supra*, que a contratação pode ser equacionada como um instrumento importante – paralelo às demais formas de atuação administrativa, como, *v.g.*, o fomento – ao dispor dos governos para a satisfação de seus deveres constitucionais fundamentais, o que reforça os fundamentos para a designação do *contrato como instrumento de governo*, tal como referido no capítulo 1.

Isso ocorre essencialmente porque uma das características da contratação pública é o fato de que, ao contratar – independentemente do objetivo a ser perseguido – o ente estatal procede a uma redistribuição de riqueza[391] isto é, para usar uma noção da economia, mas que não se limita a ela, a contratação pública cria "externalidades positivas".[392]

Com a geração e, antes disso, com a própria percepção da ocorrência destas externalidades contratuais positivas, passa a ser possível questionar se não constitui um dever inerente ao exercício do poder público o direcionamento compulsório da contratação também a estes objetivos[393]. Dito de outra forma, a contratação pública, por sua própria natureza, representa

[391] SCHOONER, Steven L., **Desiderata: Objectives for a system of government contract law.** In: Public Procurement Law Review, nº 2, 2002, p. 105.

[392] SCHAPPER, Paul R.; VEIGA MALTA, João; GILBERT, Diane, **An analytical framework for the management and reform of public procurement.** Journal of Public Procurement, nº 2006, p. 05.

[393] SCHAPPER, Paul R.; VEIGA MALTA, João; GILBERT, Diane, **An analytical...**, p.11.

uma forma de intervenção na vida econômica e social da comunidade e esse vértice da atuação pública não pode ser, de modo algum, olvidado.[394] Trata-se de uma atribuição adicional à contratação pública, que passa a ser (e a estar) funcionalizada a outros fins, para além de seus objetivos imediatos (tanto no caso dos contratos de fornecimento, quanto nos casos dos contratos de concessão).

A funcionalização da contratação pública é, pois, fenômeno contemporâneo inquestionável. Por meio dela é que nasceram inúmeras boas práticas ambientais e/ou laborais e pesquisas relevantes foram realizadas de modo a promover o desenvolvimento e a inovação tecnológica. Nessa última esfera, ganha relevo o papel que a contratação pública desempenhou para o desenvolvimento, dentre outros, de redes de informática precursoras da *internet*, do sistema de *Global Positioning System* – GPS, da indústria de semicondutores e até dos aviões a jato.[395]

No Brasil, a título de exemplo, destaca-se o desenvolvimento, a partir da contratação pública, de ônibus escolares com "*especificações especiais*" e especialmente adaptados, com tração nas quatro rodas, *chassi* mais alto e rodas mais próximas das extremidades do veículo, para melhorar a trafegabilidade e o transporte de alunos de zonas rurais.[396]

Os exemplos são incontáveis, mas merecem destaque a sustentabilidade ambiental[397]; a promoção do emprego[398]; a melhoria das condições de trabalho; a integração em razão de etnia, de gênero[399] e de deficiências físi-

[394] Mesmo nos contratos que não impliquem no pagamento de um preço ou que não sejam custeados pelo ente público, eles abrem oportunidades de ganho e nessa medida propiciam uma criação de riqueza.

[395] KATTEL, Rainer; LEMBER, Veiko. **Public Procurement as an industrial policy tool: An option for developing countries.** Jornal of Public Procurement, vol. 10. Issue 3, p. 369.

[396] Trata-se de projeto de veículo desenvolvido pelo FNDE – Fundo Nacional de Desenvolvimento da Educação e pelo INMETRO para o transporte de alunos na zona rural brasileira e, em virtude da grande quantidade de veículos a serem adquiridos (cerca de vinte e cinco mil unidades), levou diversas montadoras a produzi-los para a União, Estados e Municípios que aderiram às Atas de Registro de Preço do FNDE. http://www.fnde.gov.br/portaldecompras/index.php/produtos/onibus-escolar-rural

[397] Cfr. BOSSELMANN, Klaus. **O princípio da sustentabilidade: Transformando direito e governança.** São Paulo: Editora Revista dos Tribunais, 2015, p. 32 e seguintes.

[398] Cfr. SCHOONER, Steven L., **Desiderata: Objectives for a system of government contract law.** In: Public Procurement Law Review, nº 2, 2002.

[399] Cfr.: FERNÁNDEZ, Patricia Valcárcel. **Promócion de la Igualidad de Género através de la Contratación Pública.** In: PERNAS GARCÍA, J. José. (Direccíon) y otros. **Contra-**

cas[400]; a pesquisa e o desenvolvimento; a promoção da microempresa e das empresas de pequeno porte; a melhoria das condições sociais e a redução da pobreza etc. Todos representam políticas públicas (horizontais, pois levadas a efeito por meio da contratação pública) que podem ser consideradas estratégicas[401], pois buscam promover o desenvolvimento nacional, objetivo fundamental da República estabelecido no artigo 3º, II, da CF/88.

Denota-se que o emprego da contratação pública, nesse sentido, pode se apresentar como uma ferramenta extremamente útil para a realização de múltiplas políticas públicas nas quais os custos a elas associados se apresentem inferiores aos comparados a outros modos de implantação, como a concessão direta de auxílios e subvenções, ou a prestação direta.[402] Além disso, a concretização destas políticas através da contratação pública, quando já autorizada por lei geral, pode dispensar a necessidade de autorização legislativa específica, necessária pela adoção de medidas similares, como a alteração da legislação fiscal, por determinação constitucional.

Vislumbra-se, pois, a passagem de uma visão estrita da contratação pública em que ela se destinaria (i) a suprir tão-só a aquisição de bens e serviços para entidade estatal para o suprimento de suas necessidades, ou

**tación Pública Estratégica.** Presentación. Pamplona: Thomson Reuters – Aranzadi, 2013, p.329 e seguintes.

400 Cfr.: ALONSO, Alma Patricia Domínguez; MOLINA, José Antonio Moreno. **Contratos Públicos y Políticas de Apoyo a las Personas com Discapacidad.** In: PERNAS GARCÍA, J. José. (Direccíon) y otros. **Contratación Pública Estratégica.** Presentación. Pamplona: Thomson Reuters – Aranzadi, 2013, p.187 e seguintes

401 Cfr.: PERNAS GARCÍA, J. José (Dirección). **Contratación Pública Estratégica.** Navarra: Editorial Aranzadi, 2013.

402 Sobre o desenvolvimento nacional e a sua compatibilização com o meio ambiente, interessante é a decisão proferida pelo STF na ADI 3.540: "A questão do desenvolvimento nacional (CF, art. 3º, II) e a necessidade de preservação da integridade do meio ambiente (CF, art. 225): O princípio do desenvolvimento sustentável como fator de obtenção do justo equilíbrio entre as exigências da economia e as da ecologia. O princípio do desenvolvimento sustentável, além de impregnado de caráter eminentemente constitucional, encontra suporte legitimador em compromissos internacionais assumidos pelo Estado brasileiro e representa fator de obtenção do justo equilíbrio entre as exigências da economia e as da ecologia, subordinada, no entanto, a invocação desse postulado, quando ocorrente situação de conflito entre valores constitucionais relevantes, a uma condição inafastável, cuja observância não comprometa nem esvazie o conteúdo essencial de um dos mais significativos direitos fundamentais: o direito à preservação do meio ambiente, que traduz bem de uso comum da generalidade das pessoas, a ser resguardado em favor das presentes e futuras gerações." (**ADI 3.540-MC**, Rel. Min. **Celso de Mello**, julgamento em 1º-9-2005, Plenário, *DJ* de 3-2-2006.)

(ii) a delegar o exercício de atividades públicas para entidades privadas, para uma perspectiva instrumental da contratação pública, vale dizer, na acepção de que ela teria um papel também essencial como atividade fim da Administração.

É inegável, portanto, que considerar a contratação pública como mais uma atividade fim da Administração ou, ao menos, inseri-la entre o rol de suas atividades voltadas à satisfação dos seus escopos constitucionais, tais como o próprio serviço público, significa uma nova funcionalização do contrato público[403].

Dentre as políticas públicas horizontais mais empregadas na contratação pública contemporânea, são as relacionadas à área ambiental, na qual se destaca a temática relacionada ao movimento do *Green Public Procurement*.

### 3.6. O Movimento do *Green Public Procurement* como Precursor das Políticas Públicas Horizontais

*Green Public Procurement, eco-efficient procurement, sustainable public procurement* e *enviroment friendly purchaising*[404] são variações usualmente utilizadas na esfera internacional para denominar as contratações públicas que pretendem o equilíbrio entre o desenvolvimento econômico e social e a salvaguarda do meio ambiente ecologicamente equilibrado, de forma a alcançar um *standard* mínimo quanto às exigências de sustentabilidade em todos os produtos, bens e serviços obtidos pelas entidades públicas[405].

Dito de outro modo, trata-se, a rigor, de otimizar o dever constitucional estatal de preservar o meio ambiente também a partir do seu "poder de compra" como grande consumidor e usuário de recursos naturais. Com isso, torna-se impositivo que as contratações públicas privilegiem os bens,

[403] Eis a razão pela qual no título deste tópico se menciona a instrumentalização da contratação pública como "re-funcionalização" dos contratos públicos a partir da introdução de fins acessórios, secundários e/ou horizontais.

[404] PIRES, Brígida Raquel Coelho da Fonseca; TEIXEIRA, José Manuel Cardoso. **Environmental Criteria in Public Procurement of Construction Work: a Portuguese Analysis.** Saarbrücken: VDM, 2009, p. 11 e seguintes.

[405] Cfr.: CANOTILHO, José Joaquim Gomes. **Estado Constitucional ecológico e democracia sustentada**. In: ARAGÃO, Alexandra; FERREIRA, Heline Sivini; LEITE, José Rubens Morato. (org.) **Estado de Direito Ambiental: Tendências: aspectos constitucionais e diagnósticos.** Rio de Janeiro: Forense, 2004, p. 33

os serviços e as obras que causem menor impacto ambiental e social, isto é, que sejam consideradas sustentáveis.

Os movimentos de *contratação pública verde* ou *ambientalmente adequada* ganharam alento e vitalidade, efetivamente, após as demonstrações levadas a efeito por múltiplos agentes, públicos e privados, de que as políticas públicas tradicionais de proteção ao meio ambiente não têm sido suficientemente responsivas à progressiva destruição da biodiversidade, ao crescimento exponencial do volume de resíduos, à escassez de água doce e limpa, ao aquecimento global agravado pelo uso de combustíveis fósseis como energia etc. Diante da ausência de resultados comprovados a propósito da proteção ambiental, as contratações públicas passaram a funcionar também como forma de minimizar os danos e buscar potencializar os efeitos positivos relacionados à sustentabilidade.

Vasco Pereira da Silva considera a ampla e generalizada preocupação pela conjuntura socioambiental um dos elementos caracterizadores do Estado contemporâneo. A proteção do ambiente se torna, a partir da segunda metade do século XX, numa tarefa inevitável do Estado, que deve ir além de um estado mínimo ecológico para assumir um cariz claramente intervencionista, coerente com a dimensão organizativa que a Administração passa a assumir neste contexto.[406]

O *green public procurement* pretende, por conseguinte, mitigar os efeitos de um modelo de desenvolvimento considerado "*ecologicamente predatório, socialmente perverso e politicamente injusto*", buscando convertê-lo gradativamente em um modelo apto a garantir a salvaguarda do meio ambiente saudável para as presentes e futuras gerações.

Para contribuir para o meio ambiente ecologicamente equilibrado, a contratação pública ambientalmente sustentável impõe o uso racional dos recursos públicos, a eficiência e a economicidade no uso desses recursos. Ela deriva do fato de que a Administração, como grande consumidora deve preservar o meio ambiente não apenas por meio da repressão, educação ou reparação, mas, igualmente, por intermédio do consumo ambientalmente responsável.

Para além do consumo de bens e produtos verdes, a salvaguarda ao meio ambiente ecologicamente equilibrado impõe ao Estado o exercício

[406] PEREIRA DA SILVA, Vasco. **Verde Cor de Direito – Lições de Direito do Ambiente.** Coimbra: Almedina, 2002, p. 24.

de um papel de indução de comportamentos sociais sustentáveis e de uma educação para a sustentabilidade. De acordo com John Elkington, não é suficiente *'esverdear'* os produtos que as pessoas compram ou mesmo as indústrias que fabricam tais produtos. Para ele "(...) a mudança necessária para estilos de vida mais sustentáveis somente pode ocorrer com a mudança apropriada dos nossos valores".[407]

Como agente normativo e regulador da atividade econômica, nos termos do artigo 174, da CF/88, a função de planejamento exercida pelo Estado é determinante para o setor público e indicativa para o setor privado. Ao estabelecer critérios ambientalmente adequados no âmbito das suas contratações, o Estado influencia cria um (novo) mercado de bens e serviços sustentáveis, o que destaca a sua função regulatória ambiental por meio da contratação pública.

Não resta dúvida de que a Administração participa, por meio da contratação pública verde, tanto como consumidor quanto como regulador, na medida em que se utiliza de suas contratações como instrumento de política pública que incentiva a produção de bens, serviços e obras ecologicamente adequadas e exerce o seu "peso" na economia, a serviço deste objetivo.

As perguntas atinentes a quais produtos ou serviços causam menor impacto sobre o meio ambiente? Quais demandam o menor consumo de matéria prima e energia? Quais permitem o reúso ou a reciclagem após o descarte, apresentam-se sensivelmente relevantes ao se considerar a escala das compras governamentais e o efeito cascata que a contratação pública produz no mercado, com o potencial de multiplicar os investimentos para uma maior sustentabilidade.

Como não são questões socialmente irrelevantes, já chamaram a atenção do legislador, inclusive nacional. Ainda que fruto de voluntarismos e casuísmos, é possível se verificar na legislação pátria restrições à compra de madeira clandestina, de produtos que contribuam para a destruição da camada de ozônio ou ainda normas que privilegiam a compra de automóveis com combustíveis menos poluentes e equipamentos que racionalizam o consumo de água ou reduzam o desperdício de energia. Denota-se que o esforço mundialmente reconhecido pela salvaguarda de um ambiente eco-

[407] ELKINGTON, John. **Sustentabilidade: canibais com garfo e faca**. São Paulo: M. Books do Brasil, 2012, p. 170.

logicamente equilibrado encontra repercussão tanto no mercado, quanto na esfera estatal, por meio de múltiplos incentivos para o consumo ambientalmente adequado.[408]

A contratação pública pode funcionar, portanto, como importante e eficiente ferramenta de promoção do desenvolvimento sustentável na esfera pública, com repercussão direta na iniciativa privada.

As compras públicas sustentáveis tomam como base o consumo sustentável, que consiste no uso de bens e serviços que respondam a necessidades básicas e tragam melhorias na qualidade de vida, minimizando concomitantemente o uso de recursos naturais e materiais tóxicos (além das emissões de lixo e poluentes durante seu ciclo de vida) de maneira a não arriscar as necessidades das gerações futuras. Desta forma, o consumo sustentável dirige-se para o aspecto da demanda, procurando maneiras de oferecer os bens e serviços necessários para satisfazer necessidades básicas e para melhorar a qualidade de vida que reduzam a pressão na capacidade de carga na terra.

Além da perspectiva ambiental, cabe ressaltar que o conceito de sustentabilidade é aplicado ao consumo em todas as suas dimensões, incluindo a social e a econômica.[409]

Por conseguinte, boas práticas (i) que implementem o uso adequado dos recursos, (ii) que reduzam o impacto sobre o meio ambiente, (ii) que promovam a igualdade social e a redução da pobreza, (ii) que estimulem novos mercados e que (iii) recompensem a inovação tecnológica constituem o foco das contratações verdes e, no Brasil, integram o escopo do desenvolvimento nacional sustentável, como finalidade da contratação pública, consoante abaixo examinado.

[408] Cfr.: ELKINGTON, John; HAILES, Julia. **The green consumer guide. from shampoo to champagne: how to buy goods that don't cost the Earth.** London: Gollancz, 1988.

[409] **LICITAÇÕES SUNTENTÁVEIS**. Juliana Bonacorsi de Palma e Nelson Novaes Pedroso Junior (coord.) In: Brasil. Ministério da Justiça. Secretaria de Assuntos Legislativos Mecanismos jurídicos para a modernização e transparência da gestão pública. Ministério da Justiça, Secretaria de Assuntos Legislativos. v. 2.Brasília: Ministério da Justiça, 2013, p.176.

### 3.7. O Desenvolvimento Nacional Sustentável como Finalidade da Contratação Púbica Brasileira

No Brasil, decorrente da alteração introduzida pela Lei nº 12.349/2010 no texto do artigo 3º da Lei nº 8.666/1993, passou-se a referir à promoção do desenvolvimento nacional sustentável como uma das finalidades da licitação.[410] Merece destaque a constatação de Marçal Justen Filho, no sentido de que "(...) a promoção do desenvolvimento nacional sustentável não é uma finalidade da licitação, mas da contratação administrativa".[411] Isso porque, como a licitação deve ser compreendida como um "(...) mero procedimento seletivos de propostas",[412] ela, *per se*, não seria hábil a promover ou a deixar e promover o desenvolvimento nacional sustentável, que será buscando por meio do contrato que formalizará a relação jurídica entre a Administração e o contratado.

[410] Nesse sentido, o que se busca é "[...] reconhecer outro potencial ou compulsória finalidade para o certame e que não se confunde com a satisfação da necessidade próxima, premente – de certa parcela da coletividade ou da própria Administração Pública, reprise-se – a ser obtida mediante regular execução do objeto contratado. Melhor dizendo, busca-se constatar a admissão pelo Direito em vigor de adicional fim para ela – remoto: singular ou plúrimo (conforme o caso) –, de modo que não se possibilite a satisfação de apenas um interesse público com sua exitosa realização, encapsulado como primário (de uma particularizada coletividade) ou secundário (do aparato administrativo), porém vários interesses públicos, num viés primário-primário (coletivo-coletivo) ou secundário-primário (administrativo--coletivo). Como exemplo assuma-se, desde logo, uma licitação que estipule, por força de lei, um critério ficto de empate entre propostas com vistas a incentivar a formalização da atividade microempresária e facilitar seu acesso às contratações públicas. Ou, ainda, a delimitação do objeto da licitação, por força de decreto hierárquico, a bens e serviços ambientalmente sustentáveis. E nisso reside a cogitada 'função social da licitação pública' apresentar-se, sempre que possível e cumulativamente, como um instrumento para a concretização dos objetivos fundamentais da República Federativa do Brasil, bem como dos demais valores, anseios e direitos nela encartados, sem prejuízo de outros, assim reconhecidos por lei ou até mesmo por uma política de governo." FERREIRA, Daniel. **Função Social da licitação pública: o desenvolvimento nacional sustentável (no e do Brasil, antes e depois da MP 495/2010).** Fórum de contratação e gestão pública – FCGP. Belo Horizonte: Fórum, 2010. p. 52-53.

[411] Marçal Justen Filho alude que a promoção do desenvolvimento nacional sustentável como um dos fins da licitação e não das contratações públicas "(...) configura um equívoco lógico, ainda que não se trate de um vício de invalidade". JUSTEN FILHO, Marçal. **Comentários à Lei de Licitações e Contratos Administrativos.** 16ª ed., São Paulo: RT, 2014, p. 68.

[412] JUSTEN FILHO, Marçal. **Comentários à Lei de Licitações e Contratos Administrativos.** 16ª ed., São Paulo: RT, 2014, p. 73.

Ademais disso, importa ressaltar que a finalidade precípua dos procedimentos de seleção na contratação pública (as licitações) reside na preferência pela proposta mais vantajosa, desde que observados os deveres de isonomia e transparência, de modo que a salvaguarda do desenvolvimento nacional sustentável não tem o condão de derrogar a seleção da proposta mais vantajosa para o poder público. A questão fulcral aqui reside na delimitação do que pode ser considerada a proposta mais vantajosa, que não se circunscreve exclusivamente ao menor preço, mas que alberga outras considerações destinadas à implementação do desenvolvimento nacional sustentável.

Nesse sentido, é possível afirmar que a mudança legislativa permitiu uma compreensão da contratação pública no Brasil como um instrumento de intervenção estatal destinada a produzir resultados mais amplos do que o aprovisionamento de bens e serviços necessários à satisfação das necessidades dos entes estatais. Dito de outra forma, com a promoção do desenvolvimento nacional sustentável a partir da licitação, mas não se limitando a ela, passou-se a vislumbrar no Brasil a re-funcionalização da contratação pública, com a visualização dos contratos públicos para além de sua primeira e de sua segunda geração, respectivamente, de fornecimento e de concessão.

Não resta dúvida de que se trata de um avanço considerável em direção à concretização dos objetivos constitucionais fundamentais. Nas palavras de Paulo Bonavides "(...) ontem, falar em desenvolvimento era subversão; hoje, é direito".[413] Ainda que proferidas pelo destacado jurista em outro contexto, são plenamente aplicáveis às recentes alterações ora analisadas em sede de contratação pública.

A partir da Lei nº 12.349/2010 a contratação pública deve funcionar também como um instrumento de prossecução direta do desenvolvimento nacional sustentável, importando em uma relação de causa e efeito entre o contrato e os objetivos pertinentes ao desenvolvimento nacional.

O termo sustentabilidade é derivado do conceito de "desenvolvimento sustentável", elaborado a partir dos esforços internacionais iniciados nas décadas de 1960 e 1970 em resposta ao aumento da preocupação mundial com o crescimento populacional e o consequente desequilíbrio dos

[413] BONAVIDES, Paulo. **A Constituição Aberta: temas políticos e constitucionais da atualidade, com ênfase no federalismo das regiões.** 3ª ed., São Paulo: Editora Malheiros, 2004, p. 349.

processos ecológicos e ocorrência de desastres ambientais. Dois grandes acontecimentos, ambos em 1972, ilustram esse cenário de articulação e tomada de consciência a respeito da conservação ambiental como imperativo para a continuidade da existência humana. O primeiro foi o lançamento do Relatório "Os Limites do Crescimento", que representou os esforços do Clube de Roma em abordar o rápido crescimento da população mundial frente a um planeta com recursos naturais limitados. O segundo foi a realização da primeira Conferência das Nações Unidas sobre o Meio Ambiente Humano, na qual se celebrou a Declaração de Estocolmo, contendo princípios para a promoção da conservação ambiental e da melhoria da qualidade de vida.

Foi em 1987, no entanto, que o termo "desenvolvimento sustentável" enfatizou o elemento humano e ganhou ampla repercussão, por meio da publicação do *Relatório Brundtland* (também chamado de "Nosso Futuro Comum"). Nele, ao lado das preocupações ambientais que já se faziam sentir em 1972, foram acrescentadas as questões econômicas e sociais como indissociáveis enquanto medida de desenvolvimento. Isso se deu a partir da proposta do próprio relatório de conciliar a conservação ambiental com a necessidade de desenvolvimento econômico e social, na medida em que se passou a entender o desenvolvimento enquanto proposta que atenda às necessidades do presente sem comprometer a habilidade das gerações futuras de atender suas próprias necessidades.

Acima de tudo, trata-se de um processo de mudança direcionado à melhoria das condições de vida (refletido nos âmbitos ambiental, social e econômico), envolvendo, de maneira harmônica, setores como exploração de recursos, direcionamento de investimentos, desenvolvimento tecnológico e estruturas institucionais. Foram inúmeras as iniciativas internacionais e domésticas, públicas e privadas, focadas na consolidação do desenvolvimento sustentável como meta para frear a degradação ambiental, promover o desenvolvimento das nações com garantia de qualidade de vida e do uso sustentável dos recursos naturais em consonância com a conservação da biodiversidade.

Focado principalmente no ser humano, a virada promovida pelo conceito de desenvolvimento sustentável assumiu o direito ao desenvolvimento equitativo (tanto na perspectiva de classes e de nações quanto de gerações) enquanto umas das metas a serem atingidas, as quais apenas seriam possíveis por meio do fortalecimento dos pilares da sustentabilidade – proteção ambiental, desenvolvimento econômico e social –, que são interdependentes e que se reforçam mutuamente.[414]

A ideia de sustentabilidade, portanto, pressupõe a integração entre políticas ambientais e estratégias econômicas. Tal integração visa à perpetuidade dos processos sociais, econômicos e ambientais que garantam a qualidade de vida não apenas da geração presente, mas também das futuras. O que se espera, assim, é que se possa atender às necessidades do presente sem comprometer a possibilidade de as gerações futuras atenderem as suas próprias necessidades.

O conceito de sustentabilidade, portanto, é inequivocamente sistêmico e relaciona-se com a continuidade dos aspectos econômicos, sociais, culturais e ambientais da sociedade humana, e se pode alcançar por meio do planejamento detalhado e de ações capazes de atingir e de manter esses mesmos ideais em longo prazo. Além desse aspecto transgeracional, o conceito de sustentabilidade também incorpora a redução da pobreza e das desigualdades como um dos seus ideais, na medida em que se propõe a realização das necessidades humanas e a promoção da melhoria da qualidade de vida. Em suma, a adjetivação do conceito de sustentabilidade assumido nesse estudo é baseada nos três pilares – ambiental, social e econômico – e deve ser desdobrada em socialmente inclusivo, ambientalmente sustentável e economicamente sustentado no tempo.[415]

A partir do Relatório Brundtland, passa-se a compreender a proteção ecológica como parte indissociável do processo de desenvolvimento, o que restou explicitado Princípio nº 4, da Declaração do Rio de Janeiro sobre o Meio Ambiente e Desenvolvimento de 1992, no sentido de que "a fim de alcançar o desenvolvimento sustentável, a proteção do ambiente deverá constituir-se como parte integrante do processo de desenvolvimento e não poderá ser considerada de forma isolada".

[414] **LICITAÇÕES SUNTENTÁVEIS.** Juliana Bonacorsi de Palma e Nelson Novaes Pedroso Junior (coord.) In: Brasil. Ministério da Justiça. Secretaria de Assuntos Legislativos Mecanismos jurídicos para a modernização e transparência da gestão pública. Ministério da Justiça, Secretaria de Assuntos Legislativos. v. 2.Brasília: Ministério da Justiça, 2013, p.175

[415] **LICITAÇÕES SUNTENTÁVEIS.** Juliana Bonacorsi de Palma e Nelson Novaes Pedroso Junior (coord.) In: Brasil. Ministério da Justiça. Secretaria de Assuntos Legislativos Mecanismos jurídicos para a modernização e transparência da gestão pública. Ministério da Justiça, Secretaria de Assuntos Legislativos. v. 2.Brasília: Ministério da Justiça, 2013, p.175

A partir destes marcos normativos internacional, a literatura passou a dar significado a cada um dos signos atinentes ao desenvolvimento sustentável.

De acordo com Ignacy Sachs, são cinco os pilares do desenvolvimento sustentável: (a) Social, fundamental por motivos tanto intrínsecos quanto instrumentais, por causa da perspectiva de disrupção social que paira de forma ameaçadora sobre muitos lugares problemáticos do nosso planeta; (b) Ambiental, com as suas duas dimensões (os sistemas de sustentação da vida como provedores de recursos e como 'recipientes' para a disposição de resíduos); (c) Territorial, relacionado à distribuição espacial de recursos, das populações e das atividades; (d) Econômico, sendo a viabilidade econômica a *conditio sine qua non* para que as coisas aconteçam; e (e) Político, a governança democrática é um valor fundador e um instrumento necessário para fazer as coisas acontecerem; a liberdade faz toda a diferença.[416]

No âmbito normativo brasileiro, a noção de sustentabilidade se encontra presente na legislação pretérita à própria constitucionalização da matéria ambiental, em 1988. A lei 6.938/1980, que consagrou a Política Nacional do Meio Ambiente, estabelece em seu artigo 4º, inciso I, a "compatibilização do desenvolvimento econômico-social com a preservação da qualidade do meio ambiente e do equilíbrio ecológico", bem como o inciso VI estatui a necessidade da "preservação e restauração dos recursos ambientais com vistas à sua utilização racional e disponibilidade permanente, concorrendo para a manutenção do equilíbrio ecológico propício à vida."

Em 1998, foi editado o Decreto 2.783, cujo art. 1º dispõe sobre o uso do poder de compra estatal nos seguintes termos: Art. 1º É vedada a aquisição, pelos órgãos e pelas entidades da Administração Pública Federal direta, autárquica e fundacional, de produtos ou equipamentos que contenham ou façam uso das Substâncias que Destroem a Camada de Ozônio - SDO, discriminadas no Anexo deste Decreto.[417]

[416] SACHS, Ignacy. **Desenvolvimento: includente, sustentável, sustentado.** Rio de Janeiro: Garamond, 2004, p. 25 e seguintes.

[417] **LICITAÇÕES SUNTENTÁVEIS.** Juliana Bonacorsi de Palma e Nelson Novaes Pedroso Junior (coord.) In: Brasil. Ministério da Justiça. Secretaria de Assuntos Legislativos Mecanismos jurídicos para a modernização e transparência da gestão pública. Ministério da Justiça, Secretaria de Assuntos Legislativos. v. 2.Brasília: Ministério da Justiça, 2013, p.175

Mais recente, o novo Código Florestal, em seu 1º artigo, consagrou o desenvolvimento sustentável como escopo central do regime jurídico de proteção florestal.

O plexo normativo que disciplina o tema torna-se a cada dia mais vasto. A lei nº 12.462/2011 que instituiu o Regime Diferenciado de Contratações – RDC, estabeleceu no seu artigo 1º, parágrafo 1º, inciso III, que o RDC tem por objetivo incentivar a inovação tecnológica. No artigo 3º, aduz que todas as contratações por ele regidas deverão observar o princípio do desenvolvimento sustentável e, como diretriz, em seu artigo 4º, inciso III, estatui que a "busca da maior vantagem para a administração pública, considerando custos e benefícios, diretos e indiretos, de natureza econômica, social ou ambiental, inclusive os relativos à manutenção, ao desfazimento de bens e resíduos, ao índice de depreciação econômica e a outros fatores de igual relevância".

O Regime Diferenciado de Contratações, portanto, disciplina que as contratações a ela submetidas terão como objetivo buscar a maior vantagem levando em conta inclusive os custos indiretos, considerados na forma do artigo 19, § 1º, da mesma lei, inclusive de índole social e ambiental, em clara superação de uma visão de uma vantagem exclusivamente em termos de eficiência econômica.

Ademais, o mesmo diploma estabelece em seu artigo 10 que, "(...) na contratação das obras e serviços, inclusive de engenharia, poderá ser estabelecida remuneração variável vinculada ao desempenho da contratada, com base em metas, padrões de qualidade, critérios de sustentabilidade ambiental e prazo de entrega definidos no instrumento convocatório e no contrato" e no artigo 14, parágrafo único, inciso II que "(...) poderão ser exigidos requisitos de sustentabilidade ambiental, na forma da legislação aplicável".

A partir de todo esse complexo normativo, a compatibilização entre a proteção ambiental e o desenvolvimento socioeconômico deve ocorrer a partir de uma concepção integrada que impõe uma síntese dialética entre eles, à luz dos valores constitucionais que vão conformar um modelo próprio ou nacional de desenvolvimento sustentável. No caso brasileiro, esse modelo não pode se desvincular dos objetivos fundamentais da República previstos no artigo 3 e dos princípios que norteiam a atividade econômica estabelecidos no artigo 170, da CF/88.

No Brasil, esse modelo (recente) de desenvolvimento nacional sustentável, de acordo com Ingo Wolfgang Sarlet, expressa uma opção passível de ser designada como paradigma de um "capitalismo ambiental ou socioambiental que almeja compatibilizar a livre-iniciativa, a autonomia e a propriedade privada com a proteção ambiental e a justiça social (e também a justiça ambiental), tendo como norte normativo 'nada menos' do que a proteção e a promoção de uma vida humana digna e saudável para todos os membros da comunidade estatal".[418]

Assim sendo, o desenvolvimento sustentável explicita-se como um "*conceito composto, de natureza complexa, relacional, dependente de uma compreensão contextualizada*", que demanda um aproveitamento abrangente tanto pelo legislador, quanto pelo administrador, em especial, no que toca aos planos da organização e do procedimento.[419]

Por conseguinte, a previsão legal estabelecida pela lei 12.349/2010, que permitiu a inclusão do desenvolvimento nacional sustentável como escopo das contratações governamentais não pode ser compreendida, senão, sob esse enfoque. Como o desenvolvimento sustentável é multidimensional (social, ambiental, econômico, ético e jurídico), todas essas dimensões são entrelaçadas indissociavelmente, cominando que a proposta mais vantajosa para o poder público aquela que "(...) se apresentar a mais apta a gerar, direta e indiretamente, o menor impacto negativo e, simultaneamente, os maiores benefícios econômicos, sociais e ambientais".[420]

Com isso, na contratação pública, passa-se obrigatoriamente a levar em conta dos custos indiretos, assim como estimar os dispêndios futuros a serem efetuados em razão dos efeitos sistêmicos decorrentes das decisões administrativas. Antes da contratação, portanto, não podem ser ignorados os custos ambientais, sociais e econômicos, bem como suas implicações colaterais.[421]

418 SARLET, Ingo Wolfgang. **Prefácio.** In: BOSSELMANN, Klaus. **O princípio da sustentabilidade: Transformando direito e governança.** São Paulo: Editora Revista dos Tribunais, 2015, p.13.

419 SARLET, Ingo Wolfgang. **Prefácio.** In: BOSSELMANN, Klaus. **O princípio da sustentabilidade: Transformando direito e governança.** São Paulo: Editora Revista dos Tribunais, 2015, p.13.

420 FREITAS, Juarez. **Sustentabilidade: Direito ao futuro.** 2ª Ed., Belo Horizonte: Editora Fórum, 2012, p. 238.

421 TONIN, Mayara Gasparoto. **O Desenvolvimento Nacional Sustentável nas Contratações Administrativas.** In: Revista de Direito Administrativo Contemporâneo – ReDAC. Ano 01, Vol. 0, mai./jun. São Paulo: Revista dos Tribunais, 2013, p. 143.

Ademais disso, ainda que voltada explicitamente aos contratos de fornecimento ou de primeira geração,[422] o estabelecimento do desenvolvimento nacional sustentável como pressuposto para a contratação pública demonstra a crescente preocupação do poder público em dar vazão aos efeitos do poder de compra estatal para estimular a produção doméstica de bens e serviços.

Diante do seu extraordinário poder de contratação, passa a ser dever do Estado influenciar positivamente toda a matriz produtiva nacional, de modo que os fornecedores, em geral, passem a tomar em conta o ciclo de vida dos produtos e serviços, desde a obtenção das matérias primas e insumos, passando pelo processo produtivo e consumo até a disposição final.[423] Destaca-se que vem à tona, nesse ponto, a responsabilidade partilhada pela destinação final dos resíduos e, quando for o caso, pela logística reversa.

Busca-se, nesse passo, que a contratação pública sustentável também seja indutora de uma cultura sustentável no setor empresarial. Gradativamente, as empresas à luz da atuação estatal passariam a criar suas linhas verdes ou mesmo atender a padrões de sustentabilidade no âmbito de sua atividade de gestão de negócios.

Para minimizar os custos que eventualmente as compras públicas sustentáveis possam apresentar, o Governo Federal estimula as compras conjuntas, por meio das quais são adquiridas grandes quantidades de um mesmo bem para variados órgãos administrativos.[424] Potencialmente, a compra conjunta barateia os valores envolvidos na licitação. Ademais, a compra conjunta (em escala) é um sinalizador mais efetivo da oportunidade de negócios com o Poder Público, envolvendo quantidades maiores que as compras públicas sustentáveis em geral. Outro elemento a ser considerado neste particular é a padronização dos bens sustentáveis: com clareza, o mercado reconhece o tipo de bem que deve produzir, de acordo com

[422] Não se pode olvidar, contudo, do papel relevante dos contratos de concessão de serviços públicos no desenvolvimento nacional sustentável, consoante aludido no início deste mesmo capítulo.

[423] FREITAS, Juarez. **Sustentabilidade: Direito ao futuro.** 2ª Ed., Belo Horizonte: Editora Fórum, 2012, p. 238.

[424] SILVA, Ângelo Henrique Lopes da. **Economia de escala nas compras governamentais.** In: In: *Revista de Direito Público da Economia – RDPE.* Belo Horizonte, ano 08, nº 30, abr. / jun. 2010, p. 09 e seguintes.

os critérios de sustentabilidade considerados nos editais padronizados. Em suma, o volume torna a contratação pública sustentável mais atraente.

A realização do desenvolvimento nacional sustentável não constitui mais uma faculdade do administrador. Não está no âmbito da margem de liberdade do administrador. Nos casos acima, o desenvolvimento sustentável vincula.[425] A partir da sua previsão normativa expressa, toda discricionariedade administrativa encontra-se plenamente vinculada à sustentabilidade.

Nesse sentido, o reuso de águas, a utilização de automóveis movidos por combustíveis renováveis, a poupança de energia e a exigência de planos de gerenciamento de resíduos sólidos não representam simples opções dos gestores, a depender de sua boa vontade. Antes disso, eles provêm deontologicamente da Constituição e das múltiplas previsões legais expressas no sentido de salvaguardar o desenvolvimento sustentável.

Reitera-se: a contratação pública sustentável não representa mais uma simples faculdade, mas de obrigação constitucional e legal. Nesse passo, o dever de efetuar contratações públicas sustentáveis requer uma transformação de atitude administrativa, de modo que a partir do imperativo da sustentabilidade, o administrador deve, em todas as relações administrativas, promover o bem-estar das gerações futuras. A Administração, assim, tem de ser diligente quanto ao direito ao futuro.

Para alcançar este escopo, o controle dos atos, processos e contratos públicos deve ser levado a efeito à luz do princípio da eficácia, expresso no artigo 74, da Constituição Federal, para além dos princípios da legalidade e da eficiência, previstos no artigo 34, *caput*. Em diversos casos, "a eficiência, em situações paradoxais, pode até produzir mais velozmente o insustentável".[426] Em razão disso, a eficácia, compreendida como o alcance de resultados e processos compatíveis com os objetivos constitucionais fundamentais e não apenas como aptidão para produzir efeitos jurídicas, é cânone a servir de parâmetro para se medir a sustentabilidade.

Trata-se, portanto, a própria busca do desenvolvimento nacional sustentável, inequivocamente, de uma política pública abrangente e multimodal.

Para além de uma política pública de fundamento constitucional e de largo espectro, com múltiplos instrumentos de prossecução, a inserção

[425] FREITAS, Juarez. **Sustentabilidade...**, p. 241.

[426] FREITAS, Juarez. **Sustentabilidade...**, p. 242.

do desenvolvimento nacional sustentável como finalidade da contratação pública pode ser considerado uma *política pública horizontal*, com a ressalva de que não pode haver hierarquia ou categorização entre (i) a sua prossecução, (ii) a observância da vantajosa (*best value for money*) obtenção do bem, serviço ou a concessão de serviço público e (iii) a salvaguarda da isonomia, razão pela qual a busca pelo desenvolvimento nacional não pode ser considerado uma política meramente acessória, secundária ou suplementar.

De acordo com a redação do artigo 3º da lei nº 8.666/93, por conseguinte, não há prevalência entre os fins buscados pela contratação, de forma que é descabido reputar que um dos fins a serem buscados deva prevalecer sobre os demais.[427] Não existe hierarquia entre a isonomia, a economicidade e o desenvolvimento nacional sustentável.[428] Assim sendo, atualmente, não será válida a decisão administrativa que se fundar exclusivamente em um único destes critérios.

Sob este enfoque, a legislação nacional equiparou-se a de outros países. De acordo com Nuno Cunha Rodrigues, no Direito da União Europeia, o *best value for money* é um objetivo a ser buscado nos contratos públicos, mas não constitui o objetivo principal da contratação pública. Isso porque

[427] Em aresto paradigma sobre o tema, o TCU assim se pronunciou: "(...) Uma vez que a promoção do desenvolvimento nacional sustentável foi incluída ao lado da garantia à isonomia e da seleção da oferta mais vantajosa como propósitos primeiros da licitação, o gestor deverá adotar nova postura, buscando continua e permanentemente alcançar esse novo objetivo, tal como já procedia em relação aos outros dois. A nova finalidade exige que a Administração avalie sempre o efeito que a compra do objeto provocará quanto à promoção do desenvolvimento nacional. O gestor não pode ignorar esse aspecto, como não pode ignorar o dever de tratar os interessados com isonomia ou o de selecionar a proposta mais vantajosa. Se o contrato cumprirá a finalidade de atender duplo interesse da Administração – imediato e mediato – é legítima e adequada a conclusão de que a seleção a ser procedida mediante o certame licitatório resulte na escolha da proposta que ofereça a maior vantagem em relação a ambos objetivos".

[428] A propósito da prossecução do desenvolvimento nacional sustentável, paralelamente aos demais objetivos da contratação pública, destaca o TCU: "(...) o novo princípio foi posto na lei ao lado dos seus antecessores, com igual estatura, nem acima, nem abaixo. Sendo assim, é razoável esperar que tenha a mesma densidade normativa, servindo, tanto quanto os outros, para ditar a conduta dos gestores. A lei prevê inúmeras regras que concretizam os princípios da isonomia e da contratação da proposta mais vantajosa para a Administração, nem por isso, porém, é raro acontecer de o gestor ter de lidar com situações não positivadas e cuja solução deva ser ditada pela ponderação direta das normas principiológicas de condutas". (Acórdão 1.317/2013. Plenário. Relator: Ministro Aroldo Cedraz).

as regras comunitárias "(...) não visam alcançar o *value for money* de forma isolada e descontextualizada comparativamente com outros objetivos".[429]

Consoante Sue Arrowsmith, os vetores principais do direito europeu da contratação pública dizem respeito à defesa de obrigações positivas, tais como a transparência, a igualdade de tratamento e os fins horizontais e de obrigações negativas, como a não-discriminação.[430]

Sob a perspectiva microeconômica, as contratações públicas destinam-se a assegurar a satisfação das necessidades estatais com a maior eficiência possível. Busca-se, neste enfoque, a maior vantagem, o que se traduz na entrega do bem ou obra ou na prestação de serviço mais adequada mediante o menor desembolso possível.[431] A defesa do *best value for money* acaba sendo, em princípio, consolidada mediante a materialização do menor preço no caso concreto.

A concretização de políticas horizontais, contudo, é levada a efeito, por meio da proposta que conjugue outros elementos, além do preço. O desenvolvimento nacional é indispensável para assegurar a disponibilidade de recursos destinados à satisfação dos direitos fundamentais, de forma que não é possível se olvidar do prisma macroeconômico, a partir do qual as contratações públicas representam instrumentos para a promoção do desenvolvimento sustentável.

Nem sempre a proposta mais compatível com os fins buscados imediatamente e relacionados mediatamente com a satisfação de direitos fundamentais será a do ponto de vista exclusivamente econômico a mais vantajosa. Aliás, se essa hipótese não existisse, no sentido de que, na prática, é possível se ter uma proposta de contratação vencedora que não apresente o menor preço, nem seria necessária a alteração legislativa com a inserção da prossecução obrigatória do desenvolvimento nacional sustentável como finalidade da contratação pública.[432]

[429] RODRIGUES, Nuno Cunha. **A Contratação pública como instrumento de política econômica**. Coimbra: Almedina, 2013, p.198.

[430] ARROWSMITH, Sue. **A taxonomy of horizontal policies in public procurement.** In: ARROWSMITH, Sue; KYUNZLIK, Peter (org.) **Social and Environmental Policieis in EC Procurement Law**, Cambridge: Cambridge University Press, 2009, p. 33.

[431] JUSTEN FILHO, Marçal. **Comentários à Lei de Licitações e Contratos Administrativos.** 16ª ed., São Paulo: RT, 2014, p. 76.

[432] Cfr. JUSTEN FILHO, Marçal. **Comentários...**, p. 76 e seguintes.

Com a inserção do desenvolvimento nacional sustentável como escopo da contratação pública, assegura-se que a avaliação da vantagem da proposta seja considerada não exclusivamente sob um critério econômico estrito.

## 3.8. A Delimitação da Contratação mais Vantajosa à luz do Desenvolvimento Nacional Sustentável

Cotidianamente, a Administração se depara com ao menos duas propostas, seja para a aquisição de um produto, seja para a prestação de um serviço, com valores distintos. Em princípio, pode-se estimar que a de menor preço repouse em uma solução ecologicamente mais perniciosa do que outra, de maior valor. Surge aí, portanto, uma contradição objetiva entre os valores.

Não se pode descartar a ideia de que a implantação de políticas secundárias e/ou horizontais nas contratações públicas envolva um custo potencialmente superior ao benefício direto e imediato obtido, uma vez que a prossecução destas políticas pressupõe o pagamento de um valor superior pelos bens ou serviços contratados.[433]

A orientação da contratação acima à solução ambientalmente mais adequada ou, de outro lado, a que pragmaticamente apresente uma vantagem não econômica, pode conduzir à elevação dos custos administrativos. Aliás, esse resultado foi explicitamente previsto e autorizado nos §§ 5º e seguintes do art. 3º da Lei 8.666/93. Em outras palavras, passou a ser legislativamente previsto que a Administração Pública poderá se forçar a desembolsar valores superiores para se aprovisionar dos bens e serviços de que necessita, desde que sejam compatíveis com as finalidades relacionadas ao desenvolvimento nacional sustentável.[434]

[433] McCRUDDEN, Chrystopher. **Buying Social Justice – Equality, Government Procurement and Legal Change.** Oxford: Oxford University Press, 2007, p. 573.

[434] Aduz Egon Bockmann Moreira que "o legislador instalou uma externalidade positiva a ser obrigatoriamente perseguida em todas as contratações públicas. A vantagem da proposta precisa ser aferida de modo interno e externo à futura contratação: ali, sob a perspectiva tradicional dos benefícios econômico-financeiros daquele contrato (objeto imediato da contratação); aqui, num patamar superior e diacrônico, pertinente a medidas político-administrativas que tragam consigo o desenvolvimento sociopolítico, ambiental e econômico da Nação Brasileira (objetivo mediato da contratação)". MOREIRA, Egon Bockmann; GUIMARÃES, Fernando Vernalha. **Licitação Pública: a Lei Geral de Licitação – LGL e o Regime Diferenciado de Contratação – RDC.** São Paulo: Malheiros, p. 83.

Deve-se reconhecer, portanto, que para além do objetivo imediato da contratação, a realização de políticas horizontais apresenta um custo econômico, a ser arcado pela Administração.

De outro lado, é fundamental a observância de determinadas balizas e limites para o dispêndio a maior de recursos públicos. Consoante será demonstrado adiante neste capítulo, a promoção do desenvolvimento nacional sustentável na contratação pública deve ser levada a efeito no contexto do princípio da proporcionalidade. É preciso reconhecer que toda atividade estatal se orienta a promover os direitos fundamentais, contudo, isso não pode significar contratações que causem dano à Administração. A própria sustentabilidade demanda a observância de índices mais elevados de economicidade.

Merece menção, ainda, que se a Administração não buscar realizar a satisfação de direitos fundamentais, seja por meio de serviços públicos, seja por intermédio de políticas horizontais, para manter níveis superavitários de caixa, não estará agindo em conformidade com a atual Constituição Federal, pois terá se desincumbido de seu dever institucional sem a devida autorização.

É impositiva, portanto, a ponderação entre as finalidades constitucionais a serem alcançadas, tanto do ponto de vista da equidade, quanto da eficiência.

Atualmente, destaca-se que do mesmo modo que a descrição do objeto no termo de referência estabelece as especificações destinadas a garantir a utilidade do bem adquirido ou do serviço a ser obtido diante das necessidades que motivaram a abertura do procedimento, ele deverá, também, incluir a(s) qualidade(s) que o torne apto a satisfazer os seus efeitos mediatos ou horizontais.

O objeto do contrato passou a conter elementos que não dizem respeito tão-só à utilidade que o bem ou o serviço prestará à Administração, mas que também guardem pertinência com o resultado da sua compra para a comunidade como um todo. Com a nova finalidade da licitação, um objeto não é mais definido apenas pelo que é capaz de produzir, mas também pelos efeitos que sua compra desencadeia.

Sob outro vértice, merece menção o fato de que, nem sempre a inserção de efeitos horizontais na contratação pública enseja a maximização de custos. Ao contrário, alude Juarez Freitas que a sustentabilidade, no seio da contratação pública representa um potencial ganho de eficiência, com a redução significativa de custos, além de se constituir em um ganho de imagem ou de reputação e, mais do que isso, em uma estratégia de agregação de valor para a própria Administração e para os contratados.[435]

Antes, a necessidade da Administração se assentava na utilidade do bem, ou seja, o resultado oriundo do seu uso, parâmetro que servia também como medida da maior vantagem. Agora a aquisição do bem não visa mais estritamente atender à necessidade suprível pela utilidade que ele produz, mas também necessidades de outra ordem, relacionadas com aspectos macroeconômicos e expressamente mencionadas na lei 8.666/93, em especial os arrolados no seu artigo 3º, bem como no atendimento dos interesses previstos no §7º do referido dispositivo legal, a saber: (i) a geração de emprego e renda, (ii) efeito na arrecadação de tributos e (iii) desenvolvimento e inovação tecnológica realizados no país.

Nem sempre, ademais, o eventual aumento no preço da aquisição resulta em aumento dos custos gerais da Administração isso porque as políticas sustentáveis não levam necessariamente ao aumento dos custos. Isto é especialmente real no caso daquelas dirigidas à diminuição do uso de recursos. No Estado de São Paulo, por exemplo, um programa de sensibilização de servidores quanto à economia de água economizou aos cofres públicos, em único prédio, 660 mil reais. Esta racionalidade de políticas que reduzem concomitantemente o consumo de recursos e o gasto público pode ser trazida para as compras públicas sustentáveis – por meio, por exemplo, da aquisição de produtos com maior durabilidade. No Estado de Minas Gerais, a substituição de asfalto comum por asfalto de borracha produzido a partir de pneus usados resultou em uma economia de R$ 100 milhões para o Estado em quatro anos, pois (além de ser ambientalmente mais adequada) esta alternativa possui durabilidade 30% maior.[436]

Nestes casos, há um "jogo ganha-ganha", em que a incorporação de uma política de sustentabilidade oferece benefícios tanto ao fornecedor quanto à Administração – visto que ambos têm interesse no fornecimento de bens de maior qualidade e eficiência, mas os instrumentos da contratação tradicional conduziam a operações opostas a este fim. Há, portanto, um aumento na eficiência da contratação.

[435] FREITAS, Juarez. **Sustentabilidade: Direito ao futuro.** 2. Ed., Belo Horizonte: Editora Fórum, 2012, p. 248.

[436] GVCES. **Compra Sustentável: a força do consumo público e empresaria para uma economia verde e inclusiva**, p. 63.

Desta forma, tem-se que, em muitos casos, a licitação sustentável não conflita com o princípio da economicidade – pelo contrário, ela o fortalece. A cidade de Kolding, na Dinamarca, é um bom exemplo prático disso em termos globais. Lá, quase a totalidade das compras públicas foi alterada para incluir critérios de sustentabilidade. O resultado, do ponto de vista financeiro, demonstrou que, nos últimos 10 anos, houve uma redução de 10% no orçamento de compras.[437] Ao lado destes casos em que a alternativa sustentável se mostra econômica já em curto prazo, há situações em que o produto sustentável oferece economias futuras ao poder público. Isto porque as alternativas sustentáveis oferecem vantagens como eficiência energética, de modo que as economias futuras decorrentes do uso de determinado produto acabam por equilibrar o custo adicional inicial.

O mesmo se aplica a produtos eficientes no uso de água e a bens que oferecem custos reduzidos para manutenção e disposição. Entretanto, frente à limitação dos recursos públicos, é essencial que as compras públicas sustentáveis sejam compatibilizadas com o princípio da economicidade[438]

Diante disso, denota-se que a ponderação do *best value for money* pode surgir posteriormente à definição de políticas horizontais e/ou secundárias, ainda que a adequação destas deva ser precedida de uma análise que não deve considerar tão-só o *best value for money* da aquisição, mas antes o custo/benefício da prossecução da política secundária ou horizontal por meio da contratação pública.

Coloca-se, neste ponto, a seguinte questão: o pagamento de um valor superior ao que poderia ser ordinariamente obtido pela Administração não ofende o dever (a regra normativa) de obter a contratação mais vantajosa? O que pode ser (ou deve ser) considerada a contratação mais vantajosa?

Em princípio, era comum a alusão de que a maior vantagem se caracterizaria com a satisfação do interesse coletivo por meio da execução do contrato. Com o desenvolvimento da matéria, porém, essa resposta não passou a dar conta da complexidade do problema.

[437] GVCES. **Compra Sustentável: a força do consumo público e empresaria para uma economia verde e inclusiva**, p. 63.

[438] **LICITAÇÕES SUNTENTÁVEIS.** Juliana Bonacorsi de Palma e Nelson Novaes Pedroso Junior (coord.) In: Brasil. Ministério da Justiça. Secretaria de Assuntos Legislativos Mecanismos jurídicos para a modernização e transparência da gestão pública. Ministério da Justiça, Secretaria de Assuntos Legislativos. v. 2.Brasília: Ministério da Justiça, 2013, p.175

De acordo com Marçal Justen Filho, a maior vantagem possível seria encontrada por meio da conjugação de dois aspectos inter-relacionados: a prestação menos onerosa para a Administração, uma vez que isso lhe permite a satisfação de outras necessidades com os recursos remanescentes e também com a obrigação do particular no sentido de realizar a melhor e mais completa prestação.[439] Nesse passo, a maior vantagem emanaria da situação fática que represente tanto o menor custo, quanto o maior benefício para a Administração.

O maior benefício, destarte, não se circunscreve ao objeto imediato da contratação, ele pode (e deve) ser associado também aos efeitos decorrentes das políticas horizontais. Assim sendo, o juízo a propósito da maior (ou melhor) vantagem não apresenta uma exclusiva dimensão. Tradicionalmente, ele é visualizado sob uma dimensão econômica estrita. Em princípio, a economicidade (*best value for money*) é retratada pelo menor desembolso estatal e pelo máxima e melhor obtenção.

No entanto, há múltiplos valores relevantes para o Estado para além da eficiência econômica, que de modo algum a elidem, mas que devem ser levados em conta para a definição da contratação pública. Há casos em que diversas propostas podem ser consideradas vantajosas, dependendo do ângulo sob o qual se conceitue a maior vantagem, ou em conformidade com o valor que se entender que deva prevalecer.[440] Cabe à Administração, cujos gestores foram escolhidos democraticamente, realizar as escolhas mais vantajosas, levando em conta a pluralidade de visões a propósito do que pode, naquele tempo e lugar, ser considerado mais vantajoso.

Por conta disso, é viável o argumento de que esse tema envolve discussões relevantes, mas que não comportam solução teórica abstrata, distanciada da realidade da Administração. Por conseguinte, somente diante do caso concreto, à luz da Constituição, da legislação aplicável e do ato convocatório, é que o gestor, no exercício de sua competência de autonomia pública administrativa, irá adequar as suas escolhas quanto à proposta mais vantajosa.

[439] JUSTEN FILHO, Marçal. **Comentários à Lei de Licitações e Contratos Administrativos.** 16ª ed., São Paulo: RT, 2014, p. 71.

[440] JUSTEN FILHO, Marçal. **Comentários à Lei de Licitações e Contratos Administrativos.** 16ª ed., São Paulo: RT, 2014, p. 72.

## 3.9. As Políticas Públicas Horizontais no Âmbito dos Contratos Administrativos: a Contratação Pública Estratégica Implementada Legislativamente no Brasil

Na última década, como acima demonstrado, assiste-se no Brasil a um movimento crescente, inclusive de natureza legislativa, no sentido de se dotar as contratações públicas de medidas que permitam a realização de fins que até então não seriam válidos na esfera da contratação pública. O princípio da maior vantagem econômica como orientação primária dos processos de seleção dos contratados passou a ser gradativamente conformado por outros critérios, os quais, na atualidade, podem, em relação a ele, ter o mesmo peso e/ou dimensão na disputa pela adjudicação do objeto contratado.

Na sequência, serão analisadas as alterações mais significativas no âmbito pátrio que incluem políticas públicas horizontais como objeto das contratações públicas.

### 3.9.1. As Políticas Públicas Horizontais Estabelecidas pelo Estatuto Nacional da Microempresa e da Empresa de Pequeno Porte.

No Brasil, a edição da Lei Complementar n 123/2006, denominada de Estatuto Nacional da Microempresa e da Empresa de Pequeno Porte, promoveu uma mudança conceitual a propósito da função das licitações e também dos contratos administrativos no âmbito da Administração. A partir dela, atribuiu-se uma função não-econômica para as licitações.

O diploma estabeleceu novo regime jurídico para as organizações qualificadas como ME – microempresa e EPP – empresa de pequeno porte, em especial, atribuindo a elas um tratamento diferenciado e privilegiado em termos tributários, trabalhistas e de acesso aos mercados, inclusive ao mercado de fornecimento de bens e serviços aos entes governamentais.

Destaca Marçal Justen Filho que uma das alterações recentes mais marcantes das licitações no Brasil, foi a utilização dos recursos eletrônicos[441].

[441] JUSTEN FILHO, Marçal. **A LC nº 123 e os Benefícios para Pequenas Empresas nas Licitações Públicas.** In: Direito Administrativo e Integração Regional: Anais do V Congresso da Associação de Direito Público do Mercosul e do X Congresso Paranaense de Direito Administrativo. Coord: Romeu Felipe Bacellar Filho; Guilherme Amintas Pazinato da Silva. Belo Horizonte: Fórum, 2010, p. 159 e seguintes.

A licitação por meio da *internet*, com destaque ao pregão eletrônico, passou a assegurar a possibilidade de uma ampla competição, envolvendo pessoas e empresas que não se encontram no mesmo local para concorrer. Não há dúvidas de que ela trouxe grandes vantagens para a Administração. Há dados no sentido de que os preços praticados nas contratações públicas foram reduzidos em 20% graças à ampliação e a intensidade da competição propiciada pelo emprego de recursos eletrônicos.

O expediente às ofertas via eletrônica, levou às grandes empresas à participação em um sem-número de licitações e, em virtude da escala, à possibilidade de oferta de bens e serviços com margens menores. Tal fato, incontroverso, ensejou expressiva exclusão das microempresas e empresas de pequeno porte das contratações públicas brasileiras, exatamente porque não poderiam fazer frente a economia de escala (e à eficiência econômica dela derivada) das empresas de maior porte. Em outras palavras, a *vantajosidade* obtida pela Administração com o uso dos mecanismos de tecnologia da informação nas compras governamentais se fez às custas da diminuição significativa da participação das micro e pequenas empresas.

Essa situação ensejou a edição da Lei Complementar nº 123/2006, buscando garantir um certo mercado preferencial às empresas de menor porte nas contratações públicas, precisamente porque elas empregam contingente populacional extremamente representativo, de modo a corrigir a exclusão até então presente.

Até a edição do Estatuto Nacional da Microempresa e da Empresa de Pequeno Porte, a concepção tradicional acerca da função da licitação era exclusivamente a obtenção da proposta mais vantajosa para a Administração contratar, que se caracterizaria em termos econômicos, uma vez que, obter-se-ia a proposta que trouxesse a maior vantagem econômica com a melhor qualidade possível, no universo de competição ampla entre os possíveis interessados.

A partir da vigência da Lei Complementar nº 123/2006, passou-se a reconhecer que eventualmente a Administração pode e deve realizar contratações que não sejam as mais vantajosas economicamente, conquanto que essas contratações funcionem como meio para a obtenção de fins de políticas públicas de incentivo e acesso aos mercados para as empresas beneficiadas. De acordo com Marçal Justen Filho, a "legitimação do prejuízo é aceitável na medida em que haja possibilidade de obter vantagens de outra ordem, tal como a manutenção da garantia de emprego para um grande contingente de pessoas, bem como a preservação de pequenas empresas indispensáveis para a estabilidade e o desenvolvimento".[442]

Destaca-se que o incentivo às microempresas e às empresas de pequeno porte representa grande relevância em termos quantitativos. Ao analisar os gastos públicos segundo o porte, em 2014, essas empresas forneceram bens e serviços da ordem de R$ 16,7 bilhões, ou seja, 27% do total dessas contratações pela União Federal.[443]

A contratação pública, nesse sentido, passa no Brasil, a funcionar como instrumento de incentivo para o desempenho de determinadas atividades relevantes de caráter econômico e social.

Há dois tópicos que merecem destaque na Lei Complementar nº 123/2006 no que pertine às políticas horizontais presentes no bojo da contratação pública de bens e serviços de micro e empresa de pequeno porte.

O primeiro, estabelecido no artigo 44 do diploma legal, diz respeito à preferênia para a contratação destas empresas, como critério de desempate. Por empate entre os licitantes, devem ser compreendidas as situações em que as propostas apresentadas pelas microempresas e empresas de pequeno porte sejam iguais ou até 10% (dez por cento) superiores à proposta mais bem classificada, isto é, de uma empresa de médio ou grande porte.

O segundo tópico está estabelecido nos artigos 47 e 48 e diz respeito ao tratamento diferenciado e simplificado para as microempresas e empresas de pequeno porte, no sentido de que a Administração (i) *deverá* realizar processo licitatório destinado exclusivamente à participação de microempresas e empresas de pequeno porte nos itens de contratação cujo valor seja de até R$ 80.000,00 (oitenta mil reais); (ii) *deverá* estabelecer, em certames para aquisição de bens de natureza divisível, cota de até 25% (vinte e cinco por cento) do objeto para a contratação de microempresas e empresas de pequeno porte e, (iii) *poderá* exigir dos licitantes a subcontratação

[442] JUSTEN FILHO, Marçal. **A LC nº 123 e os Benefícios para Pequenas Empresas nas Licitações Públicas.** In: Direito Administrativo e Integração Regional: Anais do V Congresso da Associação de Direito Público do Mercosul e do X Congresso Paranaense de Direito Administrativo. Coord: Romeu Felipe Bacellar Filho; Guilherme Amintas Pazinato da Silva. Belo Horizonte: Fórum, 2010, p. 160.

[443] www.comprasgovernamentais.gov.br/arquivos/estatisticas/01-apresentacao-siasg-dados-gerais_2014.pdf. Acesso em 20 de fevereiro de 2015.

de microempresa ou empresa de pequeno porte, nos processos de escolha do contratado para a aquisição de obras e serviços.[444]

Vislumbra-se, portanto, que a lei complementar vedou a participação de empresas de médio ou grande porte nas contratações consideradas de pequeno valor, até R$ 80.000,00 (oitenta mil reais).

Tais previsões legais tem por objetivo, consoante o artigo 47 da Lei Complementar, a promoção do desenvolvimento econômico e social no âmbito municipal e regional, a ampliação da eficiência das políticas públicas e o incentivo à inovação tecnológica. Em última análise, mais do que a obtenção do *best value for money*, o processo de seleção do contratado tem por finalidade a prossecução destas políticas públicas horizontais.

### 3.9.2 Critérios de Preferência para as Propostas de Contratação que propiciem Maior Economia de Energia, Água e outros Recursos Naturais e a Redução da Emissão de Gases de Efeitos Estufa e de Resíduos

A lei nº 12.187/2009 estabeleceu a Política Nacional sobre Mudança do Clima e dispôs, no artigo 6º, inciso XII, que é instrumento da política pública de caráter nacional sobre a mudança do clima todas as medidas existentes, ou a serem criadas, que estimulem o desenvolvimento de processos e tecnologias, que contribuam para a redução de emissões e remoções de gases de efeito estufa, bem como para a adaptação, dentre as quais o estabelecimento de critérios de preferência nas licitações e concorrências públicas, compreendidas aí as parcerias público-privadas e a autorização, permissão, outorga e concessão para exploração de serviços públicos e recursos naturais, para as propostas que propiciem maior economia de energia, água e outros recursos naturais e redução da emissão de gases de efeito estufa e de resíduos.

Vale dizer, ela instituiu mais um critério de preferência para a contratação pública, estabelecendo elemento distintivo para as propostas que apresentarem indicadores maiores de economia de energia, de água e de outros recursos naturais, bem como menores índices de emissão de gases de efeito estufa e de resíduos. Com a previsão legal, quanto aplicáveis esses critérios, deverão os atos convocatórios estabelecê-los.

[444] Destaca-se que tais dispositivos foram alterados pela Lei Complementar nº 147, de agosto de 2014.

### 3.9.3. A Margem de Preferência para Produtos Manufaturados e Serviços Nacionais que Atendam Normas Técnicas Brasileiras de Qualidade

Por meio da Lei nº 12.349/2010, foi instituída a margem de preferência na contratação governamental brasileira. Ao adotar critérios para tratamento diferenciado em suas contratações, a Administração passa a favorecer os produtos manufaturados e os serviços nacionais que atendam às normas técnicas brasileiras, além de estimular a inovação tecnológica no país e a compensação comercial em detrimentos de produtos importados. Dentre outras alterações, a citada lei acrescentou ao artigo 3º, da Lei nº 8.666/1993, os parágrafos 5º a 13, de modo a instrumentalizar o princípio da promoção do desenvolvimento nacional sustentável.

Na prossecução do desenvolvimento nacional, por meio de política pública viabilizada através da preferência de aquisição de bens e serviços nacionais, o poder público deve ponderar entre as condições de competitividade da indústria nacional e os resultados nos preços dos produtos. Assim, nessa estimativa, deve adotar fórmulas que tragam condições de competitividade à indústria doméstica em nível adequado para que ela se desenvolva sem, contudo, trazer prejuízos à qualidade dos produtos, menos ainda criar um nível de sustentação de preços nas aquisições públicas desproporcional aos resultados almejados, tendo em vista que o eventual custo adicional acaba sendo arcado pela sociedade como um todo.

É importante essa ressalva porque, no Brasil, tem-se o exemplo negativo levado a efeito pela Lei nº 7.232/1984, que à época instituiu uma reserva de mercado nacional no setor de informática, o que levou à uma série de problemas no próprio setor protegido. Entre eles, destacaram-se o surgimento de cartéis, a penalização dos consumidores, a profusão de equipamentos obsoletos, de qualidade inferior e por preços exorbitantes e quebras de patentes e violações de propriedade intelectual cometidas por empresas brasileiras sob a proteção da lei, bem como a impossibilidade de concorrência justa.

Logo, para promoção de desenvolvimento nacional sustentável, é possível adotar mecanismos e fórmulas para o desenvolvimento local. Contudo, essas fórmulas compensatórias não devem impedir a possibilidade de compra de produtos estrangeiros, sob pena de se voltar ao cenário indesejável do período após a edição da lei nº 7.232/1984 no setor de informática.

### 3.10. O Problema da Mitigação do *Best Value for Money* e o Dilema Eficiência Econômica *versus* Finalidade Pública e Objetivos Constitucionais: uma Dificuldade Decorrente da Vagueza da Ideia de Sustentabilidade

Após o exame da(s) possibilidade(s) de inserção de políticas horizontais na contratação pública e do seu emprego cada vez mais intenso, passa-se a aprofundar o exame do possível conflito decorrente da possibilidade de mitigação do *best value for money* contratual quando a contratação se destina também a finalidades horizontais.[445]

A questão da finalidade da contratação pública torna-se mais complexa quando o legislador passa a estabelecer exigências que, a princípio, não deteriam correlação lógica direta à ideia da obtenção da proposta economicamente mais vantajosa. Essas exigências seriam relacionadas com outras pautas axiológicas, a rigor relacionadas com a ideia de justiça social, de proteção ambiental e de fomento a determinadas grupos ou situações, isto é, temas que podem ser facilmente subsumidos em uma compreensão abrangente da ideia de sustentabilidade.

Como a noção de sustentabilidade é ampla o bastante para comportar aspectos ambientais, econômicos e sociais, não há dúvida quanto à sua abertura a uma múltipla significação. Nesse passo, a abertura e vagueza conceitual da noção de sustentabilidade faz par com a ideia tradicional de interesse público. Assim, toda a crítica levada a efeito nos últimos anos a propósito da dificuldade de aplicação da ideia de interesse público e da sua supremacia sobre o interesse privado[446] pode, *mutatis mutandis*, ser aplicada à ideia de sustentabilidade. Vale dizer, se antes toda ação administrativa tinha por escopo a satisfação do interesse público, hoje, além dele, ela deve se pautar pela sustentabilidade.

Com a inclusão do desenvolvimento nacional sustentável no artigo 3º, da lei nº 8666/1993 e sua elevação à categoria de princípio norteador do Regime Diferenciado de Contratação não parece ser adequada a alusão das políticas horizontais tão-só como finalidades acessórias na contratação

[445] Sobre a questão da elevação dos custos sociais (externalidades negativas) ver, por todos. COASE, Ronald H. **O problema do custo social.** In: *Revista de Direito Público da Economia – RDPE.* Belo Horizonte, ano 07, nº 26, abr. / jun. 2007, p. 135 e seguintes.

[446] Por todos, como precursor desta crítica no Brasil, o trabalho de ÁVILA, Humberto Bergmann. **Repensando o 'princípio da supremacia do interesse público sobre o particular'.** In: Revista Trimestral de Direito Público – RTDP nº24. São Paulo: Malheiros, 1998, p. 159-180.

pública brasileira. Isso porque a prossecução do desenvolvimento nacional sustentável relacionado ao objeto da contratação é finalidade cogente, inafastável, de qualquer avença pública.

Ao pautar-se pela sustentabilidade, para além dos benefícios inerentes à satisfação dos direitos envolvidos, em especial, relacionados ao meio ambiente, ao desenvolvimento regional e à integração de grupos hipossuficientes, há a criação de novos desafios e uma série de problemas a serem solucionados a partir de novas perspectivas.

Entre as dificuldades que emergem da inserção de políticas horizontais, há a possibilidade de desnaturação da própria contratação pública, em razão da inversão entre o objeto imediato com o objeto mediato do contrato.

Isso deriva do fato de que ao observarmos as ações humanas, em praticamente todas as áreas podem ser encontradas demandas morais que exigem do Estado a proteção ou o fomento de alguma atividade, ação ou a implementação de alterações do atual estado da arte.

Existem muitas demandas morais na sociedade brasileira, muitas delas protegidas pelo próprio texto constitucional, as quais ensejam políticas públicas. Porém, não se pode querer que todas as demandas morais identificáveis, geradoras de suas respectivas políticas públicas, sejam incorporadas de alguma maneira no regime de contratação pública, porque isso se mostraria absolutamente inviável.[447]

As demandas morais da sociedade, fundamentadas na Constituição, são incontáveis e ensejam uma multiplicidade de políticas públicas destinadas à sua proteção e promoção. Desde a proteção de crianças, dos portadores de necessidades especiais, do consumidor, da família, das mulheres, da saúde, das microempresas e empresas de pequeno porte, do meio ambiente, da igualdade racial, passando pela agricultura, da indústria nacional, da previdência, do saneamento, da pesquisa científica e inovação tecnológica, da energia, da mobilidade urbana *etc.* há políticas públicas sendo realizadas, atualmente.[448]

Apesar de sua grande dimensão, as contratações públicas não têm condições *per se* de realizar tantas políticas públicas simultaneamente. Há

[447] Cfr.: NIEBUHR, Joel de Menezes. **Licitação Pública e Contrato Administrativo.** 3ª ed., Belo Horizonte: Fórum, 2013, p. 35 e seguintes.

[448] Cfr.: NIEBUHR, Joel de Menezes. **Licitação Pública e Contrato Administrativo.** 3ª ed., Belo Horizonte: Fórum, 2013, p. 35 e seguintes.

muitas políticas públicas que devem ser realizadas por meio dos seus instrumentos tradicionais, para além da contratação pública. Diante das muitas demandas morais que veiculam direitos fundamentais identificadas no Brasil, a contratação pública, quando voltada para a promoção de políticas públicas acaba sendo seletiva[449], na medida em que não é viável abrigar nos contratos públicos todas as exigências e condicionantes pertinentes a todas as políticas legitimamente assumidas pelo Estado. São feitas escolhas acerca de quais políticas serão integradas aos contratos públicos.

Nesse passo, merece destaque a questão acerca de qual deveria ser o critério aplicável para eleger uma política pública destinada a ser implementada via contratação pública. Afirmar que determinada política pública seja mais importante do que outra significa estabelecer um critério constitucionalmente não admitido, pois se estará hierarquizando direitos não hierarquizados pela própria Constituição.

O melhor critério para realizar essa seleção parece ser o da eficácia. Conforme esse princípio, seria possível estabelecer, para um determinado tempo e local, (i) um número máximo de políticas públicas a serem contempladas por meio de contratação pública, (ii) analisar todas as políticas existentes e (iii) selecionar aquelas cujas condicionantes em termos de contratação seriam mais eficazes, isto é, que contribuiriam em maior medida para os objetivos pretendidos com as tais políticas públicas.

Atualmente, ao menos no Brasil, não é feita essa aplicação. Hoje, as políticas públicas são inseridas nos contratos públicos mais em decorrência do casuísmo político e legislativo brasileiro do que de um exame aprofundado e planejado sobre o tema.

Deste modo, a contratação pública não pode suprir a ausência da efetivação de políticas públicas levadas a efeito na via tradicional, *v.g.*, serviços públicos, para a realização do desenvolvimento nacional sustentável. Ademais disso, a insistência excessiva em objetivos de política secundária pode, por exemplo, contribuir para tornar o setor público financeiramente insustentável[450], porque em princípio, estar-se-á gastando mais do que, em princípio, o produto ou o serviço contratado demandaria sem a inserção de políticas horizontais.

449 RODRIGUES, Nuno Cunha. **A Contratação Pública como instrumento de política econômica.** Coimbra: Almedina, 2013, p. 57.

450 COASE, Ronald H. **O problema do custo social.** In: *Revista de Direito Público da Economia – RDPE*. Belo Horizonte, ano 07, nº 26, abr. / jun. 2007, p. 137 e seguintes.

Como crítica, pode-se destacar que há múltiplos instrumentos administrativos consolidados para que o Estado realize políticas públicas possivelmente de modo mais eficiente e eficaz do que a contratação pública. Nesse passo, é possível fundamentar que os contratos podem servir de meio subsidiário de realização de direitos fundamentais, mas não podem funcionar como único instrumento. Em diversos casos, a realização de políticas públicas horizontais, de fato, alcança os seus objetivos, mas há outros, em que ela não é a mais adequada, porque não consegue atingir os objetivos esperados, simplesmente porque seu objetivo preambular é obter tão-só o produto ou o serviço.

Muitas vezes, as políticas horizontais são inseridas na contratação pública como argumento discursivo para justificar a inércia governamental com relação à proteção ou à implementação de determinados direitos. Contudo, inserir a política horizontal apenas por tal razão pode desnaturar a própria contratação.[451]

Isso pode ocorrer quando se estabelecem diversos critérios para a escolha do contratante que se sobrepõem, uns aos outros. Imagine-se a hipótese de contratação para a prestação de um serviço de entregas rápidas via motocicletas para a Administração. Levando ao extremo, poder-se-ia (i) estabelecer margens de preferência para as microempresas e empresas de pequeno porte; (ii) benefícios para as empresas cujas motocicletas emitissem níveis reduzidos de emissão de gases de efeito estufa; (iii) benefícios para as empresas cujas motocicletas emitissem níveis reduzidos de decibéis; (iv) vantagens para as que utilizassem motocicletas de produção nacional; (v) vantagens para as empresas que utilizassem mecanismos de segurança superior aos motociclistas; (vi) também para as que empregassem determinado percentual de trabalhadores portadores de necessidades especiais, enfim, um sem-número de preferências que tornariam quase impossível a escolha da empresa contratada, em razão da sobreposição de critérios de seleção.

É preciso, portanto, a indicação de um número máximo de políticas públicas a serem buscadas pela via contratual, em cada local, à luz das suas circunstâncias e necessidades.[452] Ainda que bem-intencionada, a busca genérica pela prossecução de políticas públicas na via contratual – sem

[451] Cfr.: NIEBUHR, Joel de Menezes. **Licitação...**, p. 35 e seguintes.

[452] Cfr.: NIEBUHR, Joel de Menezes. **Licitação...**, p. 35 e seguintes.

um critério bem definido – para a realização do desenvolvimento nacional sustentável pode conduzir à dificuldades crescentes, sem contar que a contratação do objeto primário pode não ser devidamente realizada.

Por isso, parece ser prudente a adoção de um processo de gradual de ampliação da inserção de políticas horizontais nos contratos públicos, levando em consideração as especificidades locais e a necessidade de revisão temporal das suas necessidades.[453]

Portanto, assentar as coisas somente em termos econômicos absolutos não parece ser a opção mais adequada. É claro que as finalidades subsidiárias não podem prejudicar os fins preambulares do contrato, que residem na obtenção das utilidades necessárias em boas condições. Não há razão que sustente que a prossecução de políticas públicas horizontais será sempre economicamente ineficiente, mas ainda que elas possam ser, isso não significa necessariamente que tais políticas devam ser evitadas. Todavia, a realização de outros valores e finalidades indiretas na contratação pública não significa "autorização para contratações ruinosas".[454] Sempre deverá ser considerada a escassez de recursos públicos, o que exige o seu uso o mais racional possível. É necessário ponderar as finalidades buscadas e determinar a solução mais compatível com os valores constitucionais.[455]

Ademais disso, há que se distinguir as figuras de Estado contratante com a de Estado regulador, de forma que sejam apenas permitidas políticas horizontais relacionadas com a aquisição de bens e serviços ou relacionados com o efeito dos produtos ou serviços adquiridos. A realização de políticas horizontais que não se relacionem diretamente com os bens ou serviços a serem adquiridas, em regra, não poderia ser admitida, pois ela se relaciona antes com a função reguladora estatal do que com a contratação pública.

É possível que o contrato assuma uma função regulatória.[456] Nesse caso, a regulação tem por suporte um contrato público que possui uma função de regulação das condutas do(s) contratado(s) para a realização dos esco-

[453] Cfr.: RAIMUNDO, Miguel Assis. **A Formação dos Contratos Públicos: Uma concorrência ajustada ao interesse público.** Lisboa: AAFDL, 2013, p. 398 e seguintes.

[454] JUSTEN FILHO, Marçal. **Comentários à Lei de Licitações e Contratos Administrativos.** 16ª ed., São Paulo: RT, 2014, p. 72.

[455] JUSTEN FILHO, Marçal. **Comentários...,** p. 72.

[456] Cfr.: GONÇALVES, Pedro Costa. **Reflexões sobre o Estado Regulador e o Estado Contratante.** Coimbra: Coimbra editora, 2013, p. 126 e seguintes.

pos contratuais e suas políticas públicas primárias e/ou horizontais. Nesse sentido, de acordo com Pedro Costa Gonçalves, "(...) o contrato se releva um instrumento idôneo e especialmente adequado como técnica ou como estratégia regulatória, surgindo como uma forma jurídica naturalmente adaptada à função de regulação".[457]

Ainda que objeto de um contrato regulatório, a ideia central de prossecução da eficiência econômica, como melhor alocação possível de recursos escassos, é cega em si quanto aos seus resultados do ponto de vista estrito da justiça[458], mas se deve ter em mente que, no âmbito do Estado constitucional contemporâneo não é permitida essa cegueira.

Cada comunidade política deve, portanto, procurar os equilíbrios, os *trade offs* que considere adequados entre as preocupações de eficiência e as preocupações de justiça.[459]

Esse equilíbrio não é preconcebido, vale dizer, o *best value for money* é um dever da Administração, mas ela também, em igual medida, tem múltiplos outros deveres, constitucionalmente previstos.

Por definição, as políticas horizontais constituem objetivos de governo e como tal, representam a opção que cada governo deve realizar, bem como o sacrifício que está disposto a fazer em matéria de eficiência para assegurar os objetivos de política horizontal.[460]

A matéria apresenta então a necessidade de se chegar a um ponto de maturidade dos contratos públicos, na qual se abandona a ideia de uma igualdade puramente comutativa ou "a partida", relacionada apenas entre contratante e contratado para substitui-la por uma ideia de igualdade distributiva, efetiva ou "à chegada", que reconhece que as políticas horizontais têm um papel central na realização de direitos fundamentais, em caráter complementar à prossecução destes direitos pelas vias tradicionais de ação administrativa.

[457] GONÇALVES, Pedro Costa. **Reflexões...**, p. 129.

[458] RAIMUNDO, Miguel Assis. **A Formação dos Contratos Públicos: Uma concorrência ajustada ao interesse público.** Lisboa: AAFDL, 2013, p. 401.

[459] TREPTE, Peter. **Procurement in the EU – A Practitioner's guide**. 2ª ed., Oxford: Oxford University Press, 2007, p. 387.

[460] RAIMUNDO, Miguel Assis. **A Formação...**, p. 401.

## 3.11. Sumário de Objeções à Inserção de Políticas Públicas Horizontais nos Contratos Públicos

Há diversos argumentos contrários ao emprego sistemático da contratação pública para afirmar políticas secundárias ou horizontais[461], isso porque a utilização da contratação pública para fins de política púbica que são externos ao objetivo imediato da celebração do contrato, apresenta-se como problemática. Como acima mencionado, desde o processo de seleção do contratado, pode haver dificuldade, oriunda da criação de preferência entre propostas, a introdução de considerações, já que não se trata apenas de, por exemplo, criar critérios de preferência entre propostas. Falta de clareza e segurança jurídica no uso de critérios ou cláusulas de natureza não econômica, assim como a falta de formação ou de experiência suficiente por parte dos órgãos de contratação representam o principal obstáculo para a utilização de critérios ou cláusulas ambientais ou sociais[462].

Por evidente, não se refuta, neste tópico, a possibilidade do emprego da contratação pública para a realização das políticas horizontais. Entretanto, é necessário ter um olhar crítico sobre elas para que efetivamente, tanto o objeto imediato, quanto o objeto mediato da contratação sejam alcançados.

### 3.11.1. Possibilidade de Falseamento da função primária da contratação pública, que seria a obtenção de mais por menos.

Uma primeira objeção apresentada à inserção de políticas horizontais na contratação pública diz respeito à extensão excessiva dos efeitos horizontais nos contratos, de modo que, se a função primeira do contrato é relativa à (i) a obtenção do bem, do serviço ou (ii) a delegação do exercício da atividade pública ao particular, ao se buscar a realização de políticas horizontais, tais funções deixar de figurar como objetivo ou função primeira e são relegadas a uma posição secundária, caracterizando inversão incompatível com a própria natureza da contratação pública.[463]

[461] RODRIGUES, Nuno Cunha. **A Contratação Pública como instrumento de política econômica.** Coimbra: Almedina, 2013, p. 227.

[462] PERNAS GARCÍA, J. José. (Direccíon) y otros. **Contratación Pública Estratégica.** Presentación. Pamplona: Thomson Reuters – Aranzadi, 2013, p.17.

[463] Cfr.: RAIMUNDO, Miguel Assis. **A Formação dos Contratos Públicos: Uma concorrência ajustada ao interesse público.** Lisboa: AAFDL, 2013, p. 396 e seguintes.

Se a finalidade primeira da tarefa pública consiste na prossecução da política horizontal, não haveria razão para satisfazê-la por meio da contratação pública, ela poderia ser buscada por intermédio dos instrumentos tradicionais de ação estatal, de forma a não onerar excessivamente a contratação pública, que teria por escopo obter mais por menos, consoante o princípio da chamada pureza da compra governamental.

Como demonstrado neste capítulo, no entanto, é plenamente possível a compatibilização entre os fins imediatos e mediatos do contrato público, desde que propriamente estabelecidos no instrumento convocatório à luz da principiologia constitucional e da legislação aplicável.

### 3.11.2. Criação de Complexidade Adicional e Aumento da Burocracia no Processo de Contratação

A prossecução de políticas horizontais por meio dos contratos públicos produz inequivocamente uma complexidade adicional nos procedimentos de seleção dos contratados. Isso porque, ao lado do critério relativo ao menor preço que, em princípio, seria mais adequado à contratação de bens e serviços de natureza comum, por exemplo, passa-se a arrolar novos critérios que tornam o procedimento de licitação mais complexo.

A instituição de múltiplos e sequenciais critérios, privilégios e vantagens no âmbito do processo de contratação pública para selecionar o particular também torna o procedimento mais burocratizado, o que depõe contra a necessidade da crescente racionalização da contratação pública.

### 3.11.3. Aumento de Preço dos Contratos pela Repercussão do Custo do Cumprimento destas Medidas e Redução do Número de Potenciais Concorrentes

Como acima assinalado, a possibilidade de se lançar fins diversos para a contratação pública induz a um aumento da complexidade do procedimento de eleição do contratado, pois o ente precisa adotar uma solução que albergue, de modo efetivo, todas as finalidades em questão. Por igual, a adoção de políticas horizontais pode ensejar uma majoração do preço dos contratos públicos, em vista de que o particular vai deter deveres adicionais para o cumprimento do contrato.

Diante desses deveres adicionais, alude-se à possibilidade de diminuição dos interessados na contratação pública, ensejando dificuldades em termos de concorrência, que constitui um dos elementos da contratação pública com vistas à obtenção de uma maior vantagem em sede da contratação.

### 3.11.4. Maior grau de Politização da Contratação Pública e Possibilidade de Escolhas Discricionárias e até Situações de Abuso de Poder

A prossecução de políticas horizontais por meio da contratação pública traz à tona a questão relacionada à quais políticas deverão ser objeto de inserção nos contratos e quais não deverão sê-lo. Com a vastidão de direitos e valores morais que constituem o espectro de atuação estatal, abre-se uma janela de oportunidades para que a contratação pública realize múltiplos destes objetivos. Entretanto, as escolhas levadas a efeito até então – como acima assinalado – tem sido mais decorrentes do casuísmo político e medidas de ocasião, do que fruto de efetiva análise das demandas em cada uma das áreas, o que tem o condão de demonstrar que a prossecução de políticas públicas por intermédio da contratação, pode sim ensejar um maior grau de politização e, por igual, a possibilidade de escolhas discricionárias e até situações de abuso de poder, em desfavor, por evidente, da própria contratação e dos seus destinatários.

### 3.11.5. Possibilidade de Restrições ao Princípio da Igualdade de Acesso à Contratação Pública, por Formalizar uma Barreira de Entrada

O direito proíbe a discriminação arbitrária, conforme as preferências pessoais e subjetivas do gestor, a partir do dever de observância da isonomia, em seu sentido substancial. Trata-se de um dever inafastável de toda a Administração, em especial, em seus processos de seleção, tais como os concursos públicos e as licitações. Sobre esta última, como meio de seleção do contratado, alude Marçal Justen Filho, o ato convocatório infringe a isonomia quando: (i) estabelece discriminação desvinculada do objeto da licitação; (ii) prevê exigência desnecessária e que não envolve vantagem para a Administração; (iii) impõe requisitos desproporcionados com necessidades da futura contratação; (iv) e adota discriminação ofensiva de valores constitucionais ou legais.[464] Não pode a Administração, portanto, deflagrar a contratação pública se ela infligir esses elementos necessários à observância da isonomia.

Diante da necessidade de observância deste princípio constitucional, bem como o da legalidade e o postulado da proporcionalidade, é que a seguir serão arrolados alguns critérios necessários para a prossecução de políticas horizontais na contratação pública.

## 3.12. Critérios para a Aferição da Inserção de Políticas Horizontais na Esfera da Contratação Pública

Como indicado no presente capítulo, a possibilidade de inserção de políticas públicas horizontais na contratação pública se apresenta de maneira inequívoca. Ao lado disso, a quantidade de políticas voltadas à satisfação de direitos fundamentais que constituem deveres estatais de garantia, coordenação ou prestação é tendente ao infinito.

Exatamente por isso, surge, de um lado, o dever de verificação de quais políticas públicas efetivamente devem ser levadas a efeito por meio deste novo modo de atuação finalística estatal e, de outro, quais não devem ser implementadas por meio da contratação pública, seja porque, como acima demonstrado, são capazes de desnaturar o próprio objetivo do contrato, seja porque a natureza da contratação pública não lhe habilita para a prossecução de determinada política horizontal.

Para verificar quais políticas horizontais podem ser implementadas por meio da contratação pública, são arrolados os critérios: (i) do Fundamento legal; (ii) da causa sistemática, pertinência e ligação ao objeto do contrato e (iii) o critério da proporcionalidade em sentido estrito.

### 3.12.1. O Fundamento Legal

Para a prossecução de uma política horizontal na contratação pública, ainda que a política se volte à realização de um direito fundamental e, portanto, a um dever estatal, ela precisa ser objeto de autorização legislativa expressa. Isso porque, como já objeto de menção, a busca pela realização da política

[464] JUSTEN FILHO, Marçal. **Comentários à Lei de Licitações e Contratos Administrativos.** 16ª ed., São Paulo: RT, 2014, p. 70.

pública pode conduzir a um aumento do custo do objeto imediato do contrato. Nesse sentido, a escolha de uma solução economicamente menos vantajosa apenas pode ser admitida mediante autorização legislativa, em decorrência da soberania popular.[465] Os administradores não são os proprietários dos recursos públicos. Eles devem dar a mais ampla e completa satisfação das necessidades coletivas. Logo, é impositivo que promovam a solução economicamente mais eficiente dos recursos públicos. Mas, como visto, há casos em que é preciso realizar uma ponderação entre a solução economicamente mais eficiente e a satisfação de outro dever estatal fundamental, contido na política pública.

### 3.12.2. Causa Sistemática, Pertinência e Ligação ao Objeto do Contrato

A realização de políticas horizontais por contratos públicos é limitada pelas regras de contratação que têm por finalidade reduzir a discricionariedade, bem como os potenciais abusos. A exigência de observância da causa sistemática e da pertinência e ligação ao objeto do contrato garante segurança jurídica e permite assegurar que a aquisição configure-se como elemento da realização eficiente da despesa pública.[466]

Na medida em que figuram como instrumentos de prossecução de políticas horizontais, os contratos públicos passam a ser utilizados como instrumento de regulação, pois podem se voltar a promover a fiscalização e o sancionamento do desrespeito à lei pelo contratado, *v.g.*, o que transforma as entidades contratantes em entidades com funções para-reguladoras.

Há ainda uma segunda categoria de políticas horizontais que podem ser concretizadas pela contratação que não teriam, direta e imediatamente, relação com o objeto do contrato, mas que demonstram a possibilidade de emprego do contrato regulatório. Por exemplo, o estabelecimento de normas trabalhistas mais rígidas ao empregador em determinadas atividades delegadas. Assim, poder-se-ia sumariar dois tipos de políticas: (i) as horizontais relacionais com o objeto do contrato, e (ii) as que extravasam o objeto do contrato, por exemplo, aquelas que visam modificar o comportamento global do contratado ou a realização de benefícios que não estão

[465] JUSTEN FILHO, Marçal. **Comentários à Lei de Licitações e Contratos Administrativos.** 16ª ed., São Paulo: RT, 2014, p. 78.

[466] RODRIGUES, Nuno Cunha. **A Contratação Pública como instrumento de política econômica.** Coimbra: Almedina, 2013, p.207.

diretamente relacionados com o contrato, como a construção de utilidades não relacionadas.

Não se pode olvidar que a prossecução de políticas horizontais pode ter um impacto significativo sobre toda a atividade. Uma cláusula que estabeleça o pagamento de salários justos a trabalhadores especificamente envolvidos num contrato público terá implicações relativas aos trabalhadores da mesma empresa. A que estabeleça que os bens fornecidos devem ser produzidos com baixo carbono terá implicações em toda a cadeia da entidade fornecedora.

Diante disso, a discricionariedade da Administração para a escolha da política a ser objeto de concretização por meio do contrato será admitida quando circunscrita à concretização de políticas horizontais relacionadas com o objeto do contrato, sob pena de desnaturar os objetivos da própria contratação pública.

### 3.12.3. Proporcionalidade

Embora não constitucionalmente explícita, a fundamentação da proporcionalidade se encontra na cláusula do devido processo legal, salvaguardada como direito fundamental, no artigo 5º, inciso LIV. A proporcionalidade impõe a realização de uma ponderação de valores, sendo considerado *postulado normativo aplicativo* não restrito à atividade administrativa, mas também utilizado como critério essencial de hermenêutica jurídica, na medida em que contribui para a adequação prática de regras e princípios jurídicos.

No âmbito da contratação pública destinada à prossecução (também) de políticas horizontais, deve ser observada a concordância prática entre fins imediatos e mediatos da avença, isto é, há o dever de equilíbrio entre os fins buscados e os meios empregados na contratação, sob pena de violação ao dever de proporcionalidade.

## 3.13. Em Síntese: a Coexistência entre a Regulação por Contrato (Instrumentalizada para Fins de Políticas Horizontais) e a Regulação Legislativa e por Agência

A contratação pública como instrumento para a realização de políticas horizontais se justifica na medida em que permite a utilização da contratação pública para satisfazer de forma concreta, políticas gerais, bem como para "internalizar" eventuais *externalidades positivas* provocadas pelos contratos públicos, sem recurso a instrumentos inerentes ao *ius imperii*.

Com o emprego da via consensual e não unilateral na concretização de políticas horizontais ou secundárias, ganha proeminência a ideia de regulação direta e indireta por meio da contratação pública.[467]

De acordo com Marçal Justen Filho, consiste a regulação econômico-social na "(...) intervenção indireta sobre a conduta dos sujeitos públicos e privados, de modo permanente e sistemático, para implementar as políticas de governo e a realização dos direitos fundamentais".[468]

A regulação como incumbência estatal, portanto, configura-se como a disciplina jurídica do funcionamento do mercado em particular e da economia em geral (regulação econômica) e de salvaguarda de determinados direitos, relativos ao meio ambiente, à saúde, à educação, à proteção do trabalhador e do consumidor etc. (regulação social).[469]

A responsabilidade pela regulação, pelo exercício da *função de direção, de condução ou de pilotagem*[470], além da definição de normas de conduta, da imposição de aplicação destas normas aos particulares têm o condão de "(...) elevar a regulação pública à condição de principal instrumento de ação do Estado Administrativo de Garantia".[471]

Tal função é realizada por meio dos contratos públicos (regulação por contrato), quando a Administração, pela via contratual, dentre outras situações, estabelece deveres contratuais não exclusivamente voltados ao objeto mediato, quer dizer, o contrato, *per se*, promove a *definição* e a *implementação* de normas regulatórias aplicáveis à relação contratual.

A regulação por meio do contrato público é um instrumento eficaz para a realização dos direitos fundamentais, mas como se cinge ao próprio contrato, ela se volta exclusivamente a regular as condutas do contratado em relação às implicações da avença celebrada. Ainda que possa espraiar efeitos para os particulares, *v.g.*, no caso de normas sociais relativas aos trabalhadores sindicalizados, são efeitos restritos a grupos espe-

[467] Cfr.: GONÇALVES, Pedro Costa. **Reflexões sobre o Estado Regulador e o Estado Contratante.** Coimbra: Coimbra editora, 2013, p. 11 e seguintes.

[468] JUSTEN FILHO, Marçal. **Curso de Direito Administrativo.** 11ª ed., São Paulo: Editora Revista dos Tribunais, 2015, p. 663.

[469] GONÇALVES, Pedro Costa. **Reflexões...**, p. 12.

[470] GONÇALVES, Pedro Costa. **Reflexões...**, p. 12.

[471] GONÇALVES, Pedro Costa. **Reflexões...**,, p. 11.

cíficos. Inequivocamente, a regulação legislativa ou por agência, de outro lado, produz efeitos mais amplos, pois incide sobre todos os particulares indistintamente.

Por sua vez, a regulação por contrato tende a ser mais *consensual*, pois objeto da negociação pré-contratual, ao passo que a regulação por agência tende a ser mais unilateral, pois decorrente da atividade normativa da Administração.

Assim sendo, para a satisfação completa dos objetivos estatais não se pode olvidar da necessidade de compatibilizar as diversas formas de regulação, legislativa ou por agência e por contrato.

## 3.14. Conclusões Parciais

A prossecução de políticas públicas voltadas tanto à satisfação de valores morais consagrados pela sociedade quanto a direitos fundamentais na qualidade de objetos mediatos da contratação administrativa abre espaço para uma ressignificação do próprio contrato público, pois ele deixa de ser visto somente como instrumento técnico-administrativo para se tornar também uma atividade administrativa material finalística.

Assim sendo, é possível se falar na *re-funcionalização* da contratação pública, a partir da qual, para além do atendimento imediato das necessidades de custeio e de utilidades para a gestão pública e da delegação do exercício de atividades públicas para os particulares, o contrato público – dada a sua proeminência socioeconômica contemporânea – passa a funcionar (isto é, a *ser* e a *estar* funcionalizado) como fórmula de atendimento de deveres estatais que, até então, ou ainda não eram realizados ou eram objeto de atendimento por outras vias, como os serviços públicos.

A "internalização" das chamadas externalidades positivas do contrato, porém, não pode ser levada a efeito senão após uma série de "testes" relativos ao fundamento legal, à causa sistemática, à pertinência e ligação ao objeto do contrato, além da proporcionalidade. Vale dizer, em casos extremos, a prossecução de políticas horizontais por meio dos contratos públicos pode desnaturar o próprio contrato.

É por isso que se alude à necessidade de observância dos critérios que habilitam o contrato a realizar também essas políticas públicas. Entre eles, destaca-se a autorização legislativa, fundamental, à luz do princípio democrático, para que a população, por meio de seus representantes, autorize a realização de contratos que não visem exclusivamente a melhor vantagem econômica, mas que, ao lado dela, também se destinem à prossecução de outros fins, de caráter ambiental, social e/ou relacionados a escopos difusos e coletivos.

No Brasil, a autorização legislativa genérica ocorreu, aproveitando o contexto histórico mundial do green public procurement, com alteração introduzida pela Lei nº 12.349/2010 no texto do artigo 3º da Lei nº 8.666/1993, que passou a mencionar a promoção do desenvolvimento nacional sustentável. Portanto, sob o abrigo multidimensional do desenvolvimento sustentável, tornou-se inequívoco que a contratação pública brasileira se encontra funcionalizada à prossecução de políticas públicas horizontais, o que serve de fundamento para a proposta de recaracterização do contrato público contemporâneo, tal como será levado a efeito no próximo capítulo.

# Capítulo 4 - A Caracterização Contemporânea dos Contratos Públicos: a Justiça (Contratual) Distributiva como Elemento de Identificação dos Contratos Públicos

*"Nosso Produto Interno Bruto agora ultrapassa 800 bilhões de dólares por ano. Mas nesse PIB estão embutidos a poluição do ar, os comerciais de cigarros e as ambulâncias para limpar nossas carnificinas. Ele inclui fechaduras especiais para nossas portas e prisões para as pessoas que as arrombam. Inclui a destruição de nossas sequoias e a perda de nossas maravilhas naturais em acumulações caóticas de lucro. Inclui as bombas napalm e as ogivas nucleares e os veículos blindados da polícia para combater os tumultos em nossas cidades. Inclui (...) os programas de televisão que estimulam a violência com a finalidade de vender brinquedos a nossas crianças. Entretanto, o PIB não garante a saúde de nossas crianças, a qualidade de sua educação ou alegria de suas brincadeiras. Não inclui a beleza de nossa poesia ou a solidez de nossos casamentos, a inteligência de nossos debates públicos ou a integridade das autoridades de nosso governo. Ele não mensura nosso talento ou nossa coragem, nossa*

> *sabedoria ou nosso aprendizado, nossa compaixão ou nossa devoção a nosso país. Ele tem a ver com tudo, em suma, exceto com aquilo que faz com que a vida valha a pena. E ele pode nos dizer tudo sobre os Estados Unidos, exceto o motivo pelo qual temos orgulho de ser americanos".*[472]

Como visto no capítulo anterior, há um movimento crescente no mundo em geral e no Brasil em particular – aqui unificado em torno da inserção do desenvolvimento nacional sustentável como finalidade da contratação pública – do emprego do contrato público como veículo de políticas públicas voltadas à satisfação de direitos fundamentais e de valores morais consagrados pela sociedade.

Nesse contexto, visualiza-se que a contratação pública deixa de funcionar exclusivamente como instrumento técnico-administrativo de provisão de bens, serviços e de delegação de serviços públicos para figurar como uma das *atividades-fim* mais relevantes para o Estado dar conta de suas atribuições constitucionais.[473]

Trata-se, nesse sentido, de uma perspectiva atual, plenamente verificável na atuação dos mais diversos Estados e do Brasil, como corrobora a ideia antes explicitada de *governo por contrato(s)*. Dito de outro modo, o contrato público incumbido de uma finalidade estatal *mediata* constitui uma prática atual comum, quase uma "moda", no sentido de um tema bastante reiterado na esfera do direito da contratação pública. Como qualquer prática social humana, também os ramos do direito possuem suas "modas".

Como exemplos, a aceitação doutrinária do contrato administrativo como efetivo contrato, a sua utilização como via técnica-jurídica de ação administrativa, a sua submissão ao direito público e a garantia da intangibilidade da equação econômico-financeira configuram exemplos de "modas"

[472] Trata-se de trecho de discurso proferido por Robert F. Kennedy em 1968. In: SANDEL, Michael J. **Justiça: O que é fazer a coisa certa.** Rio de Janeiro: Civilização Brasileira, 2011, p. 323.

[473] Tradicionalmente, ao lado do contrato, o regulamento, o ato administrativo, a licitação, o procedimento (ou processo administrativo), são considerados vias técnico-jurídicas de ação administrativa, vale dizer, funcionam como instrumento para que o Estado realize as suas atividades administrativas propriamente ditas, tais como os serviços públicos e as obras públicas, o fomento, o poder de polícia, dentre outros. Cfr.: BANDEIRA DE MELLO, Celso Antônio. **Curso de Direito Administrativo.** 30ª ed., São Paulo: Malheiros, 2013, p. 341.

ou temáticas reiteradas mais ou menos duradouras neste âmbito do conhecimento. Algumas perduram até hoje, outras passaram.

Estar atento a elas e, mais do que isso, "andar na moda", pode significar uma forma privilegiada de visualização das transformações pelas quais passa a contratação pública contemporânea. Possivelmente, enquanto este trabalho é escrito, novas "modas" estão sendo lançadas, em especial, no Brasil, provavelmente relacionadas ao *accountability* e à responsabilização de agentes públicos ou privados que se utilizam da contratação pública para objetivos ilícitos.[474]

O foco na finalidade da contratação pública, porém, não parece se constituir numa "moda" temporária. Mutáveis tem sido os nomes atribuídos às suas finalidades (bem como as suas críticas): interesse público, interesse coletivo, finalidade pública, interesse social etc., mas a finalidade, em si, não tem sofrido maiores alterações. Trata-se da busca de valores e interesses, direitos e necessidades indisponíveis e que, por conseguinte, são de persecução atribuída, em maior ou menor grau, direta ou diretamente, ao Estado.

A indisponibilidade da finalidade contratual pública, como de todas as demais tarefas estatais, é que torna obrigatória a sua prossecução. Isso porque a disponibilidade é atributo dos interesses, valores e vontades dos particulares. Por exemplo, caso não seja realizada uma vontade individual, em princípio, tal fato não gera *per se* prejuízo a valor ou direito fundamental, pois se encontra na esfera individual da autonomia da vontade.[475]

Por sua vez, os interesses, valores, direitos e necessidades indisponíveis, pela sua natureza, são de prossecução obrigatória pelo Estado, porque, caso

[474] Em março de 2014 foi deflagrada pela Polícia Federal brasileira, a *Operação Lava Jato*, com dezenas de fases e desdobramentos. Ela é considerada a maior investigação de corrupção da história do país, envolvendo grande número de agentes públicos e privados, aos quais são imputados atos ilícitos relacionados à contratação pública de obras de grande porte. Há a esperança de que, após a operação *supra*, ocorra o aperfeiçoamento de mecanismos jurídicos no sentido de se inibir práticas delituosas no relacionamento público-privado. Cfr.: http://www1.folha.uol.com.br/poder/2014/11/1548049-entenda-a-operacao-lava-jato-da-policia-federal.shtml. Acesso em 15 de setembro de 2019.

[475] Cfr.: JUSTEN FILHO, Marçal. **Conceito de Interesse público e a Personalização do Direito Administrativo.** In: Revista Trimestral de Direito Público. nº 26. São Paulo: Malheiros, 1999, p. 133.

não sejam efetivados, ensejam afronta a valores e direitos fundamentais, consagrados pelo ordenamento jurídico.[476]

Ao se aludir, por ora, à ideia de uma justiça contratual distributiva não se está a querer indicar mais um conceito semanticamente aberto, indeterminado, como escopo do contrato público atual. Não se busca aqui se inserir em (ou lançar) mais uma "moda". Antes disso, pretende-se revelar que a contratação pública possui múltiplos elementos a caracterizá-la e que, ao lado da ideia de *comutatividade* (e, por consequência, de justiça comutativa) que fundamenta, *v.g.*, a manutenção do equilíbrio econômico-financeiro, há a noção de *distributividade* (justiça distributiva) contratual, que se apresenta como elemento essencial e, portanto, não acessório na contratação pública contemporânea.

De partida, isso ocorre porque a contratação pública – de qualquer natureza e/ou abrangência - não consegue fugir de uma de suas características genéticas, que influenciam todo o seu regime jurídico: quando o Estado contrata, ele procede, como inerente à ideia do contrato como instrumento de trânsito econômico, a uma distribuição de riqueza[477] ou, na forma de conceitos econômicos, ele cria necessariamente externalidades positivas e negativas.[478] Por natureza, portanto, a contratação pública, ao realizar externalidades positivas, promove uma forma de intervenção na vida econômica, política e social da comunidade.[479]

De outro lado, grande parte da literatura nacional aplicável aos contratos públicos não dá maior atenção a essas questões. A doutrina, em sua maioria, promove uma hermenêutica da legislação aplicável, sanando as incongruências legais e elucidando eventuais divergências interpretativas. Trata-se de uma tarefa que ela não pode se escusar.[480] Contudo, diante da atual relevância dos contratos públicos e da sua repercussão em termos

[476] Cfr.: BREUS, Thiago Lima. **Políticas Públicas no Estado Constitucional: Problemática da Concretização dos Direitos Fundamentais pela Administração Pública Brasileira Contemporânea.** Belo Horizonte: Fórum, 2007, p. 149 e seguintes.

[477] ROPPO, Enzo. ***O Contrato.*** Almedina: Coimbra, 2009, p. 341.

[478] Cfr.: ARAÚJO, Fernando. **Introdução à Economia.** 3ª ed., Coimbra: Almedina, 2006, p. 569 e seguintes.

[479] RAIMUNDO, Miguel Assis. **A Formação dos Contratos Públicos: Uma concorrência ajustada ao interesse público.** Lisboa: AAFDL, 2013, p. 394

[480] Cfr.: SUNDFELD, Carlos Ari. **Direito Administrativo para Céticos.** São Paulo: Malheiros, 2012, p. 36 e seguintes.

econômicos, sociais e de justiça, a sua atuação de cariz distributivo não pode ser considerada secundária.

As considerações levadas a efeito acima constituem, para muitos, uma abordagem de cunho filosófico ou sociológico, que escapariam à dignidade científica do direito. Todavia, dada a sua importância, inclusive como fonte de elaboração legislativa e de ação administrativa, entende-se pertinente o exame desses elementos subjacentes à atividade contratual do Estado.[481]

O objetivo do presente capítulo, por conseguinte, dirige-se a apontar que a prossecução de uma justiça de caráter distributivo se constitui em elemento indissociável da contratação pública contemporânea, de modo que ela (a justiça contratual distributiva) pode se constituir em um elemento contemporâneo de caracterização do contrato público.

## 4.1. A Controvérsia a Propósito da Caracterização do Contrato Público e de seus Elementos Essenciais

Atualmente, como mencionado no capítulo II, não restam mais dúvidas acerca da admissibilidade dos contratos públicos como categoria e/ou instituto do direito administrativo. O direito administrativo brasileiro, consoante informa Celso Antônio Bandeira de Mello, individualizou a contratação pública sob os mesmos traços delineados pelo direito francês,[482] que fora embasado nos arestos de seu Conselho de Estado. A doutrina brasileira, por conseguinte, ao aderir à elaboração teórica francesa, sistematizou sua teoria de contratação administrativa sobre a jurisprudência francesa na matéria.[483]

Assim, no que toca aos contratos público-administrativos, incontáveis critérios foram sendo elaborados ao longo do tempo para defini-los, ainda que não encontrassem equivalência na realidade nacional. Nesse sentido, conforme salienta Fernando Dias Menezes de Almeida, "(...) o con-

[481] Em certo sentido, esse é o argumento levado a efeito por Marçal Justen Filho para expor as "ideologias" subjacentes ao sistema constitucional tributário, que, geralmente não explicitadas pela doutrina, conduzem à conformação de um sistema tributário desigual. JUSTEN FILHO, Marçal. **Sistema Constitucional Tributário: Uma Aproximação Ideológica.** In: Revista da Faculdade de Direito da UFPR. Curitiba, ano 30, nº 30, p. 215-233. 1998.

[482] BANDEIRA DE MELLO, Celso Antônio. **Curso de Direito Administrativo.** 30ª ed., São Paulo: Malheiros, 2013, p. 630.

[483] BANDEIRA DE MELLO, Celso Antônio. **Curso...,** p. 628.

trato administrativo tornou-se, no curso do século passado, aquilo que a doutrina propugnava que fosse; ainda que nas suas primeiras décadas, as ideias dogmaticamente afirmadas pela doutrina não correspondessem à realidade nacional".[484]

Em outras palavras, a doutrina levou a efeito uma delimitação teórica a propósito dos contratos estatais no plano da idealidade (dever ser) que não correspondia à realidade (ser).[485]

Esse fenômeno não é exclusivamente brasileiro. Em razão da discrepância entre a estrutura teórica contratual e a necessidade de celebração de avenças por parte da Administração, de acordo com Maria João Estorninho, é possível a distinção entre três fases na linha evolutiva da sua atividade contratual: (i) a primeira fase que parte do ceticismo à aceitação do contrato celebrado pela Administração; (ii) a segunda fase que consagra um entusiasmo com a atividade e (iii) uma terceira fase que alude à crise e à indefinição da figura.[486]

Por conseguinte, as incertezas e, até mesmo a chamada crise dos elementos caracterizadores dos contratos públicos, denotam a relevância do tema e a necessidade de seu aprofundamento. Ademais, como bem destacou Themístocles Brandão Cavalcanti no já distante 1973, "(...) a teoria dos contratos administrativos constitui um dos pontos mais importantes no estudo do direito administrativo, não somente pela relevância da sua aplicação, como ainda porque aqui se encontra a fronteira menos definida do direito público com o direito privado".[487]

[484] Cfr.: ALMEIDA, Fernando Dias Menezes de. **Contrato administrativo no Brasil: aspectos críticos da teoria e da prática.** *Revista de Contratos Públicos – RCP*, Belo Horizonte, ano 1, nº 1, p. 125-139, mar. / ago. 2012.

[485] Conforme expõe Marçal Justen Filho "O trabalho doutrinário reflete as preferências político-ideológicas individuais de cada doutrinador. Mas isso produz um problema fundamental, que é a perda da objetividade do estudo e a redução da força vinculante do direito. Tal se passa porque a atuação doutrinária se torna um instrumento da concretização das aspirações individuais. Isso conduz a que o direito produzido pelos órgãos investidos de competência própria seja colocado em segundo plano. Mais importante é a concepção individual do doutrinador sobre o tema. Na maior parte dos casos, as opções políticas realizadas pela sociedade (e por seus representantes) é considerada como irrelevante. IN: JUSTEN FILHO, Marçal. **Curso de Direito Administrativo.** 11ª ed., São Paulo: Editora Revista dos Tribunais, 2015, p. 11.

[486] ESTORNINHO, Maria João. ***Réquiem* pelo Contrato Administrativo.** Coimbra: Almedina, 2003, p. 193.

[487] CAVALCANTI, Themístocles Brandão. **Teoria dos Atos Administrativos.** São Paulo: Revista dos Tribunais, 1973, p. 246.

O entendimento de que o contrato é gênero e que cada ramo jurídico estabelece a sua espécie, com distinção e independência, com características e propriedades singulares parece, atualmente, pacífico.[488] Entretanto, os critérios para a sua caracterização específica, em cada área do conhecimento jurídico, ainda são passíveis de ampla discussão.

O presente trabalho não tem a pretensão de sistematizar as críticas aos critérios levados a efeito para definir o contrato público. Muito aquém disso, pretende tão-só, à luz da apreciação do direito aplicável, repousado no tripé legislação, doutrina e jurisprudência, bem como da observação da realidade da contratação pública contemporânea, desvelar um elemento presente de maneira inafastável no seu bojo, que é a busca por uma justiça contratual de cariz distributivo.

Eis, portanto, razões que fundamentam a possibilidade de caracterização do contrato público à luz de elementos que emergem da observância do seu emprego concreto não apenas como meio, mas como atividade administrativa. Como será demonstrado, é possível se depreender a realização da justiça distributiva, *v.g.*, por meio dos contratos que espraiam efeitos e promovem, *per se*, intervenção na ordem econômica e/ou no domínio social.

## 4.2. A Justiça Distributiva como Critério Essencial (não Acidental) da Contratação Pública Contemporância

Na perspectiva ora tratada, o contrato público não pode ser vislumbrado somente como um instrumento de satisfação de necessidades estatais. Ele detém hoje múltiplas finalidades, para além do suprimento de meios indispensáveis para a prossecução estatal de suas atividades-fim. Por conseguinte, é necessário visualizar o contrato público sob outros ângulos, para além do tradicional vértice (e olhar) tomado exclusivamente a partir da Administração como tomadora do contrato (contratante) e que o considera, não raro, como mera formalidade.

Os critérios até então levados a efeito para distinguir o contrato público de um contrato privado guardam relação com as características do con-

[488] Cfr.: SCHIRATO, Vitor Rhein. **Contratos administrativos e contratos da Administração Pública: pertinência da diferenciação?** *Revista de Contratos Públicos – RCP*, Belo Horizonte, ano 2, n. 2, p. 177-186, set. 2012/fev. 2013.

tratante ou com as suas prerrogativas excepcionais. Vale dizer, em regra, o contrato público não é observado sob o vértice dos contratados.

Sob o ponto de vista deles (dos particulares contratados), o contrato público representa a possibilidade de um proveito, de uma vantagem econômica, da qual a Administração irá dispor em favor de um determinado contratado ou de qualquer outro agente privado. Trata-se, inequivocamente, de uma oportunidade de ganho proporcionada ao particular e, mais do que isso, de uma oportunidade de ganho economicamente escassa, uma vez que não se pode compelir a Administração a celebrar um contrato com quem não detenha o direito (por lei ou por procedimento) de ser contratado.[489]

Logo, a oportunidade de ganho representada pelo contrato público não é um "bem" de livre acesso, mas é um "bem" atribuído a alguém por meio de um ato de competência da entidade administrativa.

Havendo a possibilidade de escolha da Administração para contratar "A" e não "B" há, então, a realização de um ato de preferência. Evidentemente que este ato de preferência se faz em consonância com o direito aplicável, que irá estabelecer os critérios, as prioridades para que o Estado faça a melhor (e mais vantajosa) escolha.

Assim, a celebração de um contrato com "A" e não com "B", exemplificando nos termos já apresentados por Miguel Assis Raimundo, ao se contratar "Antônio" ao invés de "Bernardo" faz emergir a seguinte interrogação: "Por que contratar Antônio e não Bernardo?[490]

Quando existe possibilidade de escolha (ainda que fática e juridicamente limitada) para a celebração de um contrato, vale dizer, quando exista uma oportunidade de ganho distribuível pela entidade pública, a pergunta por que "A" e não "B" se impõe.

Emerge daí um dos enfoques pouco tratados a propósito da contratação pública, que é a distribuição da riqueza social. Ao ser contratado, por preencher os pressupostos legais para ser contratado, "A", receberá em troca um equivalente econômico que irá movimentar toda a cadeia de produção de determinado bem ou da prestação do serviço. Ao fazê-lo – e o Estado o faz em grandes proporções, vide a dimensão atual da contratação

[489] RAIMUNDO, Miguel Assis. **A Formação dos Contratos Públicos: Uma concorrência ajustada ao interesse público.** Lisboa: AAFDL, 2013, p. 51.

[490] Miguel Assis Raimundo denomina os seus sujeitos contratuais de "António" e "Bento". RAIMUNDO, Miguel Assis. **A Formação...,** p. 53.

pública frente ao Produto Interno Bruto de todas as nações – há uma mobilização dos agentes de mercado, lançando benefícios diretos e indiretos.

Esses benefícios possuem efeitos socialmente distributivos da riqueza social apropriada legitimamente pelo Estado via tributação, de modo que, de partida, torna-se possível a menção da contratação pública como mais um instrumento de realização de uma justiça contratual de índole distributiva dos recursos arrecadados conforme as normas de direito tributário.

A celebração de um contato de concessão de serviço público consagra a decisão política de admissão da exploração lucrativa de empreendimentos voltados à satisfação de finalidades sociais e coletivas. Nesse caso, a utilização do serviço público pelo usuário ensejará também a apropriação regular de recursos pela empresa prestadora do serviço público. Contudo, em princípio, apenas os usuários do serviço serão onerados para o custeio da utilidade. De outro lado, caso o serviço seja prestado diretamente pelo Estado, não haverá a lucratividade, contudo, toda a população arcará com os custos do serviço, independentemente da sua fruição.

Em qualquer das hipóteses acima, ocorre uma distributividade.

A rigor, é confiada ao Estado, direta ou indiretamente, a implementação das atividades consideradas eminentemente estatais: os serviços públicos, o fomento e a intervenção na ordem econômica e no domínio social[491], a partir dos quais, a rigor, é realizada a dimensão distributiva da riqueza social.

Ao lado deles, o contrato público também se apresenta como mecanismo igualmente hábil a exercer essa função distributiva. Isso porque não se pode olvidar que o contrato (gênero) é um instituto jurídico que deve ser considerado dentro de sua realidade de operação econômica.[492] Vale dizer, o contrato (qualquer que seja) é um instrumento que contempla uma operação econômica na qual há a movimentação de riquezas por meio da alocação de esforços de agentes econômicos em um determinado sentido.[493]

Assim, ao falar em contratação, faz-se referência a um instrumento jurídico que se destina a movimentar riquezas. Não importa se as pessoas contratantes são de direito público, ou de direito privado, o contrato será sempre uma operação econômica sujeita a um determinado regime jurídico. O trânsito econômico é um elemento ínsito à ideia de contratação,

[491] BANDEIRA DE MELLO, Celso Antônio. **Curso de Direito Administrativo.** 30ª ed., São Paulo: Malheiros, 2013, p. 628.

[492] ROPPO, Enzo. ***O Contrato.*** Almedina: Coimbra, 2009, p. 05.

[493] ROPPO, Enzo. ***O Contrato...,*** p. 05.

advindo a partir dele, a ideia da distributividade de riquezas por meio do contrato.[494]

Em relação ao contrato privado, o contrato público diferencia-se pela busca da finalidade coletiva como requisito essencial, sob pena de invalidade. A finalidade pública, coletiva ou social, objeto de prossecução da contratação pública tem uma índole que lhe aproxima da noção de distributividade, como critério de justiça.

Assim, o contrato público, como instrumento de ação estatal, não pode servir a interesses individuais, privados,[495] nem mesmo aquele exclusivo do próprio aparato estatal. Ele é voltado à satisfação dos direitos, valores morais protegidos e interesses da coletividade. É razão da sua legitimação. Por isso, desde logo, ele se acosta à ideia de justiça distributiva, que traz no seu contexto, uma noção quantitativa que não se limita a interesses individuais.

Ao se exemplificar com uma compra governamental absolutamente ordinária, tal como a aquisição administrativa de papel e caneta, ainda que se argumente que ela venha satisfazer necessidade exclusiva da Administração, a sua compra não se faz mais desvinculada de valores que transcendam a sua destinação. Ela deverá – quando menos – ter origem ambientalmente adequada, submeter-se à análise de ciclo de vida e de potencial reciclagem, além de ter sido fabricada com observância da totalidade dos direitos laborais dos trabalhadores.

Em uma contratação dotada de grande complexidade, como uma parceria público-privada, há também a incidência inequívoca da distributividade tanta da riqueza, quanto dos efeitos (externalidades positivas) para a sociedade, com ganhos de desenvolvimento inequívocos.

A título de exemplo, o regime de concessões e autorizações de telecomunicação visou no Brasil a universalização da atividade. Para além dos efeitos intuitivos que a universalização promoveu na sociedade, como o contato com outras pessoas, a maximização de serviços e negócios, é possível se aludir em uma justiça distributiva decorrente dessa área específica

494 Cfr.: FACHIN, Luiz Edson. **Teoria Crítica do Direito Civil.** 2ª ed., Rio de Janeiro: Renovar, 2003, p. 141 e seguintes.

495 Cfr.: LEITÃO, Alexandra. **A proteção judicial dos terceiros nos contratos da Administração Pública.** Coimbra: Almedina, 2002, p. 14 e seguintes.

no que concerne à possível diminuição da criminalidade, acessibilidade a regiões periféricas, além da maior mobilidade da população.[496]

Em outras palavras, independentemente da dimensão ou da expressão econômica, jurídica ou social do contrato público, ainda que se destine apenas ao fornecimento de bem ou serviço, ele apresenta efeitos que extrapolam a relação jurídica formalizada exclusivamente entre contratante e contratado. Há implicações do contrato para todo o mercado envolvido, no sentido de implementar as finalidades estatais precípuas, como, *v.g.*, os objetivos fundamentais da República estatuídos no artigo 3º, da CF/88, também por meio de suas aquisições.

Sob esse enfoque, por mais singelo que seja o contrato público, como o acima citado de fornecimento de bens, ele terá uma dimensão regulatória, conformando o mercado de fornecimento de tais produtos e/ou serviços. Essa dimensão regulatória, pela sua própria natureza, não se limita às partes contratantes, de modo a veicular obrigações e direitos também para terceiros.[497]

Se há, como acima exemplificado, a ocorrência de múltiplos efeitos para terceiros que provêm de modestos contratos públicos de fornecimento; são realmente incalculáveis as implicações para além das partes celebrantes de contratos públicos que veiculam redes contratuais complexas, como os contratos de concessão de serviço público e/ou de parcerias público-privadas. Nesses contratos, há uma eficácia multiplicativa de direitos (e correspondentes deveres) para terceiros não envolvidos diretamente nas avenças, de modo a tornar possível a referência à ideia de distributividade como elemento inerente à atual contratação pública.

Para melhor exame do tema, é preciso, porém, explicitar o que pode ser compreendido no âmbito de uma justiça contratual de caráter distributivo, sob pena de parecer que se está apenas acrescentando, a bel prazer, mais um elemento no já intricado sistema de contratação pública contemporâneo, o que evidente não é o objetivo ora apresentado.

O que se busca, por ora, é evidenciar que o contrato público contemporâneo (seja um contrato de prestação de serviço, de aquisição de pro-

[496] FARACO, Alexandre Ditzel; PEREIRA NETO, Caio Mário da SILVA; COUTINHO, Diogo Rosenthal. **Universalização das Telecomunicações nos Brasil.** In: Revista de Direito Público da Economia – RDPE. Ano 1, nº 1, jan. /fev. /mar. 2003. Belo Horizonte: Fórum, 2003, p. 20.

[497] Cfr.: LEITÃO, Alexandra. **A proteção judicial dos terceiros nos contratos da Administração Pública.** Coimbra: Almedina, 2002, p. 14 e seguintes.

duto ou mesmo um contrato de concessão ou parceria público-privada) não consegue se desvencilhar de um elemento intrínseco, que é a satisfação de uma justiça contratual de caráter distributivo.

Deste modo, pretende-se, no presente capítulo, trazer à tona a relação entre a contratação pública e a prossecução, em última análise, por ela, de uma justiça (contratual) de caráter distributivo.

## 4.3. As Questões Ideológicas Subjacentes a um Ideal de Justiça Adjetivado

Uma análise sobre o ideário de justiça como objetivo de uma ação estatal pressupõe o prévio exame da sua compreensão no contexto da *filosofia política contemporânea*.[498] No contexto das teorias políticas, a alusão à um ideal de justiça de cunho *comutativo* ou de cunho *distributivo* no agir administrativo contratualizado perpassa por pré-compreensões ideológicas, isto é, dependendo do ângulo a partir do qual se observa, essas esferas de justiça acabam se localizando em algum ponto de uma linha que pode ser estendida da direita à esquerda.[499]

Em um retrato tradicional dessa linha imaginária, costuma-se destacar que as pessoas à esquerda acreditariam em igualdade e, portanto, endossariam alguma forma de socialismo e às pessoas à direita, acreditariam em liberdade e, nesse passo, endossariam alguma forma de capitalismo de livre mercado.[500] No meio, "(...) estão os liberais que acreditariam numa mistura aguada de igualdade e liberdade e que, portanto, endossariam alguma forma de capitalismo de bem-estar social".[501]

[498] A chamada filosofia política contemporânea ou teoria da política normativa congrega as escolas de pensamento, os estudos e as propostas, das mais diversas correntes filosóficas e ideológicas, do liberalismo clássico aos comunitarismo, do contratualismo hobbesiano ao feminismo, sobre o que pode ser considerada uma "sociedade justa, livre ou boa". Cfr.: VITA, Álvaro de. **A Justiça Igualitária e seus Críticos.** 2ª ed., São Paulo: Martins Fontes, 2007, p. 07 e seguintes. HÖFFE, Otfried. **Justiça Política.** Tradução de Ernildo Stein. São Paulo: Martins Fontes, 2006, p. 16 e seguintes. KYMLICKA, Will. **Filosofia Política Contemporânea: Uma Introdução.** Tradução de Luís Carlos Borges. São Paulo: Martins Fontes, 2006, p. 02 e seguintes.

[499] KYMLICKA, Will. **Filosofia Política Contemporânea: Uma Introdução.** Tradução de Luís Carlos Borges. São Paulo: Martins Fontes, 2006, p. 02.

[500] BOBBIO, Norberto. **Direita e Esquerda: Razões e Significados de uma Distinção Política.** 2ª ed., São Paulo: Editora Unesp, 2001, p. 36.

[501] KYMLICKA, Will. **Filosofia Política Contemporânea: Uma Introdução.** Tradução de Luís Carlos Borges. São Paulo: Martins Fontes, 2006, p. 04.

Na esfera da contratação pública brasileira, pode-se exemplificar sobre a aquisição da merenda escolar pelas escolas públicas. Sob o argumento paternalista de proteção potencial da saúde das crianças, há os defensores da proibição de aquisição pelas escolas e concessão aos alunos de merendas e da venda de alimentos não saudáveis. De outro lado, há os que defendem o livre comércio nas instituições públicas de ensino, pois entendem que a educação alimentar demanda liberdade de escolha e ela precisa também acontecer (ser exercida) na cantina da escola.[502]

O mesmo dilema a propósito do grau de intervenção estatal no âmbito individual por meio de regulação e de contratação pública ocorre com a proibição (ou a liberação) da venda de refrigerantes, bem como da sua publicidade nas escolas públicas.[503]

Cada um dos lados acima possui razões bem fundamentadas em termos constitucionais, de modo que, eventual decisão, por um lado ou por outro, não representaria *per se*, uma violação ao ordenamento jurídico. Não há dúvida, no entanto, que estão localizadas em *locus* diversos da linha político-ideológica acima assinalada.

Existem, por evidente, muitas posições intermediárias entre esses pontos. Ainda assim, muitas vezes se acredita que a melhor maneira de compreender ou descrever esses princípios políticos seria tentar localizá-los entre os pontos extremos desta linha. Há certa verdade nesta maneira de pensar a política ocidental[504].

Contudo, ela se apresenta cada vez mais inadequada. Ela ignora muitas questões importantes, como questões de contexto histórico, que são essenciais para a avaliação de instituições políticas e práticas sociais.

Para além desconsiderar questões históricas e locais, esse retrato tradicional linear e dicotômico também pode ser considerado estreito. Ele

502 Cfr.: Brasil. Ministério da Saúde. Secretaria de Atenção à Saúde. Departamento de Atenção Básica. **Experiências estaduais e municipais de regulamentação da comercialização de alimentos em escolas no Brasil: identificação e sistematização do processo de construção e dispositivos legais adotados.** Ministério da Saúde, Secretaria de Atenção à Saúde, Departamento de Atenção Básica. – Brasília: Ministério da Saúde, 2007.

503 Cfr.: BARROSO, Luís Roberto. **Liberdade de Expressão e Limitação a Direitos Fundamentais: Ilegitimidade de Restrições à Publicidade de Refrigerantes e Sucos**. In: BARROSO, Luís Roberto. **Temas de Direito Constitucional.** Tomo III. 2ª ed., Rio de Janeiro: Renovar, 2005. p. 235 e seguintes.

504 KYMLICKA, Will. **Filosofia Política Contemporânea: Uma Introdução.** Tradução de Luís Carlos Borges. São Paulo: Martins Fontes, 2006, p. 04.

sugere que teorias diferentes possuem valores fundamentais diferentes. Conforme Norberto Bobbio assinalou – diante de um contexto histórico e local específico – a razão pela qual, em princípio, a direita e a esquerda discordariam quanto ao capitalismo, residiria no fato de que a esquerda acredita na igualdade e a direita na liberdade.[505] Não há razão, porém, para se argumentar a favor da igualdade em detrimento da liberdade ou da liberdade em desfavor da igualdade, já que esses são valores fundamentais, sem nenhum valor ou premissa superior, ao qual ambos os lados possam recorrer conjuntamente.[506]

Ao lado disso, exsurgem as múltiplas teorias e filosofias políticas contemporâneas a propósito do ideário de justiça que, para além do recurso à liberdade e à igualdade, versam em torno dos valores considerados fundamentais atinentes à *concordância contratual* (para os adeptos da igualdade liberal e para o utilitarismo)[507]; do *bem comum*, para os comunitaristas[508], do valor dos *direitos*[509], dentre outros.

Essa multiplicação de valores fundamentais suscita um problema para os projetos de desenvolvimento de uma teoria de justiça abrangente: se há tantos valores fundamentais potenciais, como seria possível pensar em uma teoria política baseada em apenas um deles? A única resposta que parece sensata, à luz de tantos valores distintos, igualmente válidos, é a impossibilidade de se pensar em uma teoria de justiça monística.[510]

Nesse passo, de acordo com Will Kymlicka, uma teoria de justiça que pretende ser bem-sucedida na contemporaneidade é a que aceita componentes e porções da maioria das teorias existentes. Por evidente, o presente trabalho não pretende entabular uma *teoria de justiça* para os contratos públicos. Contudo, para que seja possível promover a aplicação da ideia de

505 BOBBIO, Norberto. **Direita e Esquerda: Razões e Significados de uma Distinção Política.** 2ª ed., São Paulo: Editora Unesp, 2001, p. 47.

506 KYMLICKA, Will. **Filosofia Política Contemporânea: Uma Introdução.** Tradução de Luís Carlos Borges. São Paulo: Martins Fontes, 2006, p. 04.

507 Cfr.: RAWLS, John. **O Liberalismo Político.** Tradução de Álvaro de Vita. São Paulo: Martins Fontes, 2011, p. 19.

508 Cfr.: WALZER, Michael. **Esferas da justiça: uma defesa do pluralismo e da igualdade.** São Paulo: Martins Fontes, 2003. P. 36 e seguintes.

509 Cfr.: DWORKIN, Ronald. **Justiça para Ouriços.** Tradução de Pedro Elói Duarte. Coimbra: Almedina, 2012, p. 14.

510 KYMLICKA, Will. **Filosofia Política Contemporânea: Uma Introdução.** Tradução de Luís Carlos Borges. São Paulo: Martins Fontes, 2006, p. 04.

justiça distributiva no âmbito da contratação pública, ele demanda conceitos, implicações teóricas e aplicações práticas de múltiplas teorias, na medida em que elas se apresentarem adequadas na harmonização com a realidade da atuação distributiva estatal por meio de contratos públicos.

## 4.4. Esferas de Justiça na Filosofia Política Contemporânea[511]

A ideia de "Justiça" se apresenta em todas as formas de organização humana. Na sua representação social mais conhecida, de origem clássica-romana, ela é simbolizada sob uma perspectiva específica: a *Justitia*: uma figura feminina, de olhos vendados, simbolizando a sua imparcialidade, com a balança em uma das mãos representando a ideia de ponderação, de equilíbrio e de atribuição de "*a cada um, o seu*" e, em outra mão, a espada, evidenciando o caráter terminativo da autoridade do seu juízo.[512]

Na representação clássica acima, a *justiça* é tida como a virtude político-moral mais elevada, a partir da qual são medidas as relações jurídicas, políticas, econômicas e sociais, isto é, toda a estrutura basilar da sociedade.[513] É possível, contudo, questionar essa forma de apresentação da ideia de *justiça*. Em que se fundamentaria a sua autoridade, na medida em que, contemporaneamente, a lei natural ou a divina teriam perdido a sua validade normativa nas relações sociais?

Ademais, a análise da representação da *justiça* do período clássico, traz ainda outros questionamentos, a começar pela venda nos olhos. Qual o tipo de representação de imparcialidade que "*sem promover qualquer distinção entre as pessoas*" pretende ser "justa" para pessoas individuais? Uma razão que se afasta das experiências humanas concretas não corre o risco

[511] O presente título recebe inspiração da obra de Michael Walzer: Esferas da justiça: uma defesa do pluralismo e da igualdade. Considerado um dos mais relevantes intelectuais da Filosofia Política norte-americana da atualidade. Ele tem sido associado à uma teoria da justiça distributiva considerada como comunitarista: acredita que a cultura de cada sociedade deve ser a base para o estabelecimento dos critérios de distribuição dos bens sociais. WALZER, Michael. **Esferas da justiça: uma defesa do pluralismo e da igualdade.** São Paulo: Martins Fontes, 2003.

[512] Cfr.: FORST, Rainer. **Contextos da Justiça: Filosofia Política para além de liberalismo e comunitarismo.** São Paulo: Boitempo, 2010, p. 07 e seguintes.

[513] FORST, Rainer. **Contextos da Justiça: Filosofia Política para além de liberalismo e comunitarismo.** São Paulo: Boitempo, 2010, p. 08.

de se tornar ela mesma cega frente às necessidades diferentes dos seres humanos?[514]

Em relação ao símbolo da balança, a pergunta é: como a razão pode encontrar uma medida uniforme para a complexidade de pretensões conflitantes? E o emprego da espada não pressupõe um juízo infalível e definitivo, quando tais juízos se supõem sempre contingentes e passíveis de desacerto?

A delimitação da ideia de justiça, indiscutivelmente, encontra-se no cerne do estudo do Direito e das instituições sociais, como o próprio Estado. Embora sua importância tenha sido de certo modo mitigada pelo discurso positivista, em nenhum momento histórico houve sua total negação,[515] porquanto os sistemas jurídicos e os órgãos encarregados de aplicá-la se justificariam na medida em que voltados à sua distribuição da justiça.

De fato, pode-se distinguir as chamadas teorias clássicas da justiça (apresentadas por Aristóteles, Immanuel Kant, Jeremy Bentham, entre outros), das modernas teorias da justiça (quando se mencionam, *v.g.*, John Rawls, Robert Nozick, Michael Walzer, Axel Honneth, Ronald Dworkin). No que diz respeito às modernas teorias da justiça, estas representam uma retomada da centralidade da questão do justo na esfera do Direito, existente nas teorias clássicas, mas agora com um enfoque ético-prático. No presente estudo, toma-se por base, de início, a teoria apresentada por John Rawls acerca da justiça, em razão da grande repercussão dada às suas teorizações, que passaram a ser tomadas como alicerce para a elaboração das posteriores teorias de justiça consideradas contemporâneas.

John Rawls buscou desenvolver uma teoria ético-política de justiça, na tal entabulou uma concepção a partir da qual explicita uma "estrutura básica" da sociedade, ou seja, as suas instituições políticas, sociais e econômicas fundamentais, mas que não se sustentariam em "doutrinas abrangentes" (religiosas, morais, filosóficas etc.).[516]

[514] FORST, Rainer. **Contextos da Justiça: Filosofia Política para além de liberalismo e comunitarismo.** São Paulo: Boitempo, 2010, p. 09.

[515] HÖFFE, Otfried. **Justiça Política.** Tradução de Ernildo Stein. São Paulo: Martins Fontes, 2006, p. 03.

[516] Conforme sustentam *Emil A. Sobottka e Giovani A. Saavedra, "(...)* Rawls constrói sua proposição de uma teoria da justiça com base num experimento mental que pretende descobrir quais seriam os princípios de justiça escolhidos. Numa hipotética situação original, impedidos por um véu de ignorância de saber quais seriam suas próprias circunstâncias numa sociedade real, aquele autor considera que pessoas razoáveis escolheriam determinados princípios ca-

Isso porque ele advoga a existência (e a necessidade de permanente manutenção) de um "pluralismo razoável" na sociedade, essencial à caracterização (e manutenção) da democracia. Segundo ele, diante da grande quantidade de doutrinas sociais abrangentes, seria impossível se chegar a um consenso social compreensivo sobre o que seria potencialmente considerado "justo" ou "bom".

De acordo com o autor norte-americano, "(...) ainda não há concordância em relação à forma como devem ser organizadas as instituições básicas de uma democracia constitucional, se o que se quer é que correspondam a termos equitativos de cooperação entre cidadãos considerados como livres e iguais".[517]

Por esta razão é que, nas sociedades modernas, sobretudo nas liberais-democráticas, rejeita-se a visualização – que pode ter sido considerada verdadeira, por exemplo, pelos cidadãos da *pólis* grega – de que haveria somente uma forma de vida ou de atividade na qual as formas de excelência moral e intelectual próprias do ser humano poderiam se desenvolver.

Assim, diante desse pluralismo de concepções de bem, ao desenvolver sua teoria da justiça como equidade, John Rawls apresenta um modelo liberal baseado em um contrato social, pelo qual os princípios de justiça mais razoáveis seriam os decorrentes de acordo mútuo entre pessoas em condições equitativas. Logo, a função desses princípios seria definir os termos equitativos de cooperação social inicial, em que todos, apesar das diferenças, aceitariam os mesmos princípios de justiça.[518]

Os princípios básicos de justiça, em síntese, seriam: (i) toda pessoa tem direito a uma estrutura de liberdades básicas; (ii) as desigualdades socioe-

pazes de servir de base para a alocação de recursos socialmente relevantes numa sociedade bem ordenada. Esses princípios distributivos orientariam a alocação de direitos e de bens fundamentais, levariam a um certo balanço entre igualdade e diferença, e seriam potencialmente aceitos por toda pessoa. Em especial o princípio que levaria em conta diferenças que comprometem o desempenho dos menos afortunados num contexto de concorrência e, por conseguinte, legitimaria políticas compensatórias, levou a teoria de Rawls a ultrapassar seu berço liberal de origem e a dar-lhe feições mais comuns na socialdemocracia". SOBOTTKA, Emil A.; SAAVEDRA, Giovani A. **Justificação, reconhecimento e justiça: Tecendo pontes entre Boltanski, Honneth e Walzer.** In: Revista Civitas. V. 12 n. 1. jan.- abr. 2012. Porto Alegre, p. 126.

517 RAWLS, John. **O Liberalismo Político.** Tradução de Álvaro de Vita. São Paulo: Martins Fontes, 2011, p. 06.

518 RAWLS, John. **O Liberalismo...**, p.19.

conômicas devem se referir a posições acessíveis a todos e beneficiar ao máximo os menos favorecidos.[519]

Consoante John Rawls, a existência de desigualdades socioeconômicas, bem como a concessão de certos privilégios a determinados grupos é socialmente aceitável, desde que se busque o oferecimento de oportunidades iguais para todos e desde que isto represente também a melhoria das condições para o todo, sobretudo aos menos favorecidos.

Uma teoria da justiça é, em essência, uma proposta de equilíbrio entre as exigências de valores políticos tais como a liberdade, a igualdade, a solidariedade e a eficiência. Uma concepção de justiça se propõe a arbitrar, no seio da sociedade, as exigências e o peso relativo desses valores políticos centrais. No fundo, as discussões a propósito das finalidades dos contratos públicos se remetem a estes mesmos valores políticos, justamente porque eles integram o modo de ser das relações público-privadas, inerentes ao Estado e aos seus instrumentos de ação.

A proposta acima formulada por John Rawls acomoda (e estende de forma plausível) os "julgamentos ponderados de justiça" que ocupam um lugar central na tradição política democrática. Para além da proposta acima, há outras que fundamentam ações de caráter distributivo como medidas de alcance de uma justiça contemporânea.

Dentre elas, merece destaque as teorizações de Michael Walzer, para quem, a sociedade, *per se*, deve ser visualizada como uma comunidade distributiva.[520]

Segundo o autor norte-americano, para que ocorra uma distribuição justa em uma determinada sociedade e em um determinado tempo histórico, é necessário, previamente, conhecer os significados dos bens sociais mais relevantes nessa sociedade e nesse momento da história.

[519] Nas palavras do autor, são: (i) Cada pessoa tem um direito igual a um sistema plenamente adequado de direito e liberdades iguais, sistema esse que que deve ser compatível com um sistema similar para todos. E, neste sistema, as liberdades políticas, e somente estas liberdades, devem ter seu valor equitativo garantido. (ii) As desigualdades sociais e econômicas devem satisfazer duas exigências: em primeiro lugar, devem estar vinculadas a posições e cargos abertos a todos em condições de igualdade equitativa de oportunidades; em segundo lugar, devem se estabelecer para o maior benefício possível dos membros menos privilegiados da sociedade". In: RAWLS, John. **O Liberalismo Político.** Tradução de Álvaro de Vita. São Paulo: Martins Fontes, 2011, p. 06.

[520] WALZER, Michael. **Esferas da justiça: uma defesa do pluralismo e da igualdade.** São Paulo: Martins Fontes, 2003, p. 47.

Nesse sentido, cada cultura estabelece quais são seus bens (valores) mais ou menos importantes. A razão, para a distribuição dos bens sociais, portanto, está vinculada aos significados locais atribuídos a estes bens, que ele denomina de esferas de bens. Uma esfera de bens sociais é um conjunto de bens concebido de maneira absolutamente independente de outros. Os bens sociais mais significativos nas sociedades humanas, na sua perspectiva, possuem relação com: troca, propriedade, poder político, segurança, afiliação, parentesco, educação, reconhecimento, lazer, trabalho, graça divina.[521]

Cada tipo de bem social exigiria, nessa perspectiva, critérios próprios de justiça e constituiria o que passa a ser chamado de "esfera de justiça". Conforme o autor, a justiça, na sociedade democrática, estaria condicionada à possibilidade de as distribuições ocorrerem a partir desses critérios próprios a cada uma das suas esferas de justiça (dos conjuntos de bens sociais significativos) evitando-se o predomínio de uma esfera sobre a outra.

A distribuição equitativa, sob esse ângulo, não diz respeito a tão-somente recursos financeiros e /ou a satisfação das necessidades materiais dos indivíduos.

Para a distribuição dos bens sociais acima (das diferentes esferas de bens sociais), pode-se apregoar, em busca da justiça, os critérios da igualdade simples ou os critérios da igualdade complexa. A igualdade simples relaciona-se com a distribuição igual entre todos, de todos os bens sociais. Para Michael Walzer, ela não é adequada para as sociedades humanas devido às diferenças inerentes à vida comunitária.[522]

Já a igualdade complexa, contudo, é própria para as sociedades contemporâneas, uma vez que ela não visa a estabelecer quotas iguais entre todos, de todos os bens. Na igualdade complexa, a distribuição dos bens ocorre consoante os significados sociais de cada um, portanto, garantindo as diferenças, sem ferir a vida social. A igualdade complexa não elimina a desigualdade, mas, segundo o autor, contribui para uma sociedade mais igualitária.

À luz disso, pode-se depreender que não é possível a defesa de uma teoria de justiça embasada em critérios de distribuição abstraídos das particularidades (histórias e locais). Quando estão abstraídos ou deixam eles

[521] WALZER, Michael. **Esferas...**, p. 49.
[522] WALZER, Michael. **Esferas...**, p. 55.

de ser cumpridos, incorre-se em tirania (quando a esfera do poder político passa a se impor perante outras esferas de justiça).

Ademais, nas sociedades democráticas contemporâneas, as esferas de bens sociais se tornaram independentes umas das outras. Portanto, a justiça, na sociedade democrática, está condicionada à possibilidade de que as distribuições ocorram a partir de critérios próprios e específicos de cada um dos conjuntos de bens sociais significativos, evitando-se o predomínio de uma esfera sobre a outra.

Nos modelos idealizados de sociedades democráticas, nas quais os bens sociais se localizam em esferas autônomas, argumenta Michael Walzer que qualquer indivíduo poderá ter acesso a todos os bens, independentemente de sua posição, poder, riqueza, *status*. Nesse modelo, todos os indivíduos estariam em posição de potencial obtenção dos bens sociais.[523]

Portanto, a alusão a um ideal *lato sensu* de justiça distributiva não se restringe à distribuição exclusivamente monetária ou de bens sociais monetariamente reconhecíveis.[524] Ao contrário. Advoga-se que o ideal de justiça contemporâneo, para além da distribuição equitativa dos bens sociais essenciais, demanda também a prossecução de políticas de reconhecimento das diferenças que caracterizam determinados grupos sociais.[525]

O exame das teorias de justiça e das diversas teorizações levadas a efeito pela filosofia política contemporânea, portanto, propicia a ampliação da visualização sobre o que pode ser compreendido no âmbito dos sistemas estatais de natureza distributiva com o objetivo de realização de um ideal contemporâneo de justiça.

Diante do pluralismo e do dissenso contemporâneo, entretanto, aludir-se a um único ideal de justiça não se apresenta consentâneo com os próprios valores democráticos salvaguardados nos sistemas constitucio-

[523] WALZER, Michael. **Esferas...**, p. 09.

[524] BREUS, Thiago Lima. **Políticas Públicas de Reconhecimento e de Redistribuição Adequadas à Salvaguarda do Mínimo Existencial não Exclusivamente Patrimonial.** In: CLÈVE, Clèmerson Merlin. (coord.) **Jurisdição e Questões Controvertidas de Direito Constitucional.** Curitiba: Juruá, 2013, p. 22.

[525] FRASER, Nancy. **Redistribuição, Reconhecimento e Participação: Por uma Concepção Integrada da Justiça.** In: SARMENTO, Daniel; IKAWA, Daniela; PIOVESAN, Flávia. (coords.) **Igualdade, Diferença e Direitos Humanos.** Rio de Janeiro: Lumen Juris, 2008, p. 342.

nais.[526] No entanto, se o ideal, se a axiologia em torno da noção de justiça é ampla e vaga, o mesmo não é em relação ao seu oposto, a ideia ou o sentimento de injustiça.

Conforme afirmou Charles Dickens, em *Grandes Esperanças*, especialmente para as crianças, "(...) não há nada que seja percebido e sentido tão precisamente quanto a injustiça".[527] A argúcia da percepção infantil destacada por Dickens acerca da injustiça também se manifesta nos adultos. De acordo com Amartya Sen, em geral, a ação humana não se faz em busca da realização de um ideal de justiça perfeito, acabado. Para ele, ela ocorre em busca da eliminação das injustiças remediáveis que se apresentam cotidianamente e que devem por nós ser eliminadas.[528]

O presente trabalho que investiga a possibilidade da prossecução de uma certa visão de justiça em um instrumento de ação estatal (a contratação pública), não tem o condão de idealizar um paradigma de contratação pública. Muito aquém disso, no exercício do dever acadêmico de problematizar ideias e sintetizar posições, pretende-se contribuir para o possível endereçamento do amplo papel contratual estatal contemporâneo no sentido de remover determinadas e específicas injustiças, em especial, na distribuição de direitos e na coordenação estatal da satisfação de necessidades públicas.

## 4.5. Elementos de Justificação para a Intervenção (ou Atuação) Estatal por Meio da Contratação Pública

Seguem, a seguir, alguns elementos de diversas ordens aptos a justificar a intervenção, ou atuação estatal através da contratação pública.

[526] Cfr.: SUNSTEIN, Cass R. **Porque as sociedades precisam de dissenso.** In: *Revista de Direito Público da Economia – RDPE*. Belo Horizonte, ano 04, nº 13, jan. / mar. 2006, p. 57 e seguintes.

[527] DICKENS, Charles. **Grandes Esperanças.** São Paulo: Penguin – Companhia das Letras, 2012. p. 66.

[528] Destaca Amartya Sen que "(...) os parisienses não teriam tomado de assalto a Bastilha, que Gandhi não teria desafiado o império onde o sol costumava não se pôr, que Martir Luther King não teria combatido a supremacia branca se não fosse seu senso das injustiças manifestas que poderiam ser vencidas". Eles não estavam tentando alcançar um mundo perfeitamente justo (mesmo que não houvesse nenhum acordo sobre como seria tal mundo), mas o que queriam era remover claras injustiças até onde pudessem). In: SEN, Amartya. **A Ideia de Justiça.** São Paulo: Companhia das Letras, 2009, p. 09.

### 4.5.1. Elementos de Cunho Filosófico

De acordo com Ronald Dworkin, um governo somente seria legítimo e com poder para atuar de modo coercitivo se operar com base em dois princípios.[529] O primeiro é mostrar igual preocupação com a sorte de todas as pessoas sobre quem ele reivindica domínio. O segundo é o respeito ao direito e à responsabilidade de cada pessoa decidir por si própria sobre como fazer de sua vida algo de valioso.[530]

São esses dois princípios, baseados nas teorizações de John Rawls, que estabelecem os contornos das teorias contemporâneas de justiça distributiva, vale dizer, as teorias que, à luz das teorizações acima examinadas, estabelecem os recursos e as oportunidades que um governo deve atribuir às pessoas por ele governadas. Tratam-se, em última análise, de princípios que orientam ações governamentais, uma vez que atos de justiça e de justiça distributiva são consequências do direito e da política estatal.

Dito de outra forma, em qualquer combinação pessoal de qualidades de talento, personalidade e sorte, aquilo que uma pessoa terá em termos de recursos e de oportunidades dependerá das leis existentes no lugar em que é governada.

Assim, conforme explicita Ronald Dworkin, qualquer distribuição deve ser justificada à luz do que o governo fez a propósito destes dois princípios fundamentais da preocupação igual e do respeito total pela responsabilidade. A intervenção estatal, por conseguinte, legitima-se na medida em que as suas ações (políticas, atos, contratos), dirigiram-se a assegurar a observância destes princípios acima.

Ainda que na teoria a realização destes princípios pareça desprovida de complexidade, na prática, a sua implementação é coberta de um amplo plexo de posições conflitantes.

Independentemente das discussões a propósito do grau de intervenção estatal (intervenção *versus* livre-iniciativa), a qual escapa da temática precípua deste trabalho, no que toca à intervenção pública por meio da contratação pública, em especial, no âmbito social, as objeções dizem respeito ao questionamento se o contrato público seria o meio mais propí-

[529] DWORKIN, Ronald. **Justiça para Ouriços.** Tradução de Pedro Elói Duarte. Coimbra: Almedina, 2012, p. 14.

[530] DWORKIN, Ronald. **Justiça...**, p. 14.

cio para a sua realização, isto é, se o contrato público seria, de fato, eficaz como mecanismo regulatório para o atendimento das finalidades sociais ele atribuídas.

Para além da quantidade infindável de demandas morais e sociais a satisfeitas pelo Estado, também por meio agora da contratação, a possibilidade de violação ao princípio da isonomia (ou seja, de mostrar igual preocupação com a sorte de todas as pessoas) e à liberdade individual (com o correspondente respeito ao direito e à responsabilidade de cada pessoa decidir por si própria sobre como fazer de sua vida algo de valioso) é um argumento que sempre avulta na doutrina.

A intervenção pública por contratação, contudo, pode ser criticada quando se denota que a prossecução de determinado objetivo é inserida na esfera do contrato público tão-só como argumento discursivo justificador da inação estatal nas áreas respectivas em que elas deveriam satisfeitas pelos meios tradicionais de ação pública. Por exemplo, o Estado não dá a assistência necessária (prevista constitucionalmente) à infância e à juventude, mas não contrata quem inadvertidamente declara que as emprega. O Estado concede margens de preferência na contratação da indústria nacional, mas a sufoca com uma carga tributária abrasadora. Os entes públicos somente contratam o fornecimento de produtos biodegradáveis, mas não promovem a adequada destinação dos resíduos sólidos.[531]

Não há dúvida de que a via contratual pode funcionar como instrumento de satisfação das finalidades públicas, como o próprio movimento de *governo por contrato(s)* atesta. O que se deve evitar é o emprego do contrato como instrumento de "demagogia regulatória", isto é, "condutas governativas orientadas a capturar a simpatia eventual e passageira dos interessados, conforme a conveniência do momento".[532]

A intervenção estatal, especialmente no âmbito social, por intermédio da contratação pública, atualmente, não pode deixar de ser realizada, em vista da obrigação de prossecução (exercício da função pública) pelos entes estatais das suas finalidades constitucionais. Mas ela deve ser uma *solução de compromisso*, constituindo-se, em períodos de tempo pré-determinados,

[531] Cfr.: NIEBUHR, Joel de Menezes. **Licitação Pública e Contrato Administrativo.** 3ª ed., Belo Horizonte: Fórum, 2013, p. 35 e seguintes.

[532] JUSTEN FILHO, Marçal. **Teoria Geral das Concessões de Serviço Público.** São Paulo: Dialética, 2003, p. 67.

como uma estratégia intermediária entre a inação e a intervenção direta que eventualmente possa acarretar violação da livre-iniciativa.

### 4.5.2. Elementos de Cunho Econômico

A intervenção estatal por meio da contratação pública pode ser justificada por razões de ordem econômica, em especial pelo potencial de exploração das externalidades positivas do contrato e pelos efeitos redistributivos que produz.

Quanto à produção de externalidades positivas, a própria prossecução de políticas públicas horizontais, isto é, presente no contexto do contrato público, tal como demonstrado no capítulo anterior, já pode ser considerada um modelo de externalidade positiva incorporada no contrato.

Em sentido mais amplo, porém, deve-se compreender como externalidade positiva aplicável aos contratos públicos, aquelas que beneficiam a sociedade como um todo, "de maneira desproporcional ao preço ou custo de fabricação do produto".[533] Exemplo clássico de externalidade positiva é a educação. Em geral, "os preços cobrados em troca de educação não refletem integralmente a potencialidade de benefícios que uma sociedade pode ter por conta da difusão do conhecimento às gerações presentes e futuras".[534]

O fato de toda contratação pública produzir externalidades no relacionamento público-privado que possam ser aproveitadas pela sociedade induz à conclusão manifesta do incentivo à atuação estatal regulatória por intermédio destes instrumentos de ação.

Ao lado da produção de externalidades positivas, a contratação pública possui efeitos econômicos inequivocamente redistributivos, haja vista que ela funciona como instrumento de transferência de renda e como política pública compensatória. No âmbito das telecomunicações, por exemplo, a redistribuição relaciona-se como o atendimento de categorias de usuários e/ou consumidores de telecomunicação considerados de *alto custo* e de *baixa renda*. Os considerados de alto custo são aqueles, *v.g.*, presentes em domi-

[533] FARACO, Alexandre Ditzel; PEREIRA NETO, Caio Mário da Silva; COUTINHO, Diogo Rosenthal. **Universalização das Telecomunicações nos Brasil.** In: Revista de Direito Público da Economia – RDPE. Ano 1, nº 1, jan. /fev. /mar. 2003. Belo Horizonte: Fórum, 2003, p. 12.

[534] FARACO, Alexandre Ditzel; PEREIRA NETO, Caio Mário da SILVA; COUTINHO, Diogo Rosenthal. **Universalização...**, p. 12.

cílios rurais localizados em áreas de baixa densidade e consumidores com limitada mobilidade geográfica e os de baixa renda, aqueles que possuem maior dificuldade para custear as suas contas telefônicas.[535]

Utilizando-se do exemplo do setor de telecomunicações, no qual, após o processo de privatização e liberalização, propugnou-se pela universalização da atividade, há a demonstração de que a intervenção por meio de contrato público é capaz de produzir inclusão social e ganhos em termos de desenvolvimento para toda a sociedade.

### 4.6. Justiça Comutativa *versus* Justiça Distributiva na Esfera da Contratação Pública

A análise da dicotomia entre a *justiça comutativa* e a *justiça distributiva* pode ser tomada a partir dos elementos que cada uma delas congrega. Desde logo, afirma-se que há a identificação na contratação pública, de ambas as vertentes de justiça contratual: a *comutativa* e a *distributiva*.

A *justiça comutativa* incorpora sujeitos determinados, titulares de direitos e deveres, reunidos sob uma relação de reciprocidade (ou de equilíbrio) e efeitos de natureza *inter partes*. Na esfera da contratação pública, trata-se, *v.g.*, da situação de reciprocidade obrigacional entre Estado e contratado.

De outro lado, a *justiça distributiva* encerra a superação da ideia de polos contrapostos. Há uma multiplicidade de partícipes da relação jurídica, de modo que os efeitos se espraiam de modo *supra partes* e até mesmo *erga omnes*.

No âmbito da *justiça distributiva* pode haver uma relação de desequilíbrio, de subordinação, de sujeição, produzida entre sujeitos indeterminados ou indetermináveis em pelo menos um dos polos. Em um deles, há um sujeito que dispõe de bens e titularidades e, em outro, há partes desprovidas de titularidades, as quais poderão lhe ser atribuídas pelo outro sujeito, em geral, o Estado ou quem lhe faça as vezes.

Sob a vertente funcional, a *justiça distributiva* se define como a justiça de partilhas, enquanto a *comutativa* a das trocas, das equivalências.[536] O dogma do contrato como "*res inter partes*" questionado inicialmente na

[535] FARACO, Alexandre Ditzel; PEREIRA NETO, Caio Mário da SILVA; COUTINHO, Diogo Rosenthal. **Universalização...**, p. 17.

[536] OLIVEIRA, Fernão Justen. **Parceria público-privada: Aspectos de direito público econômico (Lei nº 11.079/2004).** Belo Horizonte: Fórum, 2007, p. 33.

esfera do direito privado, no âmbito do público encontra-se igualmente ultrapassado.[537]

Isso porque tanto no direito privado, quanto no direito público, denota-se que o contrato espraia efeitos para além das partes contratantes. Ao se aludir à liberdade de contratar, própria das relações privadas e do seu correspondente pressuposto de autodeterminação, tem-se que, este último, como conceito pré-jurídico, "assinala o poder de cada indivíduo gerir livremente a sua esfera de interesses, orientando a sua vida de acordo com suas preferências".[538] Contudo, esse poder de autodeterminação, quando veiculado na via contratual, é limitado pelo próprio ordenamento, que estabelece a liberdade de contratar condicionada ao exercício da sua função social, nos termos do artigo 421, do Código Civil, o qual dispõe que "a liberdade de contratar será exercida nos limites e em razão da função social do contrato".

Ou seja, o poder de autodeterminação existente no âmbito privado somente pode ser exercido na medida em que realizar a sua função social.

Parece natural que, havendo a circunscrição estabelecida pelo ordenamento ao exercício da contratação privada à satisfação de deveres relacionados à função social, tais limites por igual se aplicam à contratação pública, em razão da sua própria natureza voltada, em última análise, à satisfação de finalidades indisponíveis.

Essa limitação à autonomia está também prevista no art. 2035, parágrafo único, do mesmo diploma civil, nos seguintes termos: "Nenhuma convenção prevalecerá se contrariar preceitos de ordem pública, tais como os estabelecidos por este Código para assegurar a função social da propriedade e dos contratos".

Por conseguinte, ao se aludir à função social do contrato, está-se diante de um conceito abrangente,[539] identificado desde com interesses difusos

[537] Cfr.: LEITÃO, Alexandra. **A proteção judicial dos terceiros nos contratos da Administração Pública.** Coimbra: Almedina, 2002, p. 36 e seguintes.

[538] RIBEIRO, Joaquim de Sousa. **O problema do contrato: As cláusulas contratuais gerais e o princípio da liberdade contratual.** Coimbra: Almedina, 2003, p. 22.

[539] RUZIK, Carlos Eduardo Pianovski. **Institutos Fundamentais do Direito Civil e Liberdade(s). Repensando a Dimensão Funcional do Contrato, da Propriedade e da Família.** Rio de Janeiro: Editora GZ, 2011, p. 269.

de natureza não patrimonial, passando à proteção de direitos fundamentais e até à promoção de eficiência no mercado.[540]

Como o conteúdo da função social do contrato admite várias vertentes e, na medida em que se volta à produção de efeitos contratuais *supra partes*, ela passa a deter similitude à ideia de justiça contratual distributiva, de modo que se torna impositivo seu exame em tópico específico, conforme a seguir.

## 4.7. A Função Social do Contrato e a sua Relação com a Ideia de Justiça Contratual Distributiva

Para além das vertentes tradicionais que concebem o direito exclusivamente na sua dimensão protetiva e repressiva, Norberto Bobbio destaca a função promocional do direito.[541] Sob esta ótica, o direito apresenta-se como meio de implementação (promoção) dos fins eleitos pela comunidade, em regra, plasmados na Constituição. Por igual, a vertente promocional ou programática, interdita a existência de direitos ou poderes públicos a qualquer sujeito como meio de satisfação dos seus interesses exclusivos.

Ao fazer isso, o direito não nega a individualidade ou a autonomia privada dos sujeitos, mas consagra a ideia de que a "individualidade não se faz às custas do sacrifício da individualidade alheia".[542]

É nesse passo que se reconhece "a vinculação dos 'direitos' e 'deveres' individuais e coletivos relativamente à consecução de certos fins, que transcendem a situação transitória dos titulares",[543] de modo que toda norma jurídica passa a possuir uma natureza instrumental, no sentido não do "locupletamento individual do titular, mas da realização do bem comum".[544] Tal situação é que recebe a denominação de função, ou seja, induz a vinculação do direito à realização de fins que transcendem o inte-

[540] Para Rodolfo Sacco, "a função social é o próprio mercado". SACCO, Rodolfo. **L'Autonomia Contrattuale.** In: RESCIGNO, Pietro. *Trattato di Diritto Privato.* Tomo II. Torino: UTET, 2003, p. 371.

[541] BOBBIO, Norberto. **Da Estrutura à Função: Novos Estudos de Teoria de Direito.** São Paulo: Manole, 2007, p. 71.

[542] JUSTEN FILHO, Marçal. **Concessões de Serviços Públicos.** São Paulo: Dialética, 1997, p. 29.

[543] JUSTEN FILHO, Marçal. **Concessões...**, p. 29.

[544] JUSTEN FILHO, Marçal. **Concessões...**, p. 29.

resse de seu titular. Trata-se de um conceito originariamente sociológico que, muito utilizado no âmbito do Direito Público, passou a ter, no final do século XX, ampla aplicação nas demais searas do ordenamento jurídico.[545]

Registrou, a esse propósito, Florestan Fernandes que "a primeira formulação adequada dos fenômenos de função e da utilização da explicação funcionalista na sociologia surge com a 'Divisão do Trabalho Social e as Regras do Método Sociológico', de Durkheim".[546]

Em geral, tem-se que a função é a atribuição a um sujeito de um encargo de buscar a satisfação de um determinado interesse, transcendente à sua esfera pessoal. Em compensação à atribuição desse encargo, recebe o sujeito um poder jurídico, cujo conteúdo é variável. Afirma-se, assim, que o conceito de função é integrado por três elementos, quais sejam: a transcendência do interesse a ser realizado, o dever do sujeito de perseguir a realização desse interesse e a atribuição de poder jurídico necessário para a realização desse interesse.[547]

O sujeito que realiza determinada função está submetido a uma série de deveres, representados como se fosse uma situação passiva. De acordo com Marçal Justen Filho a função produz situação passiva no sentido de que o sujeito tem deveres jurídicos a cumprir. Segundo o supracitado autor, esses deveres se verificam em dois níveis distintos: De um lado, o sujeito está obrigado a praticar todas as condutas necessárias e adequadas para atingir a satisfação do sujeito transcendente e, de outro, ele está proibido de praticar qualquer conduta incompatível com ou desnecessária para a satisfação do interesse transcendente. Assim, esses deveres jurídicos são impostos no interesse da comunidade em seu todo.[548]

545 BREUS, Thiago Lima. **Políticas Públicas no Estado Constitucional: Problemática da Concretização dos Direitos Fundamentais pela Administração Pública Brasileira Contemporânea.** Belo Horizonte: Fórum, 2007, p. 116.

546 De acordo com o autor, ainda, "(...) a análise das causas e a análise das funções sociais constituiriam os meios de investigação capazes de conduzir, de acordo com as propriedades e as condições dos fenômenos considerados, a aplicação daquele ponto de vista à explicação científica da realidade social". FERNANDES, Florestan. **Fundamentos Empíricos da explicação sociológica.** São Paulo: Editora Nacional, 1972, p. 190.

547 JUSTEN FILHO. **Concessões de Serviços Públicos.** São Paulo: Dialética, 1997, p. 30.

548 Exemplificando essa posição, afirma Marçal Justen Filho que, nessa linha, "um agente policial tem (dentre outras) a função de impedir a prática de crimes. Isso significa o dever de interferir sobre a conduta alheia que se revela apta à consumação de ato criminoso. Portanto, o agente policial terá o dever jurídico, por exemplo, de interferir sobre o agir alheio, visando

Como demonstrado, a ideia de função é ínsita ao direito público.[549] No direito privado brasileiro, a ideia de função e, mais especialmente, de função social, tanto da propriedade, quando do contrato, ganhou ênfase a partir da promulgação da Constituição Federal de 1988.

A função social do contrato é que propicia, de forma crescente e progressiva, a intervenção do Estado nas relações contratuais privadas e a flexibilização da força obrigatória das suas disposições. Como mecanismos de circulação de riquezas e verdadeiros vetores econômico, os contratos, além de se nortear pelos anseios dos contratantes, devem respeitar o papel social que deles se exige na coletividade, promovendo a redução de desigualdades e, desse modo, respeitando a justiça contratual, sob pena de revisão.[550]

De acordo com Paulo Nalin, funcionalizar, na perspectiva da Constituição Federal de 1988 significa "oxigenar as bases (estruturas) fundamentais do Direito, com elementos externos à sua própria ciência (...) com o objetivo de atender às respostas da sociedade, em favor de uma ordem jurídica

a interromper o iter criminis, valendo-se se necessário e inclusive, do uso da força. Essa conduta do agente policial caracteriza, simultaneamente, um poder jurídico, no sentido de que o criminoso tem o dever jurídico de sujeitar-se a ele. Mais ainda, nenhum outro integrante da comunidade pode opor-se a essa conduta. É possível, ainda além, que o agente policial, no desempenho de suas atribuições, venha a impor constrangimentos também a conduta de terceiros, que não tenham qualquer vínculo subjetivo coma prática do crime. Assim, o agente policial poderá exigir que os passantes se afastem do local onde ocorreu ou que se identifiquem etc. Ou seja, o transeunte teria, em tese, a faculdade de transitar livremente por determinado local. Essa faculdade é suprimida em virtude de determinação do agente policial, que não pode ser validamente ignorada pelo passante. O fundamental está no reconhecimento de que a determinação do agente, proibindo o tráfego em certo local, caracteriza não propriamente um 'direito subjetivo' dele, mas simultaneamente um poder e um dever". In: JUSTEN FILHO, Marçal. **Concessões de Serviços Públicos.** São Paulo: Dialética, 1997, p. 29.

549 De acordo com Carlos Ari Sundfeld, "a atividade pública – cujo exercício é regulado pelo direito público – constitui função". In: SUNDFELD, Carlos Ari. **Fundamentos de Direito Público.** 4ª ed., São Paulo: Malheiros, 2006, p. 163.

550 Nesse sentido, argumenta Luiz Edson Fachin: "A ideia de interesse social corresponde ao início da distribuição de cargas sociais, ou seja, da previsão de que ao direito subjetivo da apropriação também correspondem deveres. Nessa esteira, passa-se a entender que esse direito subjetivo tem destinatários no conjunto da sociedade". In: FACHIN, Luiz Edson. **Teoria Crítica do Direito Civil.** 2ª ed., Rio de Janeiro: Renovar, 2003, p. 289.

e social mais justa".[551] Nesse contexto, funcionalizar seria atribuir ao instituto jurídico uma utilidade ou impor-lhe um papel social.[552]

Francisco Amaral argumenta que a expressão função social, significa *prima facie* "não-individual",[553] de modo a promover a ressignificação da ideia de justiça social em torno das ideias relativas ao coletivo, ao bem comum e ao bem-estar econômico coletivo, atuando em vistas à renovação dos fins últimos da propriedade e do contrato.[554]

É possível se sustentar que, sob a ideia de função social dos contratos, há a consideração do contrato como instrumento de realização de interesses que ultrapassam aqueles que possam estar associados ao momento psicológico da declaração de vontade de cada um dos contratantes. Em consideração a ela, é que se passa (i) a substituir a teria da vontade pela declaração, (ii) a interpretação objetiva do contrato segundo a boa-fé, (iii) ao reconhecimento dos deveres acessórios e dos deveres pré-contratuais e (iv) ao princípio da equivalência material das prestações nos contratos.[555]

Consoante Flavio Tartuce, a função social do contrato admite duas modalidades distintas de eficácia: a eficácia interna (que se dá entre as partes contratantes) e a eficácia externa (que ocorre para além das partes contratantes), sendo que ambas compõem o quadro da função social do contrato contemporâneo. Do ponto de vista prático, a divisão entre as duas eficácias promove a superação de uma perspectiva reducionista de que a função social do contrato estabeleceria uma simples limitação negativa à autonomia das partes.[556]

Por eficácia externa, exógena, ou extrínseca, pode-se compreender uma eficácia do contrato no que concerne a terceiros, ou seja, aqueles que não integram a relação contratual na condição de partes. Para Paulo Nalin, o

[551] NALIN, Paulo. **Do Contrato: Conceito Pós-moderno. Em busca de sua formulação na Perspectiva Civil-Constitucional.** Curitiba: Juruá, 2003, p. 217.

[552] TEPEDINO, Gustavo. **As relações de consumo e a nova teoria contratual.** In: Temas de Direito Civil. Rio de Janeiro: Renovar, 1999, p. 2013.

[553] AMARAL, Francisco. **Direito Civil: Introdução.** 2ª ed., Rio de Janeiro: Renovar, 1998, p. 345.

[554] FERRARI, Vicenzo. **Funzioni del diritto: saggio critico-riconstruttivo.** Roma: Laterza, 1993, p. 346.

[555] SÉRVULO CORREIA, José Manuel. **Legalidade e Autonomia Contratual nos Contratos Administrativos.** Reimpressão. Coimbra: Almedina, 2013, p. 452.

[556] TARTUCE, Flávio. **Função Social dos Contratos: do Código de Defesa do Consumidor ao Código Civil de 2002.** 2ª ed. São Paulo: Método, 2007, p. 243.

elemento extrínseco da função social tem o condão de superar o princípio da relatividade dos efeitos do contrato, de modo que ele se volta às suas repercussões no campo das relações sociais, pois o contrato passa a interessar a titulares outros que não só aqueles imediatamente envolvidos na relação jurídica ativa e passiva.[557]

A função endógena ou intrínseca, por sua vez, pode ser compreendida como pertinente às partes do contrato: ou seja, o contrato teria por função social assegurar o equilíbrio de prestações entre as partes contratantes.[558] Sobre ela, aduz Cláudia Lima Marques que no próprio âmbito do contrato, não só o momento da manifestação da vontade (consenso) importa, mas também e, principalmente, os efeitos do contrato na sociedade serão levados em conta, além do local, da condição social e econômica dos contratantes".[559]

Ainda, alude-se a propósito da função social como um limite definidor de até onde podem os contratantes chegar no exercício de sua liberdade contratual e quais efeitos seriam inadmissíveis como decorrentes de um contrato (seja entre as partes, seja perante terceiros).

De acordo com Antonio Junqueira de Azevedo, a função social do contrato constitui-se de preceito destinado a integrar os contratos numa ordem social harmônica, visando impedir tanto aqueles que prejudiquem a coletividade (por exemplo, contratos contra o direitos e interesses difusos e coletivos) quanto os que prejudiquem ilicitamente pessoas determinadas.[560]

O entendimento acima, que pode ser compreendido sob a acima denominada função social extrínseca – uma vez que remete a sujeitos que não integram o contrato na condição de partes – realça a função social como limite imposto ao próprio contrato.

Contudo, é preciso destacar que, se a função social historicamente remete a interesses que estão para além do titular do direito funcionali-

557 NALIN, Paulo. **Do Contrato: Conceito Pós-moderno. Em busca de sua formulação na Perspectiva Civil-Constitucional.** Curitiba: Juruá, 2003, p. 226.

558 NALIN, Paulo. **Do Contrato: Conceito Pós-moderno. Em busca de sua formulação na Perspectiva Civil-Constitucional.** Curitiba: Juruá, 2003, p. 226.

559 MARQUES, Cláudia Lima. **Contratos no código de defesa do consumidor.** 3ª edição. São Paulo: Revista dos Tribunais, 1991, p. 101.

560 AZEVEDO, Antônio Junqueira de. **Princípios do novo Direito Contratual e Desregulamentação do Mercado:** Direito de Exclusividade nas Relações Contratuais de Fornecimento. Função Social do Contrato e Responsabilidade Aquiliana de Terceiro que Contribui para o Inadimplemento Contratual. In: *Revista dos Tribunais,* v. 750, São Paulo, abril de 1998, p.116.

zado, isso não significa que todos os interesses externos ao contrato que podem receber o influxo de sua eficácia estejam abarcados pela função social desse instituto.[561]

Mas não se pode descurar que os efeitos da função social do contrato em relação a terceiros não determinados se faz bastante presente, como se depreende do exemplo abaixo sumariado acerca da proteção ao meio ambiente ecologicamente equilibrado.

Em relação ao meio ambiente é preciso destacar que a atividade contratual privada não deve ser apenas não-lesiva. Mais do que isso, ela deve ser promocional. Isso porque a Constituição Federal de 1988 eleva a defesa do meio-ambiente como um dos princípios da ordem econômica (artigo 170, inciso VI), e a preservação do meio ambiente, na forma do artigo 186, inciso II, constitui-se, *v.g.*, como uma das condições de concretização da função social da propriedade. Por consequência, não só a responsabilidade contratual pela segurança e garantia do meio ambiente deve ser estendida a toda a cadeia contratual, caso haja dano, quanto impõe-se aos contratantes deveres positivos em relação a ele de atenção, prevenção, resguardo e fiscalização.

Trata-se, por conseguinte, de se estruturar toda uma cadeia de contratos como dotada de uma função que consiste em gerar prestações positivas em termos de preservação ambiental.

É possível se argumentar, ainda, que não é somente o contrato que é dotado de uma função social, mas por exemplo, a própria ordem econômica estruturada pela Constituição Federal de 1988, na medida em que ela "(...) tem por fim assegurar a todos existência digna, conforme os ditames da justiça social".

Consoante esclarece Egon Bockmann Moreira, o dispositivo supra foi inspirado na Quinta Seção da Constituição de Weimar, intitulada "A Vida Econômica" que estabelece, seu artigo 151, que "a ordenação da vida econômica deve obedecer aos *princípios da justiça*, com o fim de assegurar a todos uma existência conforme à dignidade humana".[562]

[561] FACHIN, Luiz Edson. **Apontamentos sobre aspectos da reforma do Código Civil alemão na perspectiva de um novo arquétipo contratual.** Revista jurídica da Faculdade de Direito (Faculdade Dom Bosco). v. I, 2009, p. 49.

[562] MOREIRA, Egon Bockmann. **Reflexões a propósito dos princípios da livre iniciativa e da função social.** In: *Revista de Direito Público da Economia – RDPE*. Belo Horizonte, ano 04, nº 16, out. / dez. 2006, p. 29 e seguintes.

Vislumbra-se que o exame da funcionalização do contrato (seja ele de caráter privado – como acima assinalado, seja também de caráter público – e este até por sua própria natureza) demonstra que os contratos contemporâneos espraiam efeitos para além das partes, em clara superação ao modelo clássico de contrato estabelecido no artigo 1165 do Código de Napoleão, que entabulava "as convenções não produzem efeito que não entre as partes contratantes...".[563]

Para além da funcionalização do contrato privado, como corolário da própria ideia de ordem econômica funcionalizada para assegurar a todos uma existência digna, conforme os ditames de justiça social, nos termos do artigo 170, *caput*, da CF/88, pode-se perquirir a propósito da existência de uma *função social do contrato público* ou se seria uma tautologia fazer alusão a ela, na medida em que os contratos públicos necessariamente são voltados à realização da função pública e, por decorrência, à satisfação ainda que mediata de interesses, direitos e necessidades outras que não as da própria Administração.

Nos últimos anos, a menção à "função social do contrato público" não é mais incomum.[564] Sem embargo disso, à luz da ideia de que a justiça contratual distributiva é elemento intrínseco ao contrato público e cujo conteúdo detém similitude à vertente exógena da função social do contrato, prefere-se aludir, em relação aos efeitos extracontratuais produzidos pelas avenças públicas, à ideia de justiça distributiva.

Isso porque, na medida em tanto a função social, quanto a justiça distributiva se referem, por igual, aos efeitos perante terceiros não envolvidos na avença, a noção de distributividade pode apresentar maiores resultados, inclusive na referência à possibilidade de indução ao desenvolvimento social e econômico, como expendido abaixo.

## 4.8. A Máxima do "*quem Contrata não Contrata só com quem Contrata e o*

[563] Livre tradução de "*les conventions n'ont d'effet que'entre les parties contractants...*"

[564] Vide a propósito, a ementa do seguinte julgado do STF: CONSTITUCIONAL E ADMINISTRATIVO. TRANSPORTE COLETIVO INTERESTADUAL DE PASSAGEIROS. ESTATUTO DO IDOSO. GRATUIDADE E DESCONTO NO PREÇO DA PASSAGEM. DIREITO FUNDAMENTAL SOCIAL. EQUILÍBRIO ECONÔMICO-FINANCEIRO. GARANTIA PRÓPRIA DE CONTRATO CELEBRADO MEDIANTE LICITAÇÃO. FUNÇÃO SOCIAL DO CONTRATO ADMINISTRATIVO. STF. RE 613831 DF. Ministro Relator: Celso de Mello. Publicação em 10/11/2011.

***que Contrata*" e os Efeitos das Relações Jurídicas Multilaterais e/ou Poligonais nos Contratos Públicos: a Demonstração da Presença da Justiça Contratual Distributiva**

Ao se tratar da ideia de relação jurídica, há a noção advinda e desenvolvida em sede de direito privado[565] e também aplicada no âmbito do direito público. Neste último, destaca-se no Brasil, o desenvolvimento da noção levada a efeito por Ruy Cirne Lima, para quem a relação jurídica "(...) se estrutura ao influxo de uma finalidade cogente".[566] De acordo com ele, os atos da Administração se opõe aos atos privados, de domínio, de apropriação. Na esfera pública, "(...) o dever e a finalidade são predominantes, no domínio, a vontade".[567]

A relação jurídica administrativa firmada a partir de um contrato público tem a sua estrutura interna, de acordo com Egon Bockmann Moreira, "(...) determinada pelo conjunto de elementos que definem o vínculo jurídico e consequente inter-relacionamento entre os sujeitos".[568] Ela diz respeito, nesse passo, ao conteúdo ativo e passivo da avença, bem como ao papel atribuído a cada um dos seus partícipes.[569]

Nos contratos públicos contemporâneos emerge a possibilidade de superação do binômio contratante *versus* contratado, tomados como os partícipes exclusivos do contrato. Dito de outro modo, permanecem válidos os contratos que estabelecem relações jurídicas simétricas, no sentido de que a posição ativa de um sujeito corresponde exatamente à posição passiva de outro; sem embargo, visualizam-se contratos públicos que veiculam relações jurídicas *polissimétricas* ou *poligonais*, nas quais atuam mais de dois sujeitos interligados em posições ativas e passivas.[570]

[565] Orlando de Carvalho critica a excessiva abstração do modelo de relação jurídica instituída nas Codificações privadas. In: CARVALHO, Orlando. **A Teoria Geral da Relação Jurídica: Seu Sentido e Limites.** 2ª ed., Coimbra: Centelha, 1981, p. 60.

[566] CIRNE LIMA, Ruy. **Princípios de Direito Administrativo.** 7ª ed., São Paulo: Malheiros, 2007, p. 105.

[567] CIRNE LIMA, Ruy. **Princípios...**, p. 105.

[568] MOREIRA, Egon Bockmann. **Direito das Concessões de Serviços Públicos: Inteligência da lei 8.987/1995. Parte Geral.** São Paulo: Editora Malheiros, 2010, p. 279.

[569] MOREIRA, Egon Bockmann. **Direito...**, p. 279.

[570] VIEIRA DE ANDRADE, José Carlos. **A Justiça Administrativa (Lições).** 3ª ed., Coimbra: Almedina, 2000, p. 80.

Ainda, a pluralidade de sujeitos nos polos da relação jurídica com intrincados direitos e deveres intersubjetivos permite também a denominação deste vínculo específico como dissimétrico, na medida em que cada um dos sujeitos é simultaneamente titular de posições ativas e passivas perante o outro, conexas entre si.[571]

De acordo com Sabino Cassese, o paradigma bipolar Estado-cidadão cede lugar ao paradigma multipolar.[572]

Este cenário contratual é bem visível nas concessões de serviços públicos (Lei Federal 8987/1995) e nas concessões administrativas e patrocinadas (Lei Federal 11.417/2006). Isso porque, nestas relações jurídicas, exsurgem direitos subjetivos públicos tanto das partes contratantes (concedente e concessionário), quanto de terceiros próximos (usuários, acionistas, pessoa políticas titular do serviço que transferiu a sua posição contratual por convênio), além de terceiros mediatos (associações de usuários, agências de fomento, financiadores, proprietários e titulares de áreas envolvidos etc).[573]

Corrobora essa mesma linha Renata Carlos Steiner, para quem "a relação jurídica concessionária, embora travada formalmente entre Poder Concedente e Concessionário, estende seus efeitos para além das partes estritamente contratantes. A figura do usuário, titular do direito à adequada prestação do serviço público e centro da tutela do Direito Administrativo, emerge como destinatário dos efeitos que se irradiam da concessão".[574]

O alargamento dos direitos subjetivos públicos com base nos direitos fundamentais implicou, como elucida Vasco Pereira da Silva, na reformulação do conceito de relação jurídica, obrigando a considerar como sujeitos das ligações administrativas outros privados que não apenas aqueles

571 GONÇALVES, Pedro Costa. **A concessão de serviços públicos.** Coimbra: Almedina, 1999, p. 198.

572 CASSESE, Sabino. **La arena publica: nuevos paradigmas para el Estado.** In: CASSESE, Sabino. *Las crisis del Estado.* Buenos Aires: Abeledo Perrot, 2003, p. 157.

573 MOREIRA, Egon Bockmann. **Direito das Concessões de Serviços Públicos: Inteligência da lei 8.987/1995. Parte Geral.** São Paulo: Editora Malheiros, 2010, p. 279.

574 STEINER, Renata Carlos. **Relação jurídica de concessão como processo e a situação patológica de descumprimento.** In: *Revista de Direito Público da Economia – RDPE.* Belo Horizonte, ano 09, nº 36, out. / dez. 2011, p.206.

a quem são aplicáveis normas ordinárias de cariz indiscutivelmente subjetivo, ou que são os imediatos destinatários de atos administrativos.[575]

Neste sentido, consoante fundamenta Egon Bockmann Moreira, "a relação concessionária não gera apenas direitos e obrigações bipolares, na tradicional estrutura sinalagmático-comutativa dos contratos de direito privado".[576] A relação jurídica estampada nesses contratos públicos detém um caráter dissimétrico ou poligonal, incorporando o rol de direitos e deveres de natureza primária (contratante e contratado), secundária (usuários) e reflexa (terceiros detentores de direitos subjetivos em face destas relações jurídicas).

A *multilateralidade* surge, conforme Vasco Pereira da Silva, como a característica mais marcante da Administração do Estado Pós-social. As decisões administrativas, típicas da Administração prospectiva ou prefigurativa, não dizem respeito a um relacionamento meramente *bilateral* entre os privados e os órgãos administrativos, mas correspondem antes a um relacionamento *multipolar*, uma vez que produzem efeitos suscetíveis de afetar um grande número de sujeitos.[577]

O contrato público que veicule – juntamente com o ato de outorga – uma concessão de serviço público deve ser, portanto, considerado *plurilateral* em relação aos seus efeitos, com relação aos usuários, cidadãos e terceiros.

Nesse sentido, passa a ser juridicamente correto afirmar em efeitos *extra* ou *supra* partes dos contratos públicos, tanto em decorrência direta (os usuários do serviço público), quando os atingidos por eficácia reflexa (*v.g.*, os proprietários de imóveis lindeiros às estações de transporte coletivo ou metrô, os usuários do feixe de domínio em rodovias, os afetados pela poluição da prestação da atividade etc).[578]

Trata-se, pois do fenômeno das *relações multilaterais de administração*, as quais, de acordo com Vasco Pereira da Silva, "(...) a Administração e os

[575] PEREIRA DA SILVA, Vasco. **Em Busca do Acto Administrativo Perdido.** Coimbra: Almedina, 1998, p. 273.

[576] MOREIRA, Egon Bockmann. **Direito...**, p. 279.

[577] PEREIRA DA SILVA, Vasco. **Em Busca...**, p. 130.

[578] MOREIRA, Egon Bockmann. **Direito das Concessões de Serviços Públicos: Inteligência da lei 8.987/1995. Parte Geral.** São Paulo: Editora Malheiros, 2010, p. 99.

diferentes particulares se envolvem numa rede de ligações jurídicas, de que resultam direitos e deveres recíprocos".[579]

Conforme argumenta Egon Bockmann Moreira, "o feixe de direitos, deveres e obrigações contratuais projeta-se *extramuros*, instalando todo uma nova gama de direitos, deveres e obrigações a número aprioristicamente indeterminado de sujeitos".[580]

A pluralidade de partes ensejou a que inclusive, Marçal Justen Filho denominasse a concessão de serviço público como uma relação jurídica trilateral no sentido de que "a triangularidade da relação jurídica significa a pluralidade de posições jurídicas distintas".[581]

O contrato público contemporâneo, portanto, não contém apenas uma relação jurídica isolada e comutativa (que estabelece um rol de direitos e deveres circunscritos objetivamente e limitados subjetivamente). Ele está sempre ligado a outras relações jurídicas e feixes de direitos (faculdades, poderes e pretensões) e deveres (ônus e sujeições).[582] Assim, ele "forma um sistema, isto é, um conjunto de elementos, que dependem reciprocamente, uns dos outros, de modo a formar um todo organizado".[583]

## 4.9. A Ideia da Justiça Contratual como Gênero e as Ideias de Justiça Comutativa e de Justiça Distributiva como Espécies

A ideia de justiça contratual diz respeito ao balanceamento de direitos e obrigações entre as partes na relação contratual. Alinhando-se ao conceito clássico de justiça como isonomia, ela pode ser considerada formal ou substancial. De acordo com Luiz Edson Fachin, a justiça formal "(...) implica uma espécie de acesso de igualdade e de oportunidade"[584] e exerce o papel exclusivo de assegurar às partes a igualdade no processo de contratação.

[579] PEREIRA DA SILVA, Vasco. **Em Busca...**, p. 273.

[580] MOREIRA, Egon Bockmann. **Direito...**, p. 99.

[581] JUSTEN FILHO, Marçal. **Teoria Geral das Concessões de Serviço Público.** São Paulo: Dialética, 2003, p. 62.

[582] MOREIRA, Egon Bockmann. **Direito...**, p. 102.

[583] MOREIRA, Egon Bockmann. **Direito...**, p. 102.

[584] FACHIN, Luiz Edson. **Teoria Crítica do Direito Civil.** 2ª ed., Rio de Janeiro: Renovar, 2003, p. 296.

A justiça substancial, a seu turno, busca, acima de tudo, assegurar equilíbrio efetivo entre direitos e obrigações de ambas as partes.[585]

Fernando Noronha alude que, no domínio da justiça substancial, há ainda a divisão entre justiça substancial subjetiva – em que, na avaliação das partes, cada uma aufere benefícios iguais ou maiores do que os sacrifícios que assumidos – e objetiva – em que cada parte, em troca dos compromissos tomados, obtém benefícios que se contrabalançam, de forma adequada, isto é, equivalente aos seus encargos, razão pela qual o equilíbrio entre benefícios e encargos é obtido pela justiça substancial objetiva, uma vez que a intervenção do ordenamento jurídico só se justificaria à luz de interesses gerais, desde que considerando as consequências econômicas e sociais produzidas pelo contrato.[586]

As noções acima a propósito da justiça contratual se constituem como alicerce sobre o qual são edificadas as ideias de justiça contratual comutativa e de justiça contratual distributiva, que adiante são examinadas.

## 4.10. A Justiça Contratual Comutativa Realizada pela Intangibilidade do Equilíbrio Econômico-Financeiro

A adesão à ideia de que há uma relação intrínseca entre a contratação pública e a realização de uma justiça distributiva não significa o abandono ou a superação da justiça comutativa no âmbito dos contratos públicos. Ao contrário, existe uma relação de simbiose, de complementariedade, entre a justiça distributiva (tomada também como uma dimensão exógena da função social do contrato) com a produção de efeitos para além das partes contratantes e a justiça comutativa, que resulta do equilíbrio entre direitos e obrigações presentes nos contratos.

No caso dos contratos públicos, a comutatividade é inafastável e se caracteriza essencialmente pela intangibilidade do equilíbrio econômico-financeiro do contrato.

O princípio do equilíbrio econômico-financeiro do contrato público visa, pois, a garantia da manutenção da equação inicialmente contratada, ou seja, ele assegura a proporção correspondente entre os encargos impres-

[585] NORONHA, Fernando. **O Direito dos Contratos e seus Princípios Fundamentais.** Coimbra: Almedina, 1994, p.19.

[586] NORONHA, Fernando. **O Direito...,** p.221.

cindíveis à execução da avença e a contraprestação ou remuneração pactuada, de forma que uma parte não se locuplete mediante empobrecimento da outra.

Assim sendo, o equilíbrio contratual configura-se como um elemento "limitador" da cláusula *pacta sunt servanda*, entretanto, sempre condicionado à ocorrência de um fato superveniente, imprevisível, causador de onerosidade excessiva a uma das partes (teoria da imprevisão) e capaz de alterar a relação inicialmente entabulada em vista da necessária equivalência entre as prestações e da manutenção da base do contrato.

De outro lado, o equilíbrio contratual funciona como um dever de renegociação imposto aos contratantes, quaisquer que sejam, objetivando o restabelecimento da equação econômica do contrato, com base na boa-fé e nos deveres de lealdade e cooperação, resultado no equilíbrio entre os fins econômicos e sociais do contrato público, de forma a salvaguardar a justiça contratual.

A paridade contratual, decorrente da justiça comutativa, vai informar não apenas a constituição do vínculo contratual mas, como destaca Luiz Edson Fachin, também "(...) a hermenêutica da sua aplicação, pelo fato de que o momento da eficácia é aquele em que a desproporção fica mais saliente. Pelo mecanismo da eficácia, pode-se retroceder para o universo da própria validade do negócio jurídico".[587]

Consoante argumenta Carlos Eduardo Pianovski Ruzik, "deslegitima-se, por conseguinte, a ideia de Fouillée, de matriz kantiana, de que 'quem diz contratual diz justo'. A justiça contratual não se dá pela simples convergência de vontades dos indivíduos, mas, em verdade, liga-se à ideia de equilíbrio contratual, imperando a justiça comutativa – que traz uma ideia de equivalência econômica das prestações".[588]

Admite-se, pois, para a garantia da justiça contratual comutativa, a revisão do pactuado quando houver desequilíbrio da equação econômico-financeira no curso de sua execução. Se no paradigma do contrato tradicional, o princípio da *pacta sunt servanda* era quase absoluto, na contemporaneidade, ele passa a ser relativizado, abrindo espaço para a cláusula

[587] FACHIN, Luiz Edson. **Teoria Crítica do Direito Civil.** 2ª ed., Rio de Janeiro: Renovar, 2003, p. 295.

[588] RUZYK, Carlos Eduardo Pianowski. **Os princípios contratuais: da formação liberal à noção contemporânea.** In: RAMOS, Carmem Lúcia Silveira (Org.). Direito civil constitucional: situações patrimoniais. Curitiba: Juruá, 2002, p. 31

*rebus sic standibus*, reputada como ínsita a todos os contratos, uma vez que "desproporções geradas pelos efeitos do contrato demonstram que a paridade surge como um valor a ser seguido, o que permite uma ingerência na equação econômico-financeira daquela relação jurídico-obrigacional".[589]

Na esfera da contratação pública, exclusivamente, o equilíbrio econômico-financeiro é assegurado como norma constitucional, na forma do artigo 37, inciso XXI, quando ele se refere à exigência da "manutenção das condições efetivas da proposta". Ademais, a título de exemplo, essa regra é igualmente salvaguardada pelo artigo 9º, § 4º, da Lei nº 8987/95.

Maria Sylvia Zanella Di Pietro sustenta que o equilíbrio econômico-financeiro dos contratos públicos em geral e das concessões em especial se fundamental em quatro princípios: (i) a equidade; (ii) a razoabilidade; (iii) a continuidade e (iv) a indisponibilidade do interesse público.[590] Aduz a autora que um dos aparentes paradoxos da teoria do equilíbrio econômico-financeiro da concessão reside na necessidade de se conciliar o direito do concessionário ao equilíbrio com a ideia de que os riscos associados à execução do serviço devem correr por sua conta.[591]

Para Marçal Justen Filho, o equilíbrio econômico-financeiro não constitui propriamente um direito, mas um princípio regulador que garante tanto ao poder concedente, quanto ao concessionário, que a equação original do contrato será mantida ao longo do exercício da concessão.[592]

Egon Bockmann Moreira argumenta que "o tema da equação econômico-financeira" precisa ter como ideias-força a mutabilidade e a capacidade de aprendizagem do contrato (...)".[593] Nesse sentido, alude que os contratos em tela são incompletos e dinâmicos. Vale dizer, "os deveres, obrigações e direitos do contrato de concessão não são estáticos, fechados,

[589] FACHIN, Luiz Edson. **Teoria Crítica do Direito Civil.** 2ª ed., Rio de Janeiro: Renovar, 2003, p. 295.

[590] Di PIETRO, Maria Sylvia Zanella. **Parcerias na Administração Pública.** 7ª ed., São Paulo: Atlas, 2009, p. 98.

[591] Di PIETRO, Maria Sylvia Zanella. **Parcerias...,** p. 98.

[592] JUSTEN FILHO, Marçal. **Concessões de Serviços Públicos.** São Paulo: Dialética, 1997, p. 146.

[593] MOREIRA, Egon Bockmann. **Direito das Concessões de Serviços Públicos: Inteligência da lei 8.987/1995. Parte Geral.** São Paulo: Editora Malheiros, 2010, p. 409.

exaustivos (limites que certamente implicarão a sua ruptura com o passar do tempo), mas sim evolutivos".[594]

Nessa toada, no contrato público, o equilíbrio econômico-financeiro e seus consectários lógicos relativos aos reajustes, revisões periódicas, compromissos arbitrais *etc*, entre os direitos e obrigações das partes contratantes importa em condição de validade e de eficácia,[595] que expressa a própria justiça contratual comutativa e denota a boa-fé objetiva externada no acertamento de vontades. Uma vez verificado o desequilíbrio econômico-financeiro na relação contratual, sua revisão se impõe não apenas para restauração da legalidade, mas para preservação do fundamento constitucional, do direito dos contratantes e da finalidade pública que dele se origina.

## 4.11. A Justiça Contratual Distributiva Concretizada pelo Equilíbrio da Multiplicidade Equacional do Contrato Público Contemporâneo

Há mais um argumento considerado apto a demonstrar que a justiça distributiva se apresenta como critério capaz de abalizar os contratos públicos. Trata-se do dever de observância, pelo contrato público, de uma pluralidade de equações, presentes no próprio bojo ou contexto contratual, de maneira explícita ou implícita.

Estas equações – exemplificadas de modo não exaustivo adiante – apresentam-se como conteúdos e como possibilidades de políticas públicas contratuais que conformam a própria estrutura dos contratos públicos contemporâneos, pois elas atuam como elementos de conformação tanto de uma justiça contratual de caráter comutativo, quanto, sobretudo, de índole distributiva.

Nesse passo, pode-se aludir que a principal função de tais equações é a de conceber um equilíbrio (eis porquê são designadas de equações) dos elementos contratuais para, a partir de então, projetar a justiça em suas diferentes vertentes e o equilíbrio contratual entre as partes e terceiros em seus reflexos. Em caso de ausência de estabilidade contratual, as equações permitem a realização de um controle que se pretende eficaz para o

[594] MOREIRA, Egon Bockmann. **Direito das Concessões de Serviços Públicos: Inteligência da lei 8.987/1995. Parte Geral.** São Paulo: Editora Malheiros, 2010, p. 409.

[595] Cfr.: FACHIN, Luiz Edson. **Teoria Crítica do Direito Civil.** 2ª ed., Rio de Janeiro: Renovar, 2003, p. 295.

alcance da justiça comutativa (entre as partes contratantes) e distributiva (para além dos contratantes). Trata-se, assim de uma ferramenta cujo uso dependerá das circunstâncias e da análise dos casos concretos.

As equações sumariadas funcionam, também, como políticas públicas derivadas da própria contratação pública, de modo que se demonstra – de maneira inequívoca – que os contratos públicos se voltam a realizar uma justiça contratual *supra partes* ou distributiva, não apenas por sua finalidade inequivocamente pública, mas por sua própria natureza, isto é, pelo seu próprio *modus operandi*, que requer a satisfação por igual de todas estas equações.[596]

### 4.11.1. A Equação Social ou Política Pública Contratual de Satisfação de todos os Interesses Envolvidos no Contrato

A primeira equação que emerge do contrato público contemporâneo é a equação social.[597] Ela se estrutura na busca do equilíbrio das prestações e contraprestações que a relação jurídica entabulada no contrato público deve estabelecer entre os direitos do contratante, do contratado, dos usuários, dos trabalhadores, dos acionistas, dos investidores, além dos titulares de direitos difusos e coletivos não passíveis de identificação *a priori* ou abstrata.

Para que a contratação pública alcance os seus objetivos, ela deve satisfazer os direitos de todos os partícipes da relação contratual, assim como todos aqueles que sejam afetados pela eficácia contratual.[598] Na medida em que existem, no âmbito da contratação pública de serviços públicos, os considerados serviços básicos e universais e também os considerados serviços especiais e individualizados, a equação social ganha ênfase, para considerar circunstâncias tais como a estipulação de tarifas, condições diferenciadas ou o subsídio cruzado.

A relação que se estabelece entre os serviços universais e básicos e os serviços especiais integra a equação social e visa evitar a perpetuação de formas de exclusão e estimular práticas de proteção aos usuários, com vistas à realização de uma justiça distributiva.

[596] Cfr.: DROMI, Roberto. **Ecuaciones de los Contratos Públicos.** 2ª ed., Buenos Aires – Madrid – México: Hispania Libros, 2008, p. 117 e seguintes.

[597] DROMI, Roberto. **Ecuaciones...**, p. 117.

[598] DROMI, Roberto. **Ecuaciones...**, p. 120.

Desse modo, a finalidade desta equação é ponderar questões tais como o direito de livre escolha, tratamento equitativo em relação ao serviço, o direito à informação, o direito à educação para o consumo, a vedação ao monopólio, o direito de participação e organização em entidades de proteção aos consumidores e usuários, direito de acesso livre aos usuários, a repartição equitativa e solidária para o desenvolvimento com qualidade de vida, o direito a tarifas equitativas e compatíveis com o serviço prestado, e o direito à satisfação eficiente da necessidade pública, dentre outros.

O primeiro ponto a ser levantado na equação social do interesse dos usuários é o direito à livre escolha, ao tratamento equitativo e digno em relação ao serviço prestado, nessa medida a equação social deve fomentar condições para que o prestador do serviço o disponibilize com trato equitativo e digno. A equação social também se manifestará e realizará o equilíbrio necessário nos contratos públicos quando estabelecer e garantir o direito de participação e organização em entidades de proteção de usuários e consumidores de serviços públicos.

Nesse sentido, para garantir a efetiva prestação dos serviços públicos essenciais a todos os cidadãos, o Estado deve promover políticas públicas que impliquem em igualdade de tratamento no momento da prestação deste serviço, que garantam o direito de exigir e receber o serviço em igualdade de condições, sem que o usuário sofra qualquer tipo de discriminação ou privilégio, a não ser que o ordenamento expressamente autorize. Assim, deve-se primar pela expansão dos serviços de modo que atinja ao maior número possível de usuários, sem restrições ou exclusões.

Por uma questão de justiça e razoabilidade, a relação que se estabelece entre o fornecedor do serviço e usuários é informada por uma dinâmica que deve prezar pela proteção dos interesses econômicos dos usuários, para que se favoreça o tratamento equitativo e a prestação de um serviço com qualidade e eficiência.

Por conseguinte, o ponto de equilíbrio da equação social ocorre na satisfação adequada dos fins do contrato público (direitos, valores, necessidades e interesses públicos devidamente justificados) como contrapartida à rentabilidade adequada dos prestadores do serviço (público) ou fornecedores do produto e seus trabalhadores, investidores *etc.*, com o controle adequado das externalidades, que devem se voltar a realizar também direitos difusos e coletivos (v.g.: a proteção ao meio ambiente, como externalidade positiva ou mesmo como política pública horizontal).

### 4.11.2. A Equação Ética ou Política Pública de Transparência, Probidade e Anticorrupção

Decorrente do dever de atuação conforme a moralidade, estabelecida como princípio administrativo no artigo 37, da Constituição Federal de 1988, a equação ética pressupõe a observância, entre as partes contratantes e os terceiros envolvidos, de uma conduta deontologicamente pré-ordenada na observância da probidade, da boa-fé e da anticorrupção. A observância destes deveres pelos agentes públicos opera também como incentivo para a atuação dos agentes privados, implicando em maior eficácia nas ações estatais.

Na equação ética, os polos da relação contratual irão conformar-se ou ajustar-se, por um lado, com as condutas públicas axiológicas fundamentais e, de outro, com as consequências dessas condutas, hipótese em que o equilíbrio se encontra justamente no uso da ética voltada para a maior eficácia das ações públicas.[599]

Parte-se da premissa que a fórmula contratual pública apresenta como fatores relevantes, e que balizam as condutas públicas básicas, a equidade, a solidariedade e a eticidade. Estes valores são aptos a impor limites para atuação dos agentes, bem como, informam as ações em todas as etapas que envolvem desde a concepção do contrato público até a sua efetiva concretização. Ou seja, é possível se afirmar que a equação ética (ou a Política Pública de Transparência, Probidade e Anticorrupção) já está presente desde a etapa pré-contratual, passando pela celebração, execução e controle da contratação pública, orientando a conduta dos principais envolvidos.

Outra questão, ainda muito polêmica, é a da relação entre flexibilidade e controle na contratação e execução contratual. Um dos grandes debates contemporâneos sobre gestão pública é acerca do quanto de flexibilidade e o quanto de controle o Estado deve conter. Nos anos 90, a questão da flexibilidade era um dos eixos norteadores da reforma da administração pública liderada por Bresser-Pereira. O objetivo era implantar ideias como controle por resultados (ao invés de controle por processos), e incentivar uma cultura de "confiança limitada", e não mais desconfiança total. Contudo, esta não parece ser a práxis pública majoritária nos dias atuais,

[599] DROMI, Roberto. **Ecuaciones...**, p. 149.

conforme evidenciado na presente pesquisa, mormente nas entrevistas dos gestores públicos. Se por um lado é necessário o controle estatal para minimizar a corrupção e favorecimentos, por outro, há também necessidade de se flexibilizar.[600]

As variáveis, aparentemente, parecem inversamente proporcionais. Se o objetivo é controlar, como se disse, parte-se da premissa de que o controle elide desvios e consolida a transparência na aplicação dos recursos. Em contrapartida, se o objetivo é flexibilizar, supostamente, surge um canal para facilitar tais desvios, ao ponto que o Estado perde o controle e deixa de concretizar políticas. Entretanto, frente a qualquer hipótese ventilada, cumpre destacar o seguinte: qualquer excesso será prejudicial. Assim, o excesso de controle emperra a ação do próprio agente público.

Entretanto, paradoxalmente, conforme destaca Raymundo Faoro,[601] em uma sociedade em que a corrupção é uma patologia histórica – em que, para além das classes sociais, um estamento tradicionalmente dominou (e permanece dominando) as principais decisões em um governo, nos quais, muitas vezes, interesses pessoais prevalecendo sobre os interesses públicos, regendo os recursos públicos como se privados fossem –, faz-se imperativa uma fiscalização plural, mediante a participação de diversos atores: sociedade, Ministério Público, terceiro setor, Tribunais de Contas, dentre outros. Portanto, é necessário que exista algum nível de controle, uma vez que tal diretriz se conjuga com a imperatividade da transparência institucional.[602]

Ainda na temática da transparência na Administração Pública, insta salientar que em pesquisa levada a efeito em 2012, por um organismo conhecido como "Transparency International", fez-se uma análise em 183 (cento e oitenta e três) países do nível de transparência da administração pública, com classificação de 0 a 100 (assim, quanto menor a nota, maior o índice de corrupção). Enquanto Dinamarca, Finlândia e Nova Zelândia figuraram em primeiro lugar, com uma pontuação de 90 (noventa), o Bra-

600 **Gestão da Execução...**, p.69.

601 FAORO, Raymundo. **Os donos do poder: formação do patronato brasileiro.** 3 ed. Rio de Janeiro: Globo, 2001, p. 39.

602 **Gestão da Execução...**, p. 69.

sil, com 43 (quarenta e três) pontos ocupou apenas o longínquo 69º (sexagésimo nono) lugar.[603]

Importante salientar que, muitas vezes, a ineficiência da gestão não se dá em função de corrupção: a simples inércia de um gestor frente a um problema operacional também é uma evidência de ineficiência. Diante disso, não há como se pensar em uma solução matemática, uma vez que o debate flexibilidade versus controle tem raízes muito mais profundas. A solução é procurar modelos específicos que mitiguem os problemas nos dois aspectos. Para não "engessar" a gestão das políticas públicas (afinal, o que o contratado realiza deve se relacionar à persecução do interesse público), propõe-se que o controle não seja por processos, mas sim por resultados.

Ou seja, *a priori*, dar mais liberdade ao gestor público – não só para contratar, como também para gerir a execução dos contratos administrativos, entretanto, verificar, com acuidade, se todos os propósitos foram realizados. Tanto o gestor como o parceiro devem prestar contas de suas atividades; assim, havendo desalinhamento entre o modus operandi de qualquer deles, aplicar-se-á as sanções previstas em lei (tanto para a entidade pública quanto para o contratado). É necessário repensar as estruturas de fiscalização, de modo a permitir uma atuação que represente um meio termo entre a flexibilidade e o controle.

Dessa forma, devem ser feitas mudanças na inter-relação entre gestores públicos e os prestadores de serviço. Como sugestão, propõe-se que os servidores recebam treinamento e cursos de reciclagem periódicos, objetivando: a) o apreço pela dialogicidade com o contratado, assegurando-lhe o contraditório e a ampla defesa em caso de suposta irregularidade; b) a incorporação da noção de legalidade temperada, ou seja, sem a absolutização irrefletida das regras e zelando pelos princípios constitucionais; e c) uma ação eficiente e eficaz, além de econômica e teleologicamente responsável, redutora de conflitos intertemporais, que só elevam os custos transacionais, seja pelo dispêndio de tempo dos servidores ou, simplesmente, pelo dispêndio de recursos.[604]

De mesmo modo, considera-se a necessidade de que se estabeleçam mecanismos eficazes de acesso à informação pública, decorrente da neces-

[603] TRANSPARENCY INTERNATIONAL. Corruption perceptions index 2012. Disponível em: *http://www.transparency.org/cpi2012/results*. Acesso em: 15 de fevereiro de 2015.
[604] **Gestão da Execução...**, p. 70.

sidade de transparência dos atos da Administração, como imperativo decorrente da equação ética da contratação pública.

### 4.11.3. A Equação Tecnológica ou Política Pública de Qualidade Atualizada de Produtos e Serviços

A equação tecnológica incide também na equação geral dos contratos públicos e mostra sua importância na medida em que as inovações tecnológicas tomam o papel de protagonistas nas diversas relações sociais. Por consequência, a Administração deve se atualizar com tais inovações, de modo a evitar a obsolescência da infraestrutura e promover a melhoria do grau de satisfação das suas finalidades.[605]

Nos contratos públicos, a equação tecnológica representa também a obrigação da manutenção atualizada dos serviços públicos, com a incorporação de novas tecnologias nas prestações que estão sob sua responsabilidade. A obrigação de manter a vigência e atualidade tecnológica contrapõe-se ao direito do contratante particular se beneficiar com o desenvolvimento tecnológico, como por exemplo o comércio eletrônico, internet e as telecomunicações. O ponto de equilíbrio desta equação encontra-se justamente na qualidade atualizada do serviço.

A qualidade atualizada do serviço, como elemento da equação tecnológica, nos contratos de concessão, a Lei nº 8987/1995 estabelece no artigo 6º, § 1º, determinadas características para qualificar o serviço público como tal, v.g., a satisfação das condições de regularidade, continuidade, eficiência, segurança, atualidade, generalidade, cortesia na sua prestação e modicidade das tarifas. Além disso, a lei Geral de Concessões, no mesmo artigo, § 2º, estabelece que a atualidade compreende a modernidade das técnicas, do equipamento e das instalações e a sua conservação, bem como a melhoria e expansão do serviço.

A atualidade implica, por conseguinte, no constante aperfeiçoamento do serviço a ser prestado, impondo, ainda, "conduta ativa quanto à pesquisa e supervisão (técnica e de satisfação dos usuários), que vise a manter vivo o serviço – e não a postura passiva de esperar reclamações demonstradoras de que a prestação está defasada para depois arcar com os cursos de sua

605 DROMI, Roberto. **Ecuaciones...**, p. 246.

atualização".[606] Assim, resta inequívoco que a política pública contratual de atualização dos serviços públicos demanda que o serviço prestado deva acompanhar *pari passu* a evolução tecnológica.

### 4.11.4. A Equação Ambiental ou Política Pública de Preservação e Conservação Ambiental

A equação ambiental é outro marco ou enfoque da equação geral dos contratos públicos e que se materializa com a conservação da natureza, em contraposição ao desenvolvimento e crescimento.[607] Como intuitivamente se denota, a conservação da natureza e o desenvolvimento podem representar polos opostos, mas que devem buscar o equilíbrio que se manifesta no meio ambiente saudável e harmônico e que deve ser gerado e promovido pelo próprio Estado, direta ou indiretamente.

Conforme a previsão constitucional, o direito ao meio ambiente tem sua existência fundada em três atributos, o primeiro que se refere ao meio ambiente saudável, o segundo ao meio ambiente ecologicamente equilibrado e o terceiro um meio ambiente apto ao desenvolvimento humano. Tanto indivíduos quanto o Estado têm o dever de preservar a natureza, uma obrigação que possui sua previsão na própria Constituição, com a prática de atos de natureza concorrente.[608]

[606] MOREIRA, Egon Bockmann; MILANO, Célio Lucas. **Contratos Públicos de longo prazo: a segurança jurídica advinda da certeza da mudança.** In: In: *Revista de Direito Público da Economia – RDPE.* Belo Horizonte, ano 09, nº 34, abr. / jun. 2011, p. 175.

[607] DROMI, Roberto. **Ecuaciones...**, p. 120.

[608] A Constituição Federal de 1988, no Artigo. 225, dispõe que todos têm direito ao meio ambiente ecologicamente equilibrado, bem de uso comum do povo e essencial à sadia qualidade de vida, impondo-se ao Poder Público e à coletividade o dever de defendê-lo e preservá-lo para as presentes e futuras gerações. No seu parágrafo 1º estabelece que para assegurar a efetividade desse direito, incumbe ao Poder Público: I - preservar e restaurar os processos ecológicos essenciais e prover o manejo ecológico das espécies e ecossistemas; II - preservar a diversidade e a integridade do patrimônio genético do País e fiscalizar as entidades dedicadas à pesquisa e manipulação de material genético; III - definir, em todas as unidades da Federação, espaços territoriais e seus componentes a serem especialmente protegidos, sendo a alteração e a supressão permitidas somente através de lei, vedada qualquer utilização que comprometa a integridade dos atributos que justifiquem sua proteção; IV - exigir, na forma da lei, para instalação de obra ou atividade potencialmente causadora de significativa degradação do meio ambiente, estudo prévio de impacto ambiental, a que se dará publicidade; V - controlar a produção, a comercialização e o emprego de técnicas, métodos e substâncias que comportem

A autoridade deve promover os meios de proteção ao meio ambiente, bem como o uso racional dos recursos naturais, tanto os renováveis como os não renováveis, a preservação do patrimônio natural e a diversidade biológica. Tais ações devem ser apresentadas não apenas pela promoção de políticas públicas como também no dever de informação e educação para o meio ambiente.

No que diz respeito aos bens de titularidade coletiva (tanto naturais quanto os culturais), estes necessitam de uma tutela especifica para sua proteção, em especial quando seus reflexos se dão por meio de contratações públicas, a partir das quais deve haver a exploração racional da natureza e defesa do ecossistema. Nesse sentido, a Administração não tem apenas responsabilidade pelo planejamento legislativo do meio ambiente, mas também tem responsabilidade pela promoção de ações diretas e indiretas voltadas para uma política ambiental, de fiscalização e controle administrativo do meio ambiente.

Partindo da premissa de que a degradação ao meio ambiente transcende o interesse individual e lesiona um número indeterminado de pessoas, que inclusive supera as barreiras geográficas, qualquer dano ambiental, pode chegar a colocar em risco a existência da vida. Assim, quando mencionada a equação ambiental, a Administração Pública deve encarregar-se de regular e estabelecer limites gerais para que as sucessivas modificações que se produzam ao longo do contrato, como consequência do desenvolvimento tecnológico e da eventual ocorrência de danos ambientais que possam distorcer a proporcionalidade da equação contratual, possam ser remediadas.

### 4.11.5. A Equação Econômica ou Política Pública de Equilíbrio de Preços

A finalidade precípua desta equação é a manutenção do equilíbrio entre as prestações que o contratado deve cumprir (especialmente enquanto o

risco para a vida, a qualidade de vida e o meio ambiente; VI - promover a educação ambiental em todos os níveis de ensino e a conscientização pública para a preservação do meio ambiente; VII - proteger a fauna e a flora, vedadas, na forma da lei, as práticas que coloquem em risco sua função ecológica, provoquem a extinção de espécies ou submetam os animais a crueldade.

investimento é destinado à prestação dos serviços) e as obrigações a cargo da Administração Pública.[609] Isto para que não haja desvirtuamento da rentabilidade originariamente prevista pelo contrato, ou seja, para que se mantenha o equilíbrio entre os custos e benefícios previstos contratualmente.

O ponto de equilíbrio desta equação manifesta-se, especialmente nos preços, regendo-se por princípios de equivalência e reciprocidade, conforme se passará a analisar.

Os direitos e obrigações do Estado e de seus contratados são fixados reciprocamente. A proporcionalidade das prestações pressupõe justamente este equilíbrio e reciprocidade a que se sujeitam ambas as partes, a chamada "teoria do equivalente econômico". Essa intangibilidade dos preços torna-se uma regra que surge como contrapartida ao princípio do "risco x benefício" e que juridicamente significa que o contratante conhece os riscos da contratação e assume a execução do contrato convencido de que poderá superar tais riscos e que, por fim, resultará na obtenção de um benefício. Desse modo, a intangibilidade encontra sua justificativa na manutenção dos princípios que regem os processos para contratação com particulares, em especial, a isonomia, legalidade, impessoalidade, moralidade, publicidade, probidade administrativa, vinculação ao instrumento convocatório e julgamento objetivo.

A seleção dos particulares se dá com base em parâmetros certos e determinados, bem como a oferta também apresenta seu embasamento, o que deve ser mantido ao longo de todo desenvolvimento e execução contratual. Assim, a reciprocidade deve conciliar todos os termos da equação, investimento e rentabilidade, às vistas do equilíbrio entre estes. No que diz respeito à intangibilidade do preço, esta é entendida como a equivalência entre as prestações a que as partes se obrigaram no momento de concretização contratual.

Eventualmente a intangibilidade dos preços é confrontada pela doutrina a partir da leitura da aleatoriedade provocada pela inflação, a desindexação e quaisquer outras problemáticas que surgem do desequilíbrio entre o valor real da prestação devida e o preço pactuado originariamente.[610] Nesses casos, o contraste evidenciado entre a segurança jurídica originária e sua defasagem frente fenômenos próprios da seara econômica

[609] DROMI, Roberto. **Ecuaciones...**, p. 279.
[610] DROMI, Roberto. **Ecuaciones...**, p. 286.

superveniente, impõe a necessidade de se proporcionar o ambiente necessário a que as prestações retomem a adequada equivalência.

### 4.11.6. A Equação Financeira ou Política Pública de Financiamento de Infraestruturas Públicas

A equação financeira se vincula à obtenção dos recursos necessários aos empreendimentos que exigem investimentos. O aspecto financeiro da equação põe em questão as previsões e as condições de obtenção de recursos financeiros relacionados com as projeções de evolução das condições fixadas ao tempo da assinatura do contrato em contraponto com a relação de harmonização necessária à adequada satisfação dos direitos, necessidades e interesses públicos. Desse modo, a estrutura financeira do contrato se estabelece para atender e harmonizar a finalidade pública, a obtenção de recursos pelo ente público e a realização, quando prevista, de aportes financeiros por parte do Estado.[611] Em contrapartida a este projeto estão os gastos e investimentos que os concessionários de serviços públicos devem realizar.

A dimensão financeira, nesse caso, aponta para a manutenção dos pressupostos e previsões em matéria de entradas, gastos, investimentos tidos em conta ao tempo em que se celebrou o contrato. A respeito da reciprocidade contratual, o equilíbrio reside na valoração do produto do investimento e da rentabilidade que determina taxa de retorno do investimento realizado como forma de expressão da estrutura econômico-financeira.

A título de exemplo, no âmbito dos contratos de concessão de serviço público, em razão do contrato ser embasado no fluxo de fundos e na percepção de tarifas e taxas por parte do concessionário existe uma alta incidência do elemento financeiro, que somado ao fator temporal determina que os desvios desta equação devam ser reprimidos, sob pena de resultar em altos custos financeiros (tanto para a Administração, quanto para o contratado) ou mesmo em turbulências dos mercados.

Por conseguinte, como acima demonstrado, o dever de observância à multiplicidade das equações presentes (de maneira explícita ou implícita) nos contratos públicos, propicia a realização de uma justiça contratual distributiva.

[611] DROMI, Roberto. **Ecuaciones...**, p. 303.

## 4.12. Teoria da Sujeição à Distributividade: Proposta de Critério para a Qualificação de um Contrato como Contrato Público

Como acima demonstrado, a observância da *justiça contratual comutativa* é insuficiente para dar conta do fenômeno da contratação pública contemporânea, em virtude da sua atual abrangência e dos efeitos, potenciais e concretos, produzidos por ela na sociedade.

Embora a presença da justiça comutativa prossiga como requisito fundamental no sentido de se assegurar o equilíbrio contratual[612] entre as partes, é possível se aludir à sua necessária complementação pela aplicação de uma justiça contratual de cariz distributivo, no contexto da contratação pública.

A *justiça contratual comutativa*, como visto, pode ser tomada como vertente da realização de uma função social intrínseca do contrato e guarda correlação ao objeto imediato ou ao conteúdo constituído pelos efeitos direitos ou estritos que o negócio público pretende. Já a *justiça contratual distributiva*, que pode ser tomada como perspectiva de realização de uma função social extrínseca do contrato, diz respeito ao objeto mediato ou aos objetivos amplos formado pelos efeitos decorrentes das políticas horizontais, estratégicas ou extracontratuais inseridas no contexto da contratação pública.

Deste modo, a observância a deveres inerentes à uma *justiça contratual distributiva*, tais como os assegurados constitucionalmente, *v.g.*, no artigo 3ª, da CF/88, reforça os fundamentos de emprego do contrato público como instrumento de governo[613], no contexto do já aludido *governo por contrato(s)*.

Contudo, a instrumentalização excessiva da contratação pública a um rol quase inesgotável de valores morais tem recebido uma série de críticas no sentido de que a adoção de medidas de cunho distributivo no seio da contratação pública produziria ineficiência alocativa, pois ensejaria, a rigor, majoração dos custos de transição, com repercussão no próprio valor da contratação, além da sua provável associação a agendas políticas virtualmente escusas de certos grupos de interesse em busca de "privilé-

[612] FACHIN, Luiz Edson. **Teoria Crítica do Direito Civil.** 2ª ed., Rio de Janeiro: Renovar, 2003, p. 295.

[613] MOREIRA, Egon Bockmann. **O Contrato Administrativo como Instrumento de Governo.** In: Pedro Gonçalves (Coord.) *Estudos de Contratação Pública*. Vol. IV. Coimbra: Coimbra editora, 2010, p. 12.

gios e benesses"[614], o que, em última análise, promoveria o esgarçamento da avença pública.

Vale dizer, mesmo que voltadas a finalidades tidas como nobres, moralmente realizáveis e constitucionalmente garantidas; não raro, as iniciativas administrativas e legislativas que dotam a contratação pública de políticas horizontais poderiam ser capazes de produzir medidas mais danosas do que benéficas à sociedade.

Nesse sentido, as críticas se baseiam no fato de que a busca pela realização de valores sociais por meio das contratações públicas constituiria uma noção incompatível com o funcionamento de mercados competitivos e eficientes, cujo funcionamento se daria de forma natural ou espontânea.[615] Rodrigo Luís Kanayama aduz que o "(...) argumento da justiça social não pode, de forma alguma, servir para lesar o bem-estar, provocando escolhas e políticas ineficientes apenas para buscar igualar condições socioeconômicas".[616] Para o supracitado autor, "(...) a redistribuição não poderá jamais sobrepor indiscriminadamente justiça social à eficiência, sob pena de ineficiência".[617]

Essa crítica é bem representada pela metáfora levada a efeito por Arthur Melvin Okun, para quem as políticas de cunho distributivo podem ser representadas por um balde cheio d'água que, ao ser transportado de um lugar para outro, transborda e vaza, perdendo-se o conteúdo do líquido nele contido. Segundo ele, seria melhor nem o transportar, dados os efeitos negativos indesejados que produzem.[618]

Constitui-se, consoante as críticas acima sumariadas, um ideário de que haveria uma relação de mútua exclusão entre a adequada eficiência alocativa de recursos e a justiça distributiva. Dito de outro modo, haveria

[614] Cfr.: COUTINHO, Diogo R. **Direito e Economia Política na Regulação de Serviços Públicos.** São Paulo: Saraiva, 2014, p. 15 e seguintes.

[615] Cfr.: NOZICK, Robert. **Anarquia, Estado, Utopia.** Tradução de Ruy Jungmann. Rio de Janeiro: Jorge Zahar, 1991, p. 42 e seguintes.

[616] KANAYAMA, Rodrigo Luis. **Direito, política e consenso: a escolha eficiente de políticas públicas**. Tese de Doutoramento defendida perante a UFPR. Mimeografada. 2012, p. 190.

[617] KANAYAMA, Rodrigo Luis. **Direito...**, p. 190.

[618] OKUN, Arthur M. **Equality and Efficiency: The Big TradeOff.** Brookings Institution Press, 2015, p. 19 e seguintes.

um *trade-off* entre os vetores de equidade (ou de justiça distributiva) e de eficiência alocativa.[619]

Ao se buscar ganhos de justiça social, perder-se-ia em eficiência do sistema econômico, percebida *in casu* como a maximização das utilidades agregadas em uma dada sociedade. Trata-se, em última análise de premissa de fundamento neoliberal no sentido de que sempre haveria um inabalável *trade-off* entre eficiência e equidade, de modo a dissociar também as ideias de regulação social e regulação econômica.[620] Na esfera contratual, trata-se de um *trade-off* entre as contratações com objetivos secundários e a consequente regulação por contrato e a contratação *pura*, com objetivos exclusivamente de eficiência.

Ainda, de acordo com essa visão, a utilização da contratação pública para a prossecução de objetivos ambientais, econômicos e sociais, vale dizer, com instrumento e/ou mecanismo regulatório, seria equivocada. Em princípio, porque a regulação seria uma atividade técnica na qual a influência de políticas públicas distributivas produziria um desvirtuamento, o que tenderia à produção de ineficiências.

Ademais, a distribuição ou a redistribuição deveria ocorrer por meio da redistribuição fiscal[621] e não a partir do mecanismo contratual. Todavia, como já advertido anteriormente, é preciso analisar a contratação pública no Brasil em seu contexto histórico, com as suas implicações na esfera da economia política brasileira.[622] A contratação pública, em condições de subdesenvolvimento, deve ser moldada ao contexto, à história e as circunstâncias locais para que, na medida da sua possibilidade, possa provocar ganhos de equidade, isto é, para que funcione como instrumento de justiça distributiva e propicie horizontes e perspectivas de desenvolvimento.

Essa visão implica na aceitação de que as medidas distributivas no seio da contratação pública podem não ser totalmente apartadas da ideia de eficiência. Ao contrário, é possível considerá-las tão ínsitas à contratação

[619] Cfr.: COUTINHO, Diogo R. **Direito e Economia Política na Regulação de Serviços Públicos.** São Paulo: Saraiva, 2014, p. 15 e seguintes.

[620] COUTINHO, Diogo R. **Direito...**, p. 16.

[621] Thomas Piketty alude que o instrumento privilegiado da redistribuição é a redistribuição fiscal, que não elide as outras formas de redistribuição, tal como a levada a efeito por meio da contratação pública. PIKETTY, Thomas. **A Economia da Desigualdade.** Rio de Janeiro: Intrínseca, 2015, p. 112.

[622] COUTINHO, Diogo R. **Direito...**, p. 16.

pública, quanto a própria eficiência, porque ambas (eficiência e distribuição) constituiriam elementos – que até podem, em determinadas circunstâncias concretas se apresentarem de maneira oposta – mas que são inafastáveis dela.

Para tanto, é preciso partir da premissa de que a justiça distributiva e as políticas de desenvolvimento não são, de modo algum, estranhas à contratação e à regulação por contrato.[623] Em situações de subdesenvolvimento, facilmente medido pelo *déficit* de infraestruturas e pela desigualdade de renda, os objetivos sociais contidos da contratação pública podem propiciar resultados efetivos de equidade e, até mesmo, estimular o desenvolvimento econômico.[624]

Na União Europeia, a partir de 2008, em busca de debelar a crise econômica ou mitigar algumas de suas consequências, buscou-se aproveitar politicamente o potencial regulador do contrato público em vista da realização de objetivos públicos secundários, colaterais ou horizontais, vale

[623] Cfr.: COUTINHO, Diogo R. **Direito...**, p. 15 e seguintes.

[624] De acordo com Paul Krugman, "(...) agir para reduzir a extrema desigualdade dos Estados Unidos do século XXI provavelmente estimularia — e não reduziria — o crescimento econômico. Isso porque, de acordo com o FMI, os países com relativa baixa desigualdade de renda estão mais aptos a alcançar um crescimento econômico sustentável, em vez de 'saltos' ocasionais. Mas como os efeitos da redistribuição do crescimento podem ser benignos? Uma ajuda generosa aos pobres não reduzirá o estímulo ao trabalho? Os impostos cobrados sobre os ricos não reduzirá o incentivo para que fiquem mais ricos? Sim e sim — mas os incentivos não são a única questão que importa. Recursos também importam — e numa sociedade altamente desigual muita gente não os têm. Pense, em particular, sobre o slogan sempre popular que defende que se busque igualdade de oportunidade e não igualdade de resultados. Isso pode soar bom para pessoas sem ideia do que é a vida de dezenas de milhões de americanos; mas para aqueles com algum senso de realidade, trata-se de uma piada cruel. Cerca de 40% das crianças americanas vivem na pobreza ou próximo à linha de pobreza. Pode-se pensar que elas têm o mesmo acesso à educação e empregos que as crianças ricas? Aliás, crianças de baixa renda são muito menos capazes de completar a universidade do que seus conterrâneos ricos, e essa distância cresce cada vez mais. E não é apenas ruim para aqueles desafortunados que nasceram nos lares errados; isso representa um imenso e crescente desperdício de potencial humano — um desperdício que certamente age como um poderoso atraso no crescimento econômico. Não digo que resolver o problema da desigualdade ajudaria todo mundo. Os muitos ricos perderiam mais com altos impostos do que ganhariam com um melhor crescimento econômico. Porém, é bastante claro que enfrentar a desigualdade seria bom não apenas para os pobres, mas igualmente para a classe média".
In: KRUGMAN, Paul. **Liberdade, Igualdade e Eficiência.** http://oglobo.globo.com/economia/liberdade-igualdade-eficiencia-11841551. Acesso em 13 de abril de 2015.

dizer, contratou-se pretendendo a produção de efeitos no mercado e na sociedade.[625]

Em países como o Brasil, nos quais tanto os recursos públicos, quanto a renda privada é mal distribuída, a contratação pública, como uma das formas contemporâneas de ação estatal, não só pode, como deve adquirir traços distributivos mais acentuados[626] para, inclusive, dar cumprimento aos objetivos fundamentais da República encartados no artigo 3º da CF/88.

À luz da Constituição, portanto, a prossecução de políticas horizontais por meio da contratação pública não se constituiria em uma intervenção indevida e ineficiente no mercado. Para além de assegurar a isonomia e a transparência, como acima demonstrado, a contratação igualmente tem por função (i) a criação da demanda de bens e serviços; (ii) a indução de investimentos; (iii) a criação de condições de concorrência e, como resultado, a busca de uma justiça distributiva, ações que os mercados *per se* não realizariam.

Eis, por conseguinte, mais um conjunto de razões a partir dos quais se defende que a realização de uma justiça de caráter distributivo constitui um dos elementos inerentes à contratação pública brasileira contemporânea.

## 4.13. *At last, but not at least,* Justiça Distributiva, Contratação Pública e Desenvolvimento

Fernando Araújo alude que é possível tratar da questão do desenvolvimento por duas vias que não se excluem mutuamente: a primeira é a da proporção, da igualdade e que se exprime na metáfora das fatias do bolo e dispõe sobre a equitatividade, a distribuição dos bens sociais. A segunda, porém, diz respeito à desigualdade, à dimensão do próprio bolo. De acordo com o autor acima citado, a primeira concentra-se nos aspectos de justiça, a segunda em aspectos de eficiência.[627]

O desenvolvimento, compreendido na sua vertente econômica e social, pressupõe, portanto, ações que equalizem tanto objetivos de justiça, quanto de eficiência, que constituem, como ora defendido, valores fundamentais

[625] GONÇALVES, Pedro Costa. **Gestão de contratos em tempos de crise.** In: Pedro Gonçalves (Coord.) *Estudos de Contratação Pública*. Vol. III. Coimbra: Coimbra editora, 2010, p. 07.

[626] COUTINHO, Diogo R. **Direito e Economia Política na Regulação de Serviços Públicos.** São Paulo: Saraiva, 2014, p. 16.

[627] ARAÚJO, Fernando. **Introdução à Economia.** 3ª ed., Coimbra: Almedina, 2006, p. 665.

que orientam a ação estatal contemporânea.[628] Um desvinculado de outro produziria iniquidades de difícil superação.

Em geral, nas teorias desenvolvimentistas, a percepção prevalente é a de que "(...) os processos de desenvolvimento dependem tanto de instituições, quanto de valores".[629] São as instituições sociais e os valores por elas difundidos que promovem o desenvolvimento social e econômico de determinada sociedade. A própria ideia de desenvolvimento, contudo, não pode ser compreendida apenas em termos numéricos e quantitativos. Vale dizer, de acordo com Calixto Salomão Filho, "o desenvolvimento, antes que um valor de crescimento ou mesmo um grupo de instituições que possibilitem determinado resultado, é um processo de autoconhecimento da sociedade".[630]

É preciso, portanto, para buscar o desenvolvimento, que a sociedade encontre seus próprios valores que serão aplicados no campo econômico, vale dizer, quais são os objetivos a serem perseguidos no âmbito econômico e social, como *v.g.*, a redução das desigualdades regionais ou sociais, a erradicação da pobreza, a melhoria do I.D.H. etc.

As nações desenvolvidas, nessa toada, não seriam as que exprimem ano após ano, índices elevados de crescimento de seu Produto Interno Bruto, mas as que reconhecem os seus valores no campo econômico e que os perseguem por meio dos instrumentos a eles adequados.[631] Desta forma, os índices de crescimento funcionam como a resultante da realização dos valores antes selecionados.

Ao dar privilégio a valores, não se está a trocar o determinismo dos resultados das teorias econômicas por um determinismo de valores jurídicos, políticos ou sociais pré-concebidos. Ao contrário, significa dar ênfase à deliberação sobre as formas específicas que cada sociedade possa desvelar, naquele momento, os valores (e os meios) mais apropriados para o seu desenvolvimento econômico e social.

[628] FABRI, Andréa Queiroz. **Política Econômica e Desenvolvimento.** In: *Revista de Direito Público da Economia – RDPE*. Belo Horizonte, ano 04, nº 16, out. / dez. 2006, p. 22.

[629] SALOMÃO FILHO, Calixto. **Regulação e Desenvolvimento.** In: Calixto Salomão Filho (coord.) *Regulação e Desenvolvimento*. São Paulo: Malheiros, 2002, p. 31.

[630] SALOMÃO FILHO, Calixto. **Regulação...**, p. 31.

[631] Cfr. NUSDEO, Fábio. **Curso de Economia: Introdução ao Direito Econômico.** 6ª ed., São Paulo: Revista dos Tribunais, 2010, p. 362 e seguintes.

Para isso, é necessário que todos sejam capazes de exprimir as suas preferências e também é necessário eliminar a exclusão do processo econômico. Nesse passo, o conceito de desenvolvimento passa a ser identificado como um processo de conhecimento social que leve à maior inclusão social possível, de modo a caracterizar uma possível democracia econômica. Isso somente pode ser obtido na medida em que a esfera econômica permita que todos explicitem as suas preferências e tenham igual direito de participação no campo econômico, o que efetivamente não ocorre nas sociedades em desenvolvimento, como o Brasil.[632]

O conhecimento das vias econômicas possíveis e a escolha pela via local e temporalmente mais adequada constitui, por conseguinte, valor fundamental para o processo de desenvolvimento. Trata-se de defender o valor relativo dos resultados econômicos e levar à frente uma tentativa de descoberta dos valores próprios da sociedade que possibilitem seu conhecimento e transformação. Desde que baseado em valores de democracia econômica, passa-se de um determinismo econômico para um relativismo jurídico.[633]

Para tanto, é preciso a visualização prévia dos problemas, estruturas e valores específicos da sociedade. O primeiro passo, seria revisitar a análise econômica do subdesenvolvimento latino-americano e do brasileiro em particular. Essas teorias desenvolvimentistas requererem uma construção jurídica adaptada à realidade específica do subdesenvolvimento. Nestas economias, o desenvolvimento econômico só pode ser obtido pela difusão do conhecimento econômico. A concentração excessiva do conhecimento leva à grandes ineficiências alocativas e é essa razão e não a ausência das eficiências típicas de mercado, a responsável pelo sucesso das economias desenvolvidas.[634]

A partir desta constatação a chave para o desenvolvimento está, seguramente, em descobrir um método para promover a difusão do conhecimento econômico e permitir a adesão a uma linha de desenvolvimento social próprio.

Esse deve ser o princípio objetivo de uma teoria jurídica desenvolvimentista. É necessário aí revisitar o Estado moderno, para esmiuçar, sob

632 Cfr.: BERCOVICI, Gilberto. **Constituição econômica e desenvolvimento: uma leitura a partir da Constituição de 1988.** São Paulo: Malheiros, 2005, p. 38 e seguintes.

633 SALOMÃO FILHO, Calixto. **Regulação e Desenvolvimento.** In: Calixto Salomão Filho (coord.) *Regulação e Desenvolvimento*. São Paulo: Malheiros, 2002, p. 31.

634 Cfr.: SALOMÃO FILHO, Calixto. **Regulação...**, p. 31 e seguintes.

esse enfoque, qual seria o seu papel na realização do processo de desenvolvimento.[635] É necessária uma atuação apta a resolver ou minimizar os processos estruturais e difundir o conhecimento econômico.

No contexto e nos termos do presente trabalho, advoga-se o recurso à contratação pública como mecanismo de propulsão do desenvolvimento.

Emergem daí as ideias de redistribuição que devem reger o esforço desenvolvimentista, a atuar como sujeito e como objeto da difusão do conhecimento econômico. Ao se realizar o exame histórico estrutural dos países subdesenvolvidos, são as alterações de demanda e não do processo produtivo os grandes elementos propulsores do crescimento.

Assim, não há justificativa "para centrar a filosofia regulatória em torno exclusivamente da eficiência".[636] De acordo com o autor supracitado, "ela deve necessariamente ser direcionada precipuamente à redistribuição, única forma de expandir, de forma estruturada e linear, o consumo pela sociedade".[637]

A distribuição, ao ser realizada, tem o potencial de mitigar as ineficiências alocativas de concentração de conhecimento econômico, porquanto ela propicia a expansão da base de coleta de dados sobre as preferências individuais.[638] Mais do que instrumento de desenvolvimento, nesse sentido, a ideia de *(re)distribuição* integra o próprio conceito de desenvolvimento.[639]

[635] Cfr.: BERCOVICI, Gilberto. **Constituição econômica e desenvolvimento: uma leitura a partir da Constituição de 1988.** São Paulo: Malheiros, 2005, p. 38 e seguintes.

[636] SALOMÃO FILHO, Calixto. **Regulação...,** p.32.

[637] SALOMÃO FILHO, Calixto. **Regulação...,** p. 32

[638] NUSDEO, Fábio. **Curso...,** p. 362,

[639] Nesse sentido, "(...) o estoque de capital de investimento em infraestrutura gera aumentos de produtividade expressivos e que uma infraestrutura básica de ruas, rodovias, aeroportos, transporte de massas, esgoto e hidrovias é um fato claramente explicativo dessa

Consoante adverte Calixto Salomão Filho, para além da gestão abstrata ou macroeconômica da sociedade, incumbe ao Estado fazer uma coisa que os agentes privados ou o mercado nunca farão: incumbe-lhe ações redistributivas. É na redistribuição, por conseguinte, que deve ser identificada uma das grandes funções estatais. Trata-se de um Estado que deve basear a sua gestão em valores e não em objetivos econômicos.[640] O objetivo distributivo, portanto, é uma forma de dar eficiência ao estado.

Por conseguinte, conforme se apresentou, a justiça distributiva promovida pela Administração, pela via do contrato público, perde o sentido meramente voluntário e se aproxima da ideia de direito ao desenvolvimento.[641]

produtividade (...) o aumento de 1% no estoque de capital público em relação ao estoque de capital privado produz um aumento de 0,39% na produtividade total de fatores. FARACO, Alexandre Ditzel; PEREIRA NETO, Caio Mário da SILVA; COUTINHO, Diogo Rosenthal. **Universalização...**, p. 12.

640 SALOMÃO FILHO, Calixto. **Regulação...**, p.32.

641 Cfr.: OLIVEIRA, Fernão Justen. **Parceria público-privada: Aspectos de direito público econômico (Lei nº 11.079/2004).** Belo Horizonte: Fórum, 2007, p. 33.

# Conclusões

*"(...) por último, nota-se um modo diferente de se estabelecer as relações entre público e privado. Estas não são apenas bipolares. São também multiplorares".*[642]

Percorrido o itinerário inicialmente proposto, aproximam-se as linhas finais. Antes de sumariar as conclusões, cabe a advertência publicada por Martin Loughlin, no sentido de que a ironia do trabalho monográfico é a sua inclinação a produzir não uma *compreensão*, mas *um ainda-não-compreendido.*[643]

O presente trabalho não teve a pretensão de apresentar uma compreensão abrangente sobre o *estado-da-arte* do direito brasileiro dos contratos públicos – o que seria impraticável na sua circunscrita extensão e ambição – mas pretendeu lançar um conjunto de ideias sobre o que *ainda não é compreendido inteiramente* a propósito das relações jurídicas entabuladas entre entidades estatais e as pessoas privadas para a consecução de finalidades públicas e o alcance, por intermédio dos respectivos contratos que enlaçam essas relações, de *certos patamares de justiça.* A rigor, a tese voltou-se ao exame sobre o que, em geral, a doutrina brasileira não explicita aberta-

[642] CASSESE, Sabino. **L'arena Pubblica: Nuovi Paradigmi per lo Stato. In: Rivista Trimestrale di Diritto Pubblico.** nº 3/649, Milão: Giuffrè, 2001, p. 67.

[643] LOUGHLIN, Martin. **The Idea of Public Law**. Oxford: Oxford University Press, 2003, p. VI-VII.

mente, pois são questões presentes antes nas *entrelinhas* do que nas *linhas* propriamente ditas dos textos atinentes ao tema.

A investigação ora levada a efeito produziu um conjunto de conclusões, a seguir sistematizadas.

*Primeira*: Nos últimos anos, os contratos públicos passaram a ostentar um patamar acentuado e, portanto, *crítico*, do *Produto Interno Bruto* de todas as nações, o que destaca a importância destes instrumentos de conjugação de esforços tanto *públicos* quanto *privados*. Por consequência, a contratação pública foi elevada à principal técnica contemporânea de implementação de políticas públicas de caráter desenvolvimentista.

*Segunda*: Atualmente, resta reconhecida a eficiência alocativa dos mercados para o provimento de bens e serviços essenciais. Ao mesmo tempo, denota-se a insuficiência da atuação privada autônoma e tradicional para assegurar a plena satisfação das finalidades, necessidades e utilidades públicas, de forma que o *recurso à contratação pública* como meio de conduzir os esforços e os recursos das entidades privadas e do mercado para alcançar finalidades públicas têm caracterizado as sociedades contemporâneas.

*Terceira:* Nos países de desenvolvimento tardio, como o Brasil, o crescimento das demandas de *provimento dos direitos fundamentais* (em especial, dos direitos fundamentais sociais) é exponencial, assim como é crescente a percepção de esgotamento do atual modelo de *financiamento fiscal* das utilidades e necessidades públicas, o que acarreta a busca por novas configurações de atuação estatal. O *contrato público* emerge, neste contexto, como figura apta a, no mínimo, contribuir para a edificação das infraestruturas necessárias e, por consequência, contribuir para a elevação dos coeficientes de satisfação dos direitos fundamentais.

*Quarta:* A obra mais laureada de Ataliba Nogueira, publicada em 1955, foi denominada "O Estado é meio e não fim".[644] Parafraseando o autor, é possível concluir que, hoje, o contrato público é tanto instrumento para as *atividades-meio*, quanto engrenagem para *as atividades-fim* do Estado. Tanto as funções administrativas ordenadora, regulatória e prestacional, quanto de fomento e de controle ocorrem hoje por meio de contratos, o que potencializa a referência ao exercício das atividades de *governo por contrato(s)*.

*Quinta:* No exercício das tradicionais funções administrativas de autoridade, como na atividade regulatória e na fiscalização (poder de polícia),

[644] NOGUEIRA, Ataliba. **O Estado é Meio e Não Fim.** 3ª ed., São Paulo: Saraiva, 1955.

as ideias de verticalidade e de supremacia entre o Estado e o particular têm sido gradativamente suplantadas, por meio, *v.g.*, de negociação regulatória e termos de ajustamento de conduta. Por conseguinte, no âmbito da contratação pública, no qual a consensualidade integra seu próprio conceito, a ideia de relação mais simétrica entre Estado e contratado ganha uma dimensão ainda maior com vistas à edificação de uma Administração que se pretende mais consensual e menos autoritária.

*Sexta:* O recurso intenso ao *contrato como instrumento de governo*, contudo, suscita novos problemas jurídicos, os quais, por igual, demandam inovadoras soluções. Muitas dessas soluções apresentam novas exigências ao Estado, em um horizonte sem-fim. Quanto mais o Estado contrata, mais ele passa a depender dos contratados, o que o obriga à formalização de novos mecanismos jurídicos de *gestão de contratos*, atividade que ainda recebe escassa atenção, especialmente no que toca à administração da execução contratual. As figuras do *gestor* e do *fiscal* de contrato – ainda que se mostrem imprescindíveis – precisam ser complementadas por uma sistemática mais abrangente de gestão da contratação pública, apta a dar conta do exponencial aumento do emprego do *contrato como instrumento de governo*.

*Sétima:* Como a ideia de *contratos públicos* é mais identificada como *gênero* e não como *espécie*, uma vez que abrange as mais diversas modalidades convencionais, desde contratos de fornecimento, passando pelos contratos da Administração, pelos convênios e até as parcerias público-privadas, esta expressão foi escolhida para designar o objeto de estudo do trabalho: *o contrato público*, em detrimento da noção mais tradicional no direito administrativo brasileiro – *contrato administrativo* – que embora mais utilizada na teoria e na prática, tradicionalmente possui escopo mais restrito, voltado, essencialmente, para as avenças nas quais se sobressaem os poderes especiais de autoridade e as *cláusulas exorbitantes*.

*Oitava:* Sob a designação de *governo por contrato(s)*, apresenta-se a possibilidade de a Administração empregar a chamada *contratação pública estratégica* consistente na adição de finalidades contratuais acessórias, transversais e/ou horizontais no bojo dos contratos públicos. Por definição, as políticas horizontais estabelecem os objetivos de *compromisso* de sustentabilidade e de equilíbrio de cada comunidade e, como tais, representam opções para cada governo. Elas impõem à Administração o dever de ponderação entre os *sacrifícios em matéria de eficiência* e os *objetivos de políticas públicas* a serem concretizados por meio dos contratos públicos.

*Nona:* No âmbito do *governo por contrato(s)* o contrato público passa a funcionar como instrumento de *regulação pública*. Na medida em que, simultaneamente, a contratação pública pretende obter o objeto primário buscado (a obtenção do bem e/ou do serviço ou a prestação do serviço público) e também a realização *mediata* das mais variadas políticas públicas voltadas à prossecução de direitos, necessidades e demandas morais da sociedade, ela atua como *instrumento regulatório*.

*Décima*: A prossecução de políticas públicas voltadas, tanto à satisfação de valores morais consagrados pela sociedade, quanto a *direitos fundamentais* na qualidade de objetos *mediatos* da contratação pública, propicia uma *ressignificação* desse próprio contrato, na medida em que ele passa a ser visto também como uma atividade administrativa, material e finalística.

*Décima-primeira*: Quando o contrato público (dada a sua proeminência socioeconômica contemporânea) passa a funcionar como fórmula de atendimento de deveres estatais (que, até então, ou ainda não eram realizados ou eram objeto de atendimento por outras vias, como os serviços públicos) torna-se possível a alusão à *re-funcionalização* da contratação pública.

*Décima-segunda*: As políticas públicas horizontais constituem objetivos de cada governo e, desta forma, elas representam escolhas, locais e históricas. Cabe a cada governo, diante das circunstâncias temporais e conjunturais, atribuir um papel maior ou menor a estas políticas para a satisfação dos *direitos fundamentais*, em caráter complementar à prossecução destes direitos pelas vias tradicionais de ação administrativa.

*Décima-terceira*: Para fins de verificação da pertinência da prossecução de políticas públicas horizontais por meio dos contratos públicos, impõe-se a observância de determinados critérios, tais como (i) o coeficiente do vínculo entre a política secundária em relação ao objeto central, (ii) o postulado da proporcionalidade e (iii) a justificação (motivação de fato e de direito) da política secundária em motivos de necessidade e/ou interesse coletivo.

*Décima-quarta:* Tanto a satisfação de fins *supra* partes, quanto a presença de múltiplas equações contratuais (explícitas ou implícitas) no âmbito do avença é que permitem a alusão do contrato público como como instrumento de satisfação de uma justiça de caráter distributivo.

*Décima-quinta:* O uso da contratação pública para (i) a implementação de infraestruturas custeadas exclusivamente por seus usuários, (ii) o provimento de bens essenciais que a sociedade democrática repute que todos devem fruir mesmo que não possam pagar por eles e (iii) o fornecimento de utilidades públicas cujos benefícios sociais superem os ganhos privados que eles devem propiciar, dentre outros, demonstra o potencial dos contratos para a realização de uma (re) distribuição da riqueza social.

*Décima-sexta:* Atualmente, a ideia de *government by policies* deve ser complementada pela noção de *government by contracts* em virtude da multiplicidade de efeitos que a ação contratual é capaz de produzir em termos distributivos. Desde (i) a aquisição governamental de um simples produto, (ii) passando pela externalidade positiva gerada por uma política horizontal de cunho ambiental, até (iii) uma parceria público-privada com duração de 35 anos para a edificação de uma infraestrutura e a correspondente prestação de um serviço público, há, inequivocamente, a possibilidade de ocorrência de uma justiça distributiva.

*Décima-sétima:* Como a noção de sustentabilidade é ampla o bastante para comportar aspectos ambientais, econômicos e sociais, não há dúvida quanto à sua abertura a uma múltipla significação. Nesse passo, a abertura e a vagueza conceitual da noção de sustentabilidade faz par com a ideia tradicional de interesse público no Direito Administrativo nacional.

*Décima-oitava:* Toda crítica levada a efeito nos últimos anos a propósito da dificuldade de aplicação da ideia de interesse público e da sua supremacia sobre o interesse privado pode, *mutatis mutandis*, ser aplicada à ideia de sustentabilidade. Vale dizer, se antes toda ação administrativa tinha por escopo a satisfação do então chamado interesse público, hoje, além dele, ela deve se pautar pela sustentabilidade.

Décima-nona: Sob o aspecto dos efeitos distributivos em relação às partes, é possível se destacar que o contrato público deve ser considerado plurilateral em relação aos usuários, cidadãos e terceiros. Nesse sentido, passa a ser juridicamente correta a menção aos efeitos *extra* ou *supra* partes dos contratos públicos, tanto em decorrência direta (aos usuários do serviço público), quanto aos atingidos por eficácia reflexa.

*Vigésima:* O contrato público contemporâneo não contém apenas uma relação jurídica *avulsa* e *comutativa* (que estabelece um rol de direitos e deveres circunscritos objetivamente e limitados subjetivamente). Ele está sempre ligado a outras relações jurídicas e feixes de direitos (faculdades, poderes e pretensões) e deveres (ônus e sujeições). Assim, ele compõe um conjunto de elementos, dependentes uns dos outros, formando um aglomerado juridicamente organizado (uma rede ou um sistema contratual).

*Vigésima-primeira:* A *justiça contratual comutativa* pode ser tomada como vertente da realização de uma *função social intrínseca* do contrato e guarda correlação ao objeto imediato ou ao conteúdo constituído pelos efeitos diretos ou estritos que o negócio público pretende.

*Vigésima-segunda:* A *justiça contratual distributiva* pode ser compreendida como perspectiva de realização de uma *função social extrínseca* do contrato e diz respeito ao objeto mediato ou aos objetivos amplos formados pelos efeitos decorrentes das políticas públicas horizontais, estratégicas ou extracontratuais inseridas no contexto da contratação pública.

*Vigésima-terceira:* A questão da finalidade da contratação pública se torna mais complexa quando o legislador passa a estabelecer exigências que, a princípio, não deteriam correlação lógica direta com a ideia da obtenção da proposta economicamente mais vantajosa (maior vantagem econômica estrita). Essas exigências seriam relacionadas com outras pautas axiológicas, a rigor relacionadas com a ideia de justiça social, de proteção ambiental e de fomento a determinadas grupos sociais, isto é, temas que se adequam em uma compreensão abrangente da ideia de sustentabilidade.

*Vig*ésima-quarta*:* É preciso tratar a *contratação pública* no Brasil em seu contexto histórico, com as implicações que produz na realidade nacional, para que, na medida da sua possibilidade, ela possa provocar ganhos de equidade, funcionar como instrumento de realização de uma justiça distributiva e propiciar horizontes e perspectivas de desenvolvimento.

*Vigésima-quinta*: No Brasil, a ideia da realização de uma justiça de caráter distributivo, bem como a prossecução de políticas de desenvolvimento, não podem ser vistas de maneira estranha à contratação e à regulação por contrato. Em situações de subdesenvolvimento, aferidas pelo *déficit* de infraestruturas e pela desigualdade de renda, os objetivos sociais contidos da contratação pública podem propiciar resultados efetivos de equidade e, em última análise, incitar o desenvolvimento socioeconômico.

*Vig*ésima-sexta*:* Em países com recursos públicos e renda privada mal distribuída, como o Brasil, a contratação pública, como uma das formas centrais de ação estatal contemporânea, não só pode, como deve adquirir traços distributivos mais acentuados para, inclusive, dar cumprimento aos objetivos fundamentais da República estabelecidos no artigo 3º, da CF/88.

*Vigésima-sétima:* As ações e medidas distributivas contidas no seio da contratação pública (ainda que provoquem aumento de custos) não são totalmente apartadas da ideia de eficiência. Ao contrário, é possível considerá-las tão ínsitas à contratação pública, quanto a própria eficiência, porque ambas (*eficiência* e *distribuição*) constituem elementos inafastáveis do contrato público contemporâneo, ainda que, excepcionalmente e em determinadas circunstâncias concretas, possam se apresentar de maneira oposta.

*Vigésima-oitava:* A compatibilização entre *distribuição* e *eficiência* na contratação pública demanda a observância de determinados critérios. Entre eles, merece ênfase a autorização legislativa, fundamental, à luz do princípio democrático, para que a população, por meio de seus representantes, autorize – ainda que em caráter geral – a celebração de contratos que não pretendam exclusivamente a *melhor vantagem econômica estrita*, mas que, ao lado dela, também se destinem à prossecução de outros fins, de caráter ambiental, social e/ou relacionados a escopos difusos e coletivos.

*Vigésima-nona:* À luz da Constituição Federal de 1988, portanto, a prossecução de políticas horizontais por meio da contratação pública não se constitui em uma intervenção indevida e ineficiente no mercado. Nesse âmbito, para além de assegurar a isonomia e a transparência, a contratação igualmente tem por função (i) a criação da demanda de bens e serviços; (ii) a indução de investimentos; (iii) a criação de condições de concorrência e, como resultado, (iv) a busca de uma *justiça de natureza distributiva*, ações que os mercados *per se* não realizariam.

*Trigésima:* Conclui-se, por fim, que a prossecução de uma *justiça de caráter distributivo*, por meio da contratação pública, coaduna-se com o escopo constitucional de consolidação, no Brasil, *de um Estado Democrático, destinado a assegurar a todos o exercício dos direitos sociais e individuais, a liberdade, a segurança, o bem-estar, o desenvolvimento, a igualdade e a justiça como valores supremos de uma sociedade fraterna, pluralista e sem preconceitos.*[645]

[645] Preâmbulo da Constituição da República Federativa do Brasil de 1988.

# Referências


ACKERMANN, Bruce. **A Nova Separação de Poderes.** Rio de Janeiro: *Lumen Juris*, 2009.

ALONSO, Alma Patricia Domínguez; MOLINA, José Antonio Moreno. **Contratos Públicos y Políticas de Apoyo a las Personas com Discapacidad.** In: PERNAS GARCÍA, J. José. (Direccíon) y otros. **Contratación Pública Estratégica.** Presentación. Pamplona: Thomson Reuters – Aranzadi, 2013.

AMARAL, Francisco. **Direito Civil: Introdução.** 2ª ed., Rio de Janeiro: Renovar, 1998.

ANTUNES VARELA. João de Mattos. **Das Obrigações em Geral.** Coimbra: Almedina, 1998.

APPIO. Eduardo. **Controle judicial das políticas públicas no Brasil**. Curitiba, Juruá, 2005.

ARAGÃO. Alexandre Santos de. **A supremacia do interesse público no advento do estado de direito e na hermenêutica do direito público contemporâneo.** In: SARMENTO, Daniel (Org.). *Interesses públicos versus interesses privados*: desconstruindo o princípio de supremacia do interesse público, Rio de Janeiro: Lumen Juris, 2005.

ARAÚJO, Fernando. **Introdução à Economia.** 3ª ed., Coimbra: Almedina, 2006.

ARISTÓTELES. Ética a Nicomâno. São Paulo: Abril Cultural, 1986.

ARROWSMITH, Sue. **A taxonomy of horizontal policies in public procurement.** In: ARROWSMITH, Sue; KYUNZLIK, Peter (org.) Social and Environmental Policies in EC Procurement Law, Cambridge: Cambridge University Press, 2009.

AUBY, Jean-Bernand. **Comparative aproaches in the rise of contract in the public sphere.** Public Law, Spring, 2007.

AVELÃS NUNES, António José. **Do estado regulador ao estado garantidor**. In: *Revista de Direito Público da Economia – RDPE.* Ano 9, nº 34, abr. / jun. 2011. Belo Horizonte: Fórum, 2011.

ÁVILA, Humberto Bergmann. **Repensando o 'princípio da supremacia do interesse público sobre o particular'**. In: Revista Trimestral de Direito Público – RTDP nº24. São Paulo: Malheiros, 1998.

AZEVEDO, Antônio Junqueira de. **Princípios do novo Direito Contratual e Desregulamentação do Mercado:** Direito de Exclusividade nas Relações Contratuais de

Fornecimento. Função Social do Contrato e Responsabilidade Aquiliana de Terceiro que Contribui para o Inadimplemento Contratual. In: *Revista dos Tribunais*, v. 750, São Paulo, abril de 1998.

BACELLAR FILHO, Romeu Felipe. **Contrato Administrativo.** In: *Direito Administrativo Contemporâneo: Estudos em memória ao Professor Manoel de Oliveira Franco Sobrinho*. Romeu Felipe Bacellar Filho (coord.), Belo Horizonte: Fórum, 2011.

BANDEIRA DE MELLO, Celso Antônio. **Curso de Direito Administrativo.** 30ª ed., São Paulo: Malheiros, 2013.

______________________. **Obra pública a custo zero: instrumentos jurídicos para realização de obras públicas a custo financeiro zero.** *Revista Trimestral de Direito Público – RTDP*. São Paulo, n. 3, p. 32-41, mar. 1993.

BANDEIRA DE MELLO, Oswaldo Aranha. **Princípios Gerais de Direito Administrativo.** 3ª ed., 2ª tiragem. Vol. I. São Paulo: Malheiros, 2010.

BARBOSA DE MELO, António Moreira. **A Ideia de contrato no centro do universo jurídico-político.** In: *Estudos de Contratação Pública*. Vol. I. Coord.: Pedro Gonçalves. Coimbra: Coimbra editora, 2008.

BARROSO, Luís Roberto. **Liberdade de Expressão e Limitação a Direitos Fundamentais: Ilegitimidade de Restrições à Publicidade de Refrigerantes e Sucos**. In: BARROSO, Luís Roberto. **Temas de Direito Constitucional.** Tomo III. 2ª ed., Rio de Janeiro: Renovar, 2005.

_________. **O Estado contemporâneo, os direitos fundamentais e a redefinição da supremacia do interesse público.** In: SARMENTO, Daniel (Org). *Interesses Públicos versus interesses privados*: desconstruindo o princípio de supremacia do interesse público. Rio de Janeiro: Lumen Juris, 2005, p. XVIII.

BAUMAN, Zygmunt. **Em Busca da Política.** Rio de Janeiro: Jorge Zahar, 2000.

BERCOVICI, Gilberto. **Constituição econômica e desenvolvimento: uma leitura a partir da Constituição de 1988**. São Paulo: Malheiros, 2005.

_________. **Desigualdades regionais, Estado e Constituição.** São Paulo: Max Limonad, 2003.

BLAY, Miguel Ángel Bernal. **El desarrollo de políticas activas de empleo através de los contratos públicos.** In: PERNAS GARCÍA, J. José. (Direccíon) y otros. **Contratación Pública Estratégica.** Pamplona: Thomson Reuters – Aranzadi, 2013.

BLOCHER, Joseph. **Selling State Borders.** In: University of Pennsylvania Law Review. Vol. 162, Jan/2014.

BOBBIO, Norberto. **A era dos direitos.** 11ª. ed. Trad. De Carlos Nelson Coutinho. São Paulo: Campus, 1993.

_______. **Da Estrutura à Função: Novos Estudos de Teoria de Direito.** São Paulo: Manole, 2007.

_______. **Direita e Esquerda: Razões e Significados de uma Distinção Política.** 2ª ed., São Paulo: Editora Unesp, 2001.

_______. MATTEUCCI, Nicola; PASQUINO, Gianfranco. **Dicionário de Política.** Brasília: Editora UnB, 1998.

BONAVIDES, Paulo. **A Constituição Aberta: temas políticos e constitucionais da atualidade, com ênfase no federalismo das regiões.** 3ª ed., São Paulo: Editora Malheiros, 2004.

BOSSELMANN, Klaus. **O princípio da sustentabilidade: Transformando direito e governança.** São Paulo: Editora Revista dos Tribunais, 2015.

BREUS, Thiago Lima. **Políticas Públicas no Estado Constitucional: Problemática da Concretização dos Direitos Fundamentais pela Administração Pública Brasileira Contemporânea**. Belo Horizonte: Fórum, 2007.

BREUS, Thiago Lima**. Interesse Público: Um Instrumento Necessário à Concretização da Dignidade da Pessoa Humana.** In: Revista da Academia Nacional de Direito Constitucional. Volume 5. Curitiba, 2004.

______. **Políticas Públicas de Reconhecimento e de Redistribuição Adequadas à Salvaguarda do Mínimo Existencial não Exclusivamente Patrimonial.** In: CLÈVE, Clèmerson Merlin. (coord.) *Jurisdição e Questões Controvertidas de Direito Constitucional.* Curitiba: Juruá, 2013, p. 22.

BROWN, Kimberly N. **Government by Contract and the Structural Constitution.** In: University of Baltimore Legal Studies Research Paper. nº. 12, 2012.

BUCCI, Maria Paula Dallari. **Direito Administrativo e Políticas Públicas.** São Paulo: Saraiva, 2002.

______. **Fundamentos para uma Teoria Jurídica das Políticas Públicas.** São Paulo: Saraiva, 2013.

BUSTILLO BOLADO, Roberto O.; CUERNO LLATA, José Ramón. **Los convenios urbanísticos entre las administraciones locales y los particulares.** 3ª ed., Navarra: Aranzadi, 2001.

CAETANO, Marcello. **Manual de Direito Administrativo**. Vol. I. Coimbra: Almedina, 1980.

CÂMARA, Jacintho Arruda; NOHARA, Irene Patrícia. **Tratado de Direito Administrativo.** (Coord.: Maria Sylvia Zanella Di Pietro). Vol. 06. Licitações e Contratos Administrativos. São Paulo: Editora Revista dos Tribunais, 2014.

CAMPOS, Diogo Duarte de. **A Admissibilidade de políticas secundárias na contratação pública: a consideração de fatores ambientais e sociais.** In: Estudos de Direito Público. Coimbra: Coimbra Editora, 2011.

CANO, Carlos Aymerich. **Crisis Económica y Contratación Pública.** In: PERNAS GARCÍA, J. José. (Direccíon) y otros. **Contratación Pública Estratégica.** Pamplona: Thomson Reuters – Aranzadi, 2013.

CANOTILHO, José Joaquim Gomes. **Constituição Dirigente e Vinculação do Legislador: Contributo para a Compreensão das Normas Constitucionais Programáticas.** 2. ed., Coimbra: Coimbra Editora, 2001.

CANOTILHO, José Joaquim Gomes. **Direito Constitucional e Teoria da Constituição.** 5ª ed., Coimbra: Livraria Almedina, 1999.

__________. **Estado Adjectivado e Teoria da Constituição.** In: *Revista da Academia Brasileira de Direito Constitucional.* Volume 03. Curitiba: Academia Brasileira de Direito Constitucional, 2003.

__________. **Estado Constitucional ecológico e democracia sustentada.** In: ARAGÃO, Alexandra; FERREIRA, Heline Sivini; LEITE, José Rubens Morato. (org.) **Estado de Direito Ambiental: Tendências: aspectos constitucionais e diagnósticos.** Rio de Janeiro: Forense, 2004.

CARVALHO, Orlando. **A Teoria Geral da Relação Jurídica: Seu Sentido e Limites.** 2ª ed., Coimbra: Centelha, 1981.

CASSESE, Sabino. **La arena publica: nuevos paradigmas para el Estado.** In: CASSESE, Sabino. *Las crisis del Estado.* Buenos Aires: Abeledo Perrot, 2003.

CAVALCANTI, Themístocles Brandão. **Teoria dos Atos Administrativos.** São Paulo: Revista dos Tribunais, 1973.

CIRNE LIMA, Ruy. **Princípios de Direito Administrativo.** 7ª ed., São Paulo: Malheiros, 2007.

COASE, Ronald H. **O problema do custo social.** In: *Revista de Direito Público da Economia – RDPE.* Belo Horizonte, ano 07, nº 26, abr. / jun. 2007.

COMPARATO, Fábio Konder. **Ensaio sobre o Juízo de Constitucionalidade das Políticas públicas.** In: Estudos em Homenagem a Geraldo Ataliba. Direito Administrativo e Constitucional. Celso Antônio Bandeira de Mello (org.) São Paulo: Malheiros, 2002.

____________. **O Ministério Público na defesa dos direitos econômicos, sociais e culturais.** In: CUNHA, Sérgio Sérvulo da; GRAU, Eros Roberto (Org.). *Estudos de direito constitucional*: em homenagem a José Afonso da Silva. São Paulo: Malheiros, 2001.

CONSTANT, Benjamin. **Da liberdade dos antigos comparada à dos modernos.** In: *Textos Escolhidos de Benjamin Constant.* São Paulo: Edição Saraiva, 1982.

COOPER, Phillip J., **Governing by contract: challenges and opportunities for public managers.** Washington: CQ Press, 2003.

COSTALDELLO, Angela Cassia. **A invalidade dos atos administrativos: uma construção teórica frente ao princípio da estrita legalidade e da boa-fé.** Tese (Doutorado em Direito) – Universidade Federal do Paraná, Curitiba, 1998.

COUTINHO, Diogo R. **Direito e Economia Política na Regulação de Serviços Públicos.** São Paulo: Saraiva, 2014.

CRETELLA Júnior, José. **Tratado de Direito Administrativo: Teoria do Contrato Administrativo.** Volume III. 2ª ed., São Paulo: Forense, 2003.

DAVIES, Ane. **Accoutability: a public law analysis of government by contract.** Oxford: Oxford University Press, 2001.

DAVIES, Anne. **The Public Law of government contracts.** Oxford: Oxford University Press, 2008.

DE PALMA, Juliana Bonacorsi. **Atividade Normativa da Administração Pública: Estudo do processo administrativo normativo.** Tese de doutoramento defendida perante a Universidade de São Paulo (USP) sob a orientação do Prof. Dr. Floriano de Azevedo Marques Neto. Mimeografada. São Paulo, 2014.

DEBASCH, Charles; COLIN, Frédéric. **Droit Administratif.** 8ª ed., Paris: Economica, 2007.

DI PIETRO, Maria Sylvia Zanella. **Direito administrativo.** 21ª ed., São Paulo: Atlas, 2008.

______. **Parcerias na Administração Pública.** 7ª ed., São Paulo: Atlas, 2009.

DICKENS, Charles. **Grandes Esperanças.** São Paulo: Penguin – Companhia das Letras, 2012.

DIDIER, Jean-Pierre. **La Déontologie de l'Administration.** Paris: PUF, 1999.

DONNELLY, C. M. **The response of english public law to private actors in public governnce.** In: RUFFERT, M. *The public-private law divide: potential for transformation?* London: British Institute of International and Comparative Law, 2009.

DONNELLY, James. **A Treatise on the Law of Public Contracts.** Boston: Litlle Brown, 1988.

DROMI, Roberto. **Derecho Administrativo.** 12.ª ed., Buenos Aires, Madrid, México, Hispania Libros, 2009.

______. **Ecuaciones de los contratos públicos.** 2ª ed., Buenos Aires – Madrid – México: Hispania Libros, 2008.

DUARTE, Tiago. **Os Eléctricos de Marselha não chegaram a Sintra: O Tribunal de Contas e os Limites à Modificação dos Contratos**. In: Revista de Contratos Públicos.Coimbra: Cedipre, ano 1, nº 3, set. 2011/dez. 2011.

DWORKIN, Ronald. **Justiça para Ouriços.** Tradução de Pedro Elói Duarte. Coimbra: Almedina, 2012.

ELKINGTON, John. **Sustentabilidade: canibais com garfo e faca**. São Paulo: M. Books do Brasil, 2012.

ELKINGTON, John; HAILES, Julia. **The green consumer guide. from shampoo to champagne: how to buy goods that don't cost the Earth.** London: Gollancz, 1988.

ENCARNAÇÃO, Carlos; REBELO, João. **Como não decidir uma obra pública: um metro da razão ao erro.** Coimbra: Almedina, 2012.

ESTORNINHO, Maria João. **Curso de Direito dos Contratos Públicos: Por uma Contratação Pública Sustentável.** Coimbra: Almedina, 2013.

__________. **Curso de Direito dos Contratos Públicos: Por uma Contratação Pública Sustentável.** Coimbra: Almedina, 2013.

__________. **Direito Europeu dos Contratos Públicos.** Coimbra: Almedina, 2006.

__________. ***Requiem* pelo Contrato Administrativo.** Coimbra: Almedina, 2003.

FABRI, Andréa Queiroz. **Política Econômica e Desenvolvimento.** In: *Revista de Direito Público da Economia – RDPE.* Belo Horizonte, ano 04, nº 16, out. / dez. 2006.

FACHIN, Luiz Edson. **Apontamentos sobre aspectos da reforma do Código Civil alemão na perspectiva de um novo arquétipo contratual.** Revista jurídica da Faculdade de Direito (Faculdade Dom Bosco). v. I, 2009.

______. **Teoria Crítica do Direito Civil.** 2ª ed., Rio de Janeiro: Renovar, 2003.

FAORO, Raymundo. **Os donos do poder: formação do patronato brasileiro.** 3 ed. Rio de Janeiro: Globo, 2001.

FARACO, Alexandre Ditzel; PEREIRA NETO, Caio Mário da SILVA; COUTINHO, Diogo Rosenthal. **Universalização das Telecomunicações nos Brasil.** In: Revista de Direito Público da Economia – RDPE. Ano 1, nº 1, jan. /fev. /mar. 2003. Belo Horizonte: Fórum, 2003.

________. SANTOS, Fernando Muniz. **Análise Econômica do Direito e Possibilidades Aplicativas no Brasil.** In: *Revista de Direito Público da Economia – RDPE.* Belo Horizonte, ano 03, nº 9, jan. / mar. 2005.

FEBVRE, Lucien. **Honra e Pátria.** Rio de Janeiro: Civilização Brasileira, 1998.

FELIÚ, José María Gimeno. **Compra pública estratégica.** In: PERNAS GARCÍA, J. José. (Direccíon) y otros. **Contratación Pública Estratégica.** Pamplona: Thomson Reuters – Aranzadi, 2013.

FERNANDES, Florestan. **Fundamentos Empíricos da explicação sociológica.** São Paulo: Editora Nacional, 1972.

FERNÁNDEZ, Patricia Valcárcel. **Promócion de la Igualidad de Género através de la Contratación Pública.** In: PERNAS GARCÍA, J. José. (Direccíon) y otros. **Contratación Pública Estratégica.** Presentación. Pamplona: Thomson Reuters – Aranzadi, 2013.

FERRARI, Vicenzo. **Funzioni del diritto: saggio critico-riconstruttivo.** Roma: Laterza, 1993.

FERREIRA, Daniel. **A Licitação Pública no Brasil e sua Nova Finalidade legal: A promoção do desenvolvimento nacional sustentável.** Belo Horizonte: Fórum, 2012.

_________. **Função Social da licitação pública: o desenvolvimento nacional sustentável (no e do Brasil, antes e depois da MP 495/2010).** Fórum de contratação e gestão pública – FCGP. Belo Horizonte: Fórum, 2010.

FIORAVANTI, Maurizio. **Stato e Constituzione: Materiali per una Storia delle Dottrine Constituzionalli.** Torino: G. Giappichelli Editore, 1993.

FIORENTINO, Luigi. **Lo Stato Compratore: L'acquisto di beni e servizi nelle pubbliche amministrazioni**. Bologna: Il Mulino, 2007.

FONTE, Felipe de Mello. **Políticas Públicas e Direitos Fundamentais.** 2ª. ed., São Paulo: Saraiva, 2015.

FORST, Rainer. **Contextos da Justiça: Filosofia Política para além de liberalismo e comunitarismo.** São Paulo: Boitempo, 2010.

FRASER, Nancy. **Redistribuição, Reconhecimento e Participação: Por uma Concepção Integrada da Justiça.** In: SARMENTO, Daniel; IKAWA, Daniela; PIOVESAN, Flávia. (coords.) **Igualdade, Diferença e Direitos Humanos.** Rio de Janeiro: Lumen Juris, 2008.

FREEDLAND, M. **Government by Contract and public law,** In: Public Law, 1994.

FREEMAN, Jody; MINOW, Martha. **Outsourcing and American Democracy.** Cambridge and London: Harvard University Press, 2009.

_________. **Reframing the outsourcing debates.** In: FREEMAN, Jody; MINOW, Martha. *Outsourcing and American Democracy*. Cambridge and London: Harvard University Press, 2009.

FREITAS, Juarez. **Sustentabilidade: Direito ao futuro.** 2ª Ed., Belo Horizonte: Editora Fórum, 2012.

FREUD, Sigmund. **Mal-estar da Civilização.** São Paulo: Companhia das Letras, 2008.

Garcia de Enterría, Eduardo; Ramon Fernández, Tomás. **Curso de Derecho Administrativo.** Vol. I., 8ª. Ed., Madrid: Civitas, 1997.

GARCIA, Flávio Amaral. **A mutabilidade e incompletude na regulação por contrato e a função integrativa das Agências.** Revista de Contratos Públicos – RCP, Belo Horizonte, ano 3, n. 5, mar./ago. 2014.

_______. RIBEIRO, Leonardo Coelho. **Licitações Públicas Sustentáveis**. In: RDA –

Revista de Direito Administrativo, Rio de Janeiro, v. 260, maio/ago. 2012.

GARCÍA, J. José Pernas. **Contratación Pública y Eficiencia Energética.** In: PERNAS GARCÍA, J. José. (Direccíon) y otros. **Contratación Pública Estratégica.** Presentación. Pamplona: Thomson Reuters – Aranzadi, 2013.

GARCIA, Maria da Glória Ferreira Pinto Dias. **Direito das Políticas Públicas.** Coimbra: Almedina, 2009.

GIANNINI, Massimo Severo. **Teoria Generale e Diritto Pubblico.** In: Enciclopedia del Diritto. Vol. IV, Milão, 1970.

________. **Diritto amministrativo.** 2ª ed. Milano: Giuffrè, 1988.

GOMES, Orlando. **Contratos.** 9ª ed., Rio de Janeiro: Forense, 1983.

GONÇALVES, Pedro Costa **O Contrato Administrativo: Uma instituição do direito administrativo do nosso tempo.** Coimbra: Almedina, 2002.

________. **A concessão de serviços públicos.** Coimbra: Almedina, 1999.

________. **A regulação do mercado da contratação pública.** In: *Revista de Contratos Públicos – RCP*, Belo Horizonte, ano 3, n. 3, p. 201-208, mar./ago. 2013.

________. **A relação jurídica fundada em contrato administrativo.** In: *Cadernos de Justiça Administrativa.* IX Seminário de Justiça Administrativa. nº 64. Jul/ago. 2007.

________. **Entidades Privadas com Poderes Públicos: O exercício de poderes públicos de autoridade por entidades privadas com funções administrativas.** Coimbra: Almedina, 2008.

________. **Gestão de contratos em tempos de crise.** In: Pedro Gonçalves (Coord.) *Estudos de Contratação Pública.* Vol. III. Coimbra: Coimbra editora, 2010.

________. **Reflexões sobre o Estado Regulador e o Estado Contratante.** Coimbra: Coimbra editora, 2013.

________. **Regulação Administrativa e Contrato.** In: Revista de Direito Público da Economia. Ano 9, nº 35, jul-set.2011.

________. MOREIRA, Gonçalves e Egon Bockmann. In: **Editorial.** Revista de Contratos Públicos – RCP. Belo Horizonte, ano 1. nº 1, mar./ago. 2012.

GORDILLO, Agustín. A. **Contratos Administrativos: Régimen de pago y actualización.** Tomo I. Reimpresión. Buenos Aires: Astrea, 1996.

GRAU, Eros Roberto. **O Direito Posto e o Direito Pressuposto.** 8ª ed., São Paulo: Malheiros, 2011.

______. **O Estado, a Liberdade e o Direito Administrativo.** In: Crítica Jurídica. Revista Latinoamericana de Política, Filosofia y Derecho. Número 21, Jul-dez/2002.

GREVE, C; EJESRBO, Niels. **Contracts as reinvented institutions in the public sector: a cross-cultural comparison.** Westport: Pareger Publishers, 2005.

GUIMARÃES, Bernardo Strobel. **O Exercício da Função Administrativa e o Direito Privado.** Tese de doutoramento defendida perante a Universidade de São Paulo (USP) sob a orientação da Profa. Dra. Maria Sylvia Zanella Di Pietro. Mimeografada. São Paulo, 2010.

GUIMARÃES, Fernando Vernalha. **Alocação de Riscos na PPP**. In: Parcerias Público-Privadas: Reflexões sobre os 10 anos da Lei 11.079/2004. JUSTEN FILHO, Marçal; SCHWIND, Rafael Wallbach. (coord.). São Paulo: Editora RT, 2015.

________. **Alteração Unilateral do Contrato Administrativo** (Interpretação de

Dispositivos da Lei 8.666/1993). São Paulo: Malheiros, 2003.

GUIMARÃES, Reinaldo. **Bases para uma política nacional de ciência, tecnologia e inovação em saúde.** In: Bulletin of the World Health Organization. CNPq/PRE/AEI 2002. Diretório dos Grupos de Pesquisa no Brasil. http://www.scielosp.org/pdf/csc/v9n2/20392.pdf Acesso em 19 de janeiro de 2015.

GUTTMAN, Dan. **Government By Contract: The White House Needs Capacity to Review and Revise the Legacy of 20th Century Reform.** In: *Presidential Management Capacity to Respond to 21st Century Challenges.*

GVCES. **Compra Sustentável: a força do consumo público e empresaria para uma economia verde e inclusiva.**

HÖFFE, Otfried. **Justiça Política.** Tradução de Ernildo Stein. São Paulo: Martins Fontes, 2006.

JEANRENAUD, Claude. **Marchés Publics et politique économique**. In: Annales de L'Économie Publique, Sociale et Coopérative. nº 72, 1984.

JUSTEN FILHO, Marçal. **A LC nº 123 e os Benefícios para Pequenas Empresas nas Licitações Públicas.** In: Direito Administrativo e Integração Regional: Anais do V Congresso da Associação de Direito Público do Mercosul e do X Congresso Paranaense de Direito Administrativo. Coord: Romeu Felipe Bacellar Filho; Guilherme Amintas Pazinato da Silva. Belo Horizonte: Fórum, 2010.

____________. **Comentários à Lei de Licitações e Contratos Administrativos.** 16ª ed., São Paulo: RT, 2014.

____________. **Conceito de interesse público e a personalização do direito administrativo.** In: *Revista Trimestral de Direito Público*, São Paulo, nº 26, 1999.

____________. **Concessões de Serviços Públicos.** São Paulo: Dialética, 1997.

____________. **Curso de Direito Administrativo.** 11ª ed., São Paulo: Revista dos Tribunais, 2015.

____________. **Sistema Constitucional Tributário: Uma Aproximação Ideológica.** In: Revista da Faculdade de Direito da UFPR. Curitiba, ano 30, nº 30, p. 215-233. 1998.

____________. **Teoria Geral das Concessões de Serviço Público**. São Paulo: Dialética, 2003, p. 07.

____________. SCHWIND, Rafael Wallbach. **Introdução: Reflexões iniciais a partir dos 10 anos da lei das PPP.** In: *Parcerias Público-Privadas: Reflexões sobre os 10 anos da Lei 11.079/2004*. JUSTEN FILHO, Marçal; SCHWIND, Rafael Wallbach. (coord.). São Paulo: Editora RT, 2015.

KANAYAMA, Rodrigo Luis. **Direito, política e consenso: a escolha eficiente de políticas públicas**. Tese de Doutoramento defendida perante a UFPR. Mimeografada. 2012.

KANT, Immanuel. **Fundamentação da Metafísica dos Costumes.** Tradução de Paulo Quintela. São Paulo, Abril Cultural, 1980, p. 33.

KATTEL, Rainer; LEMBER, Veiko. **Public Procurement as an industrial policy tool: An option for developing countries.** Jornal of Public Procurement, vol. 10. Issue 3.

KIRKBY, Mark Bobela-Mota. **Contratos sobre o exercício de poderes públicos: O exercício contratualizado do poder administrativo de decisão unilateral.** Coimbra: Coimbra, 2011.

KRUGMAN, Paul. **Liberdade, Igualdade e Eficiência.** http://oglobo.globo.com/economia/liberdade-igualdade-eficiencia-11841551. Acesso em 13 de abril de 2015.

KUNZLIK, Peter. **Green procurement under new regime**. Copenhagen: Dojf Publishing, 2005;

KYMLICKA, Will. **Filosofia Política Contemporânea: Uma Introdução.** Tradução de Luís Carlos Borges. São Paulo: Martins Fontes, 2006.

LARENZ, Karl. ***Base del negocio jurídico y cumplimiento de los contratos.*** Granada: Editorial Comares, 2002.

LAUBADÈRE, A; VENEZIA, J.C.; GAUDEMET, Y. **Traité des Contracts Administratifs,** 9ª ed., Paris, 1984.

LEITÃO, Alexandra. **A proteção judicial dos terceiros nos contratos da Administração Pública.** Coimbra: Almedina, 2002.

LEONARDO, Rodrigo Xavier. **Redes contratuais no mercado habitacional.** São Paulo: Editora Revista dos Tribunais, 2003.

LIMA LOPES, José Reinaldo de. **O aspecto distributivo do direito do consumidor.** In: Revista de Direito Mercantil industrial, econômico e financeiro, n. 123, Ano XL. São Paulo: Malheiros Editores, julho-setembro de 2001.

LOUGHLIN, Martin. **The Idea of Public Law**. Oxford: Oxford University Press, 2003, p. VI-VII.

MACEDO JUNIOR, Ronaldo Porto. **Contratos relacionais e defesa do consumidor.** São Paulo: Editora Max Limonad, 1998.

MADISON, James; HAMILTON, Alexander; JAY, John. **O Federalista.** In: *Os Clássicos da Política*. Francisco Weffort (org.). 5ª ed., São Paulo: Ática, 1995.

MARQUES NETO, Floriano de Azevedo. **Concessões.** Belo Horizonte: Editora Fórum, 2015.

________________. **Do Contrato Administrativo à Administração Contratual.** In: Revista do Advogado. Volume 107, São Paulo, AASP, dezembro de 2009.

________________. **Regulação estatal e interesses públicos.** São Paulo: Malheiros, 2003.

________________. CUNHA, Carlos Eduardo Bergamini. **Locação de ativos.** *Revista de Contratos Públicos – RCP*, Belo Horizonte, ano 3, n. 3, p. 99-129, mar./ago. 2013.

MARQUES, Cláudia Lima. **Contratos no código de defesa do consumidor.** 3ª edição. São Paulo: Revista dos Tribunais, 1991.

________________. **Contratos no Código de defesa do consumidor: o novo regime das relações contratuais.** 5ª. ed. São Paulo: Editora Revista dos Tribunais, 2005

MARRARA, Thiago. **As cláusulas exorbitantes diante da contratualização administrativa.** *Revista de Contratos Públicos – RCP*, Belo Horizonte, ano 3, n. 3, mar./ago. 2013.

MAURER, Hartmut. **Droit Administratif Allemand.** Paris: L.G.D.J., 1994.

McCRUDDEN, Chrystopher. **Buying Social Justice – Equality, Government Procurement and Legal Change.** Oxford: Oxford University Press, 2007.

MEDAUAR, Odete. **Nota sobre a contratualização na atividade administrativa.** *Revista de Contratos Públicos – RCP*, Belo Horizonte, ano 1, n. 1, mar./ago. 2012.

__________. **Nota sobre a contratualização na atividade administrativa**. *Revista de Contratos Públicos – RCP*, Belo Horizonte, ano 1, n. 1, mar./ago. 2012.

__________. **O direito administrativo em evolução.** 2ª ed., São Paulo: Revista dos Tribunais, 2003.

MENDES, Gilmar Ferreira. BRANCO, Paulo Gustavo Gonet. **Curso de direito constitucional.** São Paulo: Saraiva, 6ª ed., São Paulo: Saraiva, 2011.

MENEZES DE ALMEIDA, Fernando Dias. **Contrato Administrativo.** São Paulo: Quartier Latin, 2012,.

MINOW, Martha. **Partners, not Rivals: Privatization and the Public Good.** Massachusetts: Beacon Press, 2002.

MONCADA, Luís Cabral. **Consenso e Autoridade na Teoria do Contrato Administrativo**. Lisboa: Quid Juris, 2012.

Morand-Deviller, Jacqueline. **Droit administratif.** 12ª ed. Paris, 2011.

MOREIRA, Egon Bockmann. **Anotações sobre a História do Direito Econômico Brasileiro (Parte I: 1930-1956)**. In: *Revista de Direito Público da Economia – RDPE*. Belo Horizonte, ano 02, nº 6, abr. / jun. 2004.

_______. **Direito das Concessões de Serviços Públicos: Inteligência da lei 8.987/1995. Parte Geral.** São Paulo: Editora Malheiros, 2010.

_______. **Licitação Pública e a negociação pré-contratual: a necessidade do diálogo público-privado.** *Revista de Contratos Públicos – RCP*, Belo Horizonte, ano 2, n. 2, p. 61-74, set. 2012/fev. 2013.

_______. **O Contrato Administrativo como Instrumento de Governo.** In: Pedro Gonçalves (Coord.) *Estudos de Contratação Pública*. Vol. IV. Coimbra: Coimbra editora, 2010.

_______. **Processo Administrativo (Princípios Constitucionais e a Lei 9.784/1999)**. 4ª. ed., São Paulo: Malheiros, 2010.

_______. **Reflexões a propósito dos princípios da livre iniciativa e da função social.** In: *Revista de Direito Público da Economia – RDPE*. Belo Horizonte, ano 04, nº 16, out. / dez. 2006, p. 29 e seguintes.

_______.GUIMARÃES, Fernando Vernalha. **Licitação Pública: a Lei Geral de Licitação – LGL e o Regime Diferenciado de Contratação – RDC.** São Paulo: Malheiros, 2013.

_______.GUIMARÃES, Fernando Vernalha. **Regime Diferenciado de Contratações: alguns apontamentos.** Revista de Contratos Públicos – RCP, BeloHorizonte, ano 1, n. 1, mar./ago. 2012.

_______. MILANO, Célio Lucas. **Contratos Públicos de longo prazo: a segurança jurídica advinda da certeza da mudança.** In: In: *Revista de Direito Público da Economia – RDPE*. Belo Horizonte, ano 09, nº 34, abr. / jun. 2011.

MOTA PINTO, Carlos Alberto da. **Teoria Geral do Direito Civil.** 3ª ed., Coimbra: Coimbra editora, 1996.

NABAIS, José Cassalta. **Contratos Fiscais**. Coimbra: Coimbra editora, 1994.

NALIN, Paulo. **Do Contrato: Conceito Pós-moderno. Em busca de sua formulação na Perspectiva Civil-Constitucional.** Curitiba: Juruá, 2003.

NIEBUHR, Joel de Menezes. **Licitação Pública e Contrato Administrativo.** 3ª ed., Belo Horizonte: Fórum, 2013.

NOGUEIRA, Ataliba. **O Estado é Meio e Não Fim.** 3ª ed., São Paulo: Saraiva, 1955.

NORONHA, Fernando. **O Direito dos Contratos e seus Princípios Fundamentais.** Coimbra: Almedina, 1994.

NOZICK, Robert. **Anarquia, Estado, Utopia.** Tradução de Ruy Jungmann. Rio de Janeiro:

Jorge Zahar, 1991.

NUSDEO, Fábio. **Curso de Economia: Introdução ao Direito Econômico.** 6ª ed., São Paulo: Revista dos Tribunais, 2010.

OKUN, Arthur M. **Equality and Efficiency: The Big TradeOff.** Brookings Institution Press, 2015.

OLIVEIRA, Fernão Justen. **Parceria público-privada: Aspectos de direito público econômico (Lei nº 11.079/2004).** Belo Horizonte: Fórum, 2007.

OLIVEIRA, Gustavo Justino. **Contrato de Gestão.** São Paulo: Editora Revista dos Tribunais, 2008.

OLIVEIRA, Rodrigo Esteves. **Autoridade e Consenso no Contrato Administrativo.** Coimbra: Coimbra editora, 2001.

ORTIZ, Gaspar Ariño. **Princípios de Derecho Público Económico.** Granada: Comares, 2001.

OTERO, Paulo. **A Crise do "Estado de Direitos Fundamentais"** In: Lições de Direito Constitucional em Homenagem ao Jurista Celso Bastos. Ives Gandra da Silva Martins, Gilmar Ferreira Mendes, André Ramos Tavares. (orgs.) São Paulo: Saraiva, 2005.

PAES DE BARROS, Ricardo; HENRIQUES, Ricardo; MENDONÇA, Rosane. **Desigualdade e Pobreza no Brasil: Retrato de uma Estabilidade Inaceitável.** In: *Revista Brasileira de Ciências Sociais.* Vol. 15. Nº 42. Fevereiro de 2000.

PALMA, Juliana Bonacorsi; PEDROSO JUNIOR, Nelson Novaes. **LICITAÇÕES SUNTENTÁVEIS.** Juliana Bonacorsi de Palma e Nelson Novaes Pedroso Junior (coordenadores) In: Brasil. Ministério da Justiça. Secretaria de Assuntos Legislativos Mecanismos jurídicos para a modernização e transparência da gestão pública. Ministério da Justiça, Secretaria de Assuntos Legislativos. v. 2.Brasília: Ministério da Justiça, 2013.

PAREJO AFONSO, Luciano. **La terminación convencional del procedimento administrativo como forma alternativa de desarollo de la atividade unilateral de la Administración**. In: AAVV: Eficacia y Administración – Tres Estudios. Madrid: Marcial Pons, 1996.

PEREIRA DA SILVA, Vasco. **Em Busca do Acto Administrativo Perdido.** Coimbra: Almedina, 1998.

________________. **Verde Cor de Direito – Lições de Direito do Ambiente**. Coimbra: Almedina, 2002.

PEREIRA JUNIOR, Jessé Torres; DOTTI, Marinês Restelatto. **Da responsabilidade de agentes públicos e privados nos processos administrativos de licitação e contratação.** São Paulo: Ed. NDJ, 2012.

PEREIRA, Pedro Miguel Matias. **Os poderes do contraente público no código dos contratos públicos.** Coimbra: Coimbra editora, 2011.

PERNAS GARCÍA, J. José (Dirección). **Contratación Pública Estratégica.** Navarra: Editorial Aranzadi, 2013.

PIKETTY, Thomas. **A Economia da Desigualdade.** Rio de Janeiro: Intrínseca, 2015.

PIRES, Brígida Raquel Coelho da Fonseca; TEIXEIRA, José Manuel Cardoso. **Environmental Criteria in Public Procurement of Construction Work: a Portuguese Analysis.** Saarbrücken: VDM, 2009.

POSNER, Richard A. **A Economia da Justiça.** São Paulo: Martins Fontes, 2010.

RAHALL, Karena. **The Siren is Calling: Economic and Ideological Trends Toward Privatization of Public Police Forces.** In: University of Miami Law Review. Vol. 633. Mai/2014.

RAIMUNDO, Miguel Assis. **A Formação dos Contratos Públicos: Uma concorrência ajustada ao interesse público.** Lisboa: AAFDL, 2013.

RAWLS, John. **O Liberalismo Político.** Tradução de Álvaro de Vita. São Paulo: Martins Fontes, 2011.

REIS, Luciano Elias. **Convênio Administrativo: Instrumento Jurídico Eficiente para o Fomento e Desenvolvimento do Estado.** Curitiba: Juruá, 2013.

REISDORFER, Guilherme F. Dias. **Contratos administrativos – Considerações sobre o regime contratual administrativo e a aplicação das competências exorbitantes.** In: *Revista de Contratos Públicos – RCP*, Belo Horizonte, ano 4, n. 6, set. 2014/fev. 2015.

RIBEIRO, Joaquim de Sousa. **O problema do contrato: As cláusulas contratuais gerais e o princípio da liberdade contratual.** Coimbra: Almedina, 2003.

RODRIGUES, Nuno Cunha. **A Contratação Pública como instrumento de política econômica.** Coimbra: Almedina, 2013.

RODRÍGUEZ-ARANA MUÑOZ, Jaime. **La contratación del sector público como política pública.** In: Contratación Pública Estratégica. Navarra: Editorial Aranzadi, 2013.

ROOSEVELT, Franklin D., **Recommendations to the Congress to Curb Monopolies and the Concentration of Economic Power** (Apr. 29, 1938). In: *Public Papers of The Presidents of the United States.* Washington: Samuel I. Rosenman ed., 1990.

ROPPO, Enzo. **O Contrato.** Almedina: Coimbra, 2009.

ROSENVALD, Nelson. Comentário ao art. 476, do Código Civil de 2002. *In.*: **Código Civil comentado: doutrina e jurisprudência**. Coord. Cezar Peluso. 4. ed. Barueri, SP: Manole, 2010.

ROUSSEAU, Jean Jacques. **O Contrato Social.** São Paulo: Martins Fontes, 2003.

RUZIK, Carlos Eduardo Pianovski. **Institutos Fundamentais do Direito Civil e Liberdade(s). Repensando a Dimensão Funcional do Contrato, da Propriedade e da Família.** Rio de Janeiro: Editora GZ, 2011.

______. **Locke e a formação da racionalidade do Estado Moderno: o individualismo proprietário entre o público e o privado**. In: FONSECA, Ricardo Marcelo (Org.). *Repensando a Teoria do Estado*. Belo Horizonte: Fórum, 2004.

______. **Os princípios contratuais: da formação liberal à noção contemporânea.** In: RAMOS, Carmem Lúcia Silveira (Org.). Direito civil constitucional: situações patrimoniais. Curitiba: Juruá, 2002.

SACCO, Rodolfo. **L'Autonomia Contrattuale.** In: RESCIGNO, Pietro. *Trattato di Diritto Privato.* Tomo II. Torino: UTET, 2003.

SACHS, Ignacy. **Desenvolvimento: includente, sustentável, sustentado**. Rio de Janeiro: Garamond, 2004.

SALOMÃO FILHO, Calixto. **Regulação e Desenvolvimento.** In: Calixto Salomão Filho (coord.) *Regulação e Desenvolvimento.* São Paulo: Malheiros, 2002.

SANDEL, Michael J. **Justiça: O que é fazer a coisa certa.** Rio de Janeiro: Civilização Brasileira, 2011.

SANTOS, Boaventura Sousa. **A Crítica da Razão Indolente: Contra o desperdício da Experiência. Para um novo senso comum: A ciência, o direito e a política na transição paradigmática.** Volume 1. 3ª ed., São Paulo: Cortez, 2001.

SARLET, Ingo Wolfgang. **Prefácio.** In: BOSSELMANN, Klaus. **O princípio da sustentabilidade: Transformando direito e governança.** São Paulo: Editora Revista dos Tribunais, 2015.

SCHAPPER, Paul R.; VEIGA MALTA, João; GILBERT, Diane, **An analytical framework for the management and reform of public procurement.** Journal of Public Procurement, 2006.

SCHIER, Adriana da Costa Ricardo. **A Participação Popular na Administração Pública: o direito de reclamação.** Rio de Janeiro: Renovar, 2002.

SCHIRATO, Vitor Rhein. **Concessões de Serviços Públicos e Investimentos em Infraestrutura no Brasil: Espetáculo ou Realidade.** In: *Contratos Públicos e Direito Administrativo.* Carlos Ari Sundfeld; Guilherme jardim Jurksaitis (organizadores). São Paulo: Malheiros, 2015.

__________. **Contratos administrativos e contratos da Administração Pública: pertinência da diferenciação?** In: Revista de Contratos Públicos – RCP, Belo Horizonte, ano 2, n. 2, set. 2012/fev. 2013.

SCHOONER, Steven L., **Desiderata: Objectives for a system of government contract law.** In: Public Procurement Law Review, nº 2, 2002.

SCHOONER, Steven L., GORDON, Daniel I.; CLARCK, Jessica L., **Public Procurement Systems: Unpacking Stakeholder Aspirations and Expectations (Working Paper).** In:http://ssrn.com/abstract=2014385. Acesso em 15 de janeiro de 2015.

SCHWIND, Rafael Wallbach. **Remuneração variável e contratos de eficiência no Regime Diferenciado de Contratações Públicas.** *In*: JUSTEN FILHO, Marçal; PEREIRA, Cesar A. Guimarães (Coord.). *O Regime Diferenciado de Contratações Públicas*: comentários à Lei nº 12.462 e ao Decreto nº 7.581. Belo Horizonte: Fórum, 2012.

SEN, Amartya. **A Ideia de Justiça.** São Paulo: Companhia das Letras, 2009,.

SÉRVULO CORREIA, José Manuel. **Legalidade e Autonomia Contratual nos Contratos Administrativos.** Reimpressão. Coimbra: Almedina, 2013.

SILVA, Ângelo Henrique Lopes da. **Economia de escala nas compras governamentais.** In: In: *Revista de Direito Público da Economia – RDPE.* Belo Horizonte, ano 08, nº 30, abr. / jun. 2010.

SILVA, Fabiane Tessari Lima da. **Alocação de riscos em contratos de concessão comum e de PPPs: do Rebus Sic Stantibus ao Pacta Sunt Servanda?** Revista de Contratos Públicos – RCP, Belo Horizonte, ano 3, n. 5, mar./ago. 2014.

SILVA, Jorge Andrade. **Dicionário dos Contratos Públicos.** Coimbra: Almedina, 2010.

SOARES, Rogério Guilherme Ehrhardt. **Direito Público e Sociedade Técnica.** Coimbra: Atlântida editora, 1969.

SOBOTTKA, Emil A.; SAAVEDRA, Giovani A. **Justificação, Reconhecimento e Justiça: Tecendo Pontes entre Boltanski, Honneth e Walzer.** In: Revista Civitas. V. 12 n. 1. jan.- abr. 2012. Porto Alegre, 2012.

STEIN, Ernesto; TOMMASI, Mariano. **Para Compreender a Política das Políticas Públicas.** In: *A Política das Políticas Públicas: Progresso econômico e social na América Latina.* Banco Interamericano de Desenvolvimento e David Rockefeller Center for Latin America Studies (orgs.) . Rio de Janeiro: Elsevier, 2007.

STEINER, Renata Carlos. **Relação jurídica de concessão como processo e a situação patológica de descumprimento.** In: *Revista de Direito Público da Economia – RDPE.* Belo Horizonte, ano 09, nº 36, out. / dez. 2011.

STEPHENSON, Neal. **Nevasca.** São Paulo: Editora Aleph, 2002.

SUNDFELD, Carlos Ari. **Apresentação.** In: *Contratações Públicas e seu Controle.* Carlos Ari Sundfeld (Org.) São Paulo: Malheiros, 2013.

__________. **Direito Administrativo para Céticos.** São Paulo: Malheiros, 2012.

__________. **Fundamentos de Direito Público.** 4ª ed., São Paulo: Malheiros, 2006.

__________. **Guia Jurídico das Parcerias Público-Privadas.** In: *Parcerias Público-Privadas.* SUNDFELD, Carlos Ari (org.) São Paulo: Malheiros, 2007.

__________. **O direito administrativo entre os clips e os negócios.** In: *Revista de Direito Público da Economia – RDPE.* Belo Horizonte, ano 05, nº 18, abr. / jun. 2007.

__________. CÂMARA, Jacintho Arruda. **Uma crítica à tendência de uniformizar com princípios o regime dos contratos públicos.** In: In: *Revista de Direito Público da Economia – RDPE.* Ano 11, nº 41, jan. / mar. 2013. Belo Horizonte: Fórum, 2013.

__________. JURKSAITIS, Guilherme Jardim. (coord.) **Contratos Públicos e Direito Administrativo.** São Paulo: Malheiros, 2015.

__________. JURKSAITIS, Guilherme Jardim. **Apresentação.** In: SUNDFELD, Carlos Ari; JURKSAITIS, Guilherme Jardim. (coord.) *Contratos Públicos e Direito Administrativo.* São Paulo: Malheiros, 2015.

SUNSTEIN, Cass R. **Porque as sociedades precisam de dissenso.** In: *Revista de Direito Público da Economia – RDPE.* Belo Horizonte, ano 04, nº 13, jan. / mar. 2006.

TÁCITO, Caio. **Temas de Direito Público (Estudos e Pareceres).** 1º volume. Rio de Janeiro: Renovar, 1997.

TARTUCE, Flávio. **Função Social dos Contratos: do Código de Defesa do Consumidor ao Código Civil de 2002.** 2ª ed. São Paulo: Método, 2007.

TAVARES DA SILVA, Suzana. **Um novo direito administrativo?** Coimbra: Imprensa da Universidade de Coimbra, 2010.

TEPEDINO, Gustavo. **As relações de consumo e a nova teoria contratual.** In: Temas de Direito Civil. Rio de Janeiro: Renovar, 1999.

TOMASETTI JUNIOR, Alcides. **A configuração constitucional e o modelo normativo do CDC.** São Paulo: Editora Revista dos Tribunais, 2004.

TONIN, Mayara Gasparoto. **O Desenvolvimento Nacional Sustentável nas Contratações Administrativas.** In: Revista de Direito Administrativo Contemporâneo – ReDAC. Ano 01, Vol. 0, mai./jun. São Paulo: Revista dos Tribunais, 2013.

TREPTE, Peter. **Procurement in the EU – A Practitioner's guide.** 2ª ed., Oxford: Oxford University Press, 2007.

TRIONFETTI, Frederico. **Discriminatory Public Procurement and International Trade.** In: The World Economy, 23, (1), 2000.

TURPIN, Colin. **Government Contracts.** Harmondsworth: Penguim, 1978.

VERKUIL, Paul. **Outsourcing Sovereignty.** New York: Cambridge University Press, 2007.

VIANNA, Ana Luiza. **Abordagens metodológicas em políticas públicas.** *RAP – Revista de Administração Pública.*

VIEIRA DE ANDRADE, José Carlos. **A Justiça Administrativa (Lições).** 3ª ed., Coimbra: Almedina, 2000.

VIEIRA, André Luís. **Gestão de contratos administrativos.** Revista de Contratos Públicos – RCP, Belo Horizonte, ano 3, n. 5, mar./ago. 2014.

VINCENT-JONES, Peter. **The new public contracting: regulation, responsiveness, relationality.** Oxford: Oxford University Press, 2006.

VINTI, Stefano. **I procedimenti amministrativi di valutazione comparativa concorrenziale.** Padova: Cedam, 2002.

VITA, Álvaro de. **A Justiça Igualitária e seus Críticos.** 2ª ed., São Paulo: Martins Fontes, 2007.

WALZER, Michael. **Esferas da justiça: uma defesa do pluralismo e da igualdade.** São Paulo: Martins Fontes, 2003.

WHELAN, John W.; PEARSON, Edwin C. **Underlying values in government contracts.** In: Journal of Public Law, nº 10, 1961.

# Contratação Pública Estratégica